U0604594

# 养老法律那些事儿

陈洪忠 陈娟 韩洪 赵维娟 殷新丹 主编

知识产权出版社
全国百佳图书出版单位

**图书在版编目（CIP）数据**

养老法律那些事儿 / 陈洪忠等主编. —— 北京：知识产权出版社，2015.9

ISBN 978-7-5130-3799-0

Ⅰ.①养… Ⅱ.①陈… Ⅲ.①养老－法律－研究－中国 Ⅳ.①D922.182.14

中国版本图书馆CIP数据核字（2015）第223818号

**内容提要**

老龄业是一个庞大复杂的体系，如何让政府转变职能做好监管，如何保障民间资本投入就有回报，老年人如何做到幸福安度晚年，律师提供专业的法律服务尤为重要。本书是养老专业律师团队长年工作的经验总结，由服务律师必须掌握的养老法律服务基本业务知识和常用法律文书范本上下两篇组成。上篇养老法律服务基本业务知识围绕《中华人民共和国老年人权益保障法》的脉络展开，将刑事、民事、行政法的其他法律规定也分别作为单独章节列在其后。下篇法律文书常用范本主要根据服务对象的不同，分为老年人常用法律文书、养老机构常用法律文书、政府和组织常用法律文书和养老服务业常用法律文书四部分，一些根据新规定派生出来的法律文书都是服务律师根据具体业务应用研究后独创的，对律师服务老年事业具有重要的参考作用。

责任编辑：许波　　　　　　　责任出版：卢运霞

**养老法律那些事儿**

YANGLAO FALÜ NAXIESHIER

陈洪忠　陈娟　韩洪　赵维娟　殷新丹　主编

| | | | |
|---|---|---|---|
| 出版发行： | 知识产权出版社 有限责任公司 | 网　　址： | http：// www. ipph. cn |
| 电　　话： | 010 - 82004826 | | http：// www. laichushu. com |
| 社　　址： | 北京市海淀区马甸南村1号 | 邮　　编： | 100088 |
| 责编电话： | 010 - 82000860转8380 | 责编邮箱： | xbsun@163.com |
| 发行电话： | 010 - 82000860转8101 / 8539 | 发行传真： | 010 - 82000893 / 82003279 |
| 印　　刷： | 北京科信印刷有限公司 | 经　　销： | 各大网上书店、新华书店及相关专业书店 |
| 开　　本： | 720mm×1000mm　1/16 | 印　　张： | 23.5 |
| 版　　次： | 2015年9月第1版 | 印　　次： | 2015年9月第1次印刷 |
| 字　　数： | 347千字 | 定　　价： | 48.00元 |

ISBN 978 - 7 - 5130 - 3799 - 0

# 序　言

北京市一法律师事务所（简称一法所）坚持律师走专业化发展道路，培养了一批批德才兼备的专家型律师。其中，养老法律服务部聚集了许多热爱老龄事业的律师，他们热心公益、勤于思考、努力工作，积累了厚重的、专业的、全方位的养老法律服务经验。

一法所常年担任北京市第一社会福利院、第五社会福利院的法律顾问，努力为养老机构规范化管理和服务献计献策，坚持义务为老年人普法送法，好评不断。

我还担任了北京一福养老服务中心的监事。一福养老服务中心是一家民办非企业单位，是养老事业社会化发展新尝试的前沿重地，社会期待，万众瞩目。

近些年来，一法所律师在老年人权益维护，培训养老服务管理人才，担任养老机构社会化运作、市场化经营法律顾问，以及在保障民间资本投资养老事业保值增值等方面，都有广泛的实践、深入的研究和优秀的业绩。

这本书的雏形本是用来指导一法所养老法律服务律师业务的，在完善过程中，我提议出版发行服务全社会，大家积极响应。恰好春节来临，我们就利用这一假期的难得休息时间，我和陈娟律师、赵维娟律师负责基本业务知识部分的写作，韩洪律师、殷新丹律师负责常用法律文书范本的写作，然后我们再相互审稿、纠错、整合，努力做到准确、全面、实用。

本书由养老专业律师必须掌握的基本业务知识和常用法律文书范本两部分组成。基本业务知识的章节围绕《中华人民共和国老年人权益保障法》的脉络展开，将刑事、民事、行政法的其他法律规定也分别作为单独章列在其后，最后一章是有关军休老年人权益的。常用法律文书范本这一部分，主要根据律师服务对象的不同，分为老年人常用法律文书、养老机构常用法律文书、政府或组织常用法律文书和养老服务业常用法律文书等四个部分，一些根据新规定派生出来的法律文书都是服务律师根据具体业务应用研究后独创的。有关PPP项目合同，事务所律师起草的各种版本均存在一些缺陷，为了本书更加全面，我们只收录了财政部的《PPP项目合同指南（试行）》，其丰富的文字说明对律师服务老年事业具有重要的参考作用。

本书的写作是一法所律师业务的又一次集体学习，促进了一法所律师养老法律服务水平的整体提高，为给老龄产业提供精准的专业法律服务打下了良好基础。尤其是大家对PPP养老项目合同体系进行了深入探讨和学习，我们也计划适时将律师起草的各种PPP协议、相关工作收获与心得集结出书。

在2015年，一法所广大律师还将在130个社区分别完成不少于一场次面对残疾人的法律知识讲座和咨询服务，另有60余个村民委员会、居民委员会的法律顾问服务，以及五所大学法学院学生实习基地教学等公益或半公益法律服务项目，这本书的相关写作也有利于这些工作的开展。

由于时间仓促和我们知识、实践有限，一法所的许多养老法律服务还都是开创性的特色服务，还有一些服务仍在摸索前行之中，书中难免会出现错误和不足，敬请广大读者和律师同仁批评指正。

陈洪忠

乙未年夏于北京中关村

# 目  录

# 上篇 养老法律服务基本业务知识

# 第一章 《老年人权益保障法》❶及总则

## 1.修订的《老年人权益保障法》是何时通过、何时实施的?

答:《老年人权益保障法》是1996年8月29日通过的,2009年8月27日进行过一次修正。此次修订是第十一届全国人民代表大会常务委员会第三十次会议于2012年12月28日表决通过的。修订后的《老年人权益保障法》自2013年7月1日起施行。

## 2.《老年人权益保障法》的修订幅度有多大?

答:2012年修订的《老年人权益保障法》,从原法6章50条扩展到9章85条,包括总则、家庭赡养与扶养、社会保障、社会服务、社会优待、宜居环境、参与社会发展、法律责任和附则,对涉及老年人生活、赡养、权益保障等方面作出了更加明确和具体的规定。其中:全新的条文有38条;修改的条文有37条;未修改的只有10条。

## 3.《老年人权益保障法》的修订思路主要有哪些?

答:首先是修订目标明确:一是着眼于认真总结实践经验,把成熟的、具有普遍意义的经验上升为法律,增强法律的适用性;二是着眼于深入研究重点问题,着力解决现实中存在的突出问题,增强法律的针对性和可操作性;三是着眼于科学把握我国人口老龄化的发展趋势,对一些影响长远的问题作出适度超前的规定,增强法律的时代性和前瞻性。

---

❶ 《中华人民共和国老年人权益保障法》的简称。本书有关法律名称均采用简称。

其次是注意处理好各种关系：一是《老年人权益保障法》与其他相关法律的关系；二是巩固家庭养老基础性地位与明确政府和社会养老责任的关系；三是增进老年人福利与可持续发展的关系；四是坚持从国情出发与吸收借鉴国外先进理念和有益做法的关系。

## 4.《老年人权益保障法》修订的主要内容是什么？

答：一是集中规定了老年人享有的基本权利，主要是从国家和社会获得物质帮助、享受社会服务和社会优待、参与社会发展和共享发展成果的权利，这些权利大都体现了老年人的特殊要求；二是规定了积极应对人口老龄化是国家的一项长期战略任务，这一规定从法律上明确了应对人口老龄化的战略定位，对于从国家战略层面谋划和推进老龄工作具有重要意义；三是对老年人社会保障体系和社会养老服务体系以及老年优待作出原则规定；四是从经费保障、规划制定和老龄工作机构职责三个层面进一步明确了政府发展老龄事业、做好老年人权益保障工作的职责；五是强化了老龄宣传教育，以进一步增强全社会的老龄意识，营造敬老、养老、助老的良好氛围；六是增加了有关老龄科研和老年人状况统计调查和发布制度的规定；七是增加了对参与社会发展做出突出贡献的老年人给予表彰或奖励的规定，以鼓励老年人继续为国家建设做贡献；八是规定了每年农历九月初九为老年节。

## 5.新修订的《老年人权益保障法》有什么亮点？

答：呈现五大亮点：一是将老龄工作上升到国家战略层面，规定"积极应对人口老龄化是国家的一项长期战略任务"；二是确立了老年人法定节日，规定"每年农历九月初九为老年节"；三是把"常回家看看"纳入法律范围，重视家庭成员的精神赡养，规定"与老年人分开居住的家庭成员，应当经常看望或者问候老年人"；四是确立了社会养老服务体系的框架，要建设"以居家为基础、社区为依托、机构为支撑"的养老体系；五是提出了老年宜居环境建设，为老年人日常生活和参与社会提供安全、便利、舒适的环境。

### 6.新修订的《老年人权益保障法》的立法宗旨是什么?

答:立法宗旨,也就是制定法律的目的,集中地体现了一部法律的内容和精神。立法宗旨是一部法律的灵魂,为立法活动指明方向和提供理论依据,对于确定法律的原则、设计法律条文、处理解决不同意见等,具有重要的指导意义。《老年人权益保障法》的立法宗旨具体有三个方面:

(1)保障老年人合法权益。这是制定该法的首要目的。老年人是社会中的一个特殊群体,由于其生理、心理调解能力降低,需要社会的特别关爱。

(2)发展老龄事业。我国是世界上最大的发展中国家,老年人口基数大、增长快,而且各地区经济社会发展不平衡,许多老龄事业发展面临的困难和问题,都是其他发达国家所不曾经历过的。所以,进一步加快发展中国特色社会主义养老事业,是立法要重点解决的特殊问题。

(3)弘扬中华民族敬老、养老、助老的美德。这是《老年人权益保障法》的一项立法宗旨,修订后的法律通篇都体现了这一宗旨,创设了一系列新的重要制度,如建立老年人节日制度、提倡与老年人分开居住的家庭成员经常看望或者问候老年人等。

《老年人权益保障法》第1条。

### 7.界定老年人的标准为多少岁?

答:我国采取年龄标准,即年满60周岁及以上的公民为老年人。

《老年人权益保障法》第2条。

### 8.国家保障老年人依法享有的权利有哪些?

答:老年人依法享有的权利主要有:

(1)从国家和社会获得物质帮助的权利。宪法规定,中华人民共和国公民在年老、疾病或者丧失劳动能力的情况下,有从国家和社会获得物质帮助的权利。

（2）享受社会服务的权利。主要是指满足老年人在基本生活、日常照顾服务、医疗保健等方面的基本需要，享受由政府或其他社会组织所提供的各种相关服务的权利。社会福利的法制建构目标，应当定位为社会成员多元需要的满足、生活质量的提高以及社会成员幸福感的提升。政府的基本职能，决定了其在社会福利事业的发展中应居于主导地位，承担主要责任。政府主导社会福利是推动社会福利事业健康持续发展的基础，也是充分发动社会力量参与社会福利服务体系建设的前提和保证。政府在社会福利中的职责主要在于制定社会福利法律法规和发展规划，扩大财政投入，供给基本社会福利，建立健全服务标准，监管社会福利，推动社会福利发展。

（3）享受社会优待的权利。尊老敬老是中华民族的传统美德，社会不仅要尊重老年人，更要给老年人提供优待。

（4）参与社会发展和共享发展成果的权利。参与社会发展，就是指老年人发挥自己的才智和特长，力所能及地为社会进步做出新的贡献。我国GDP（Gross Domestic Product，国内生产总值）已经位居世界前列，财政收入连年快速增长。这些发展成果，为实施基本公共服务均等共享提供了物质条件。当前，国家以解决人民群众最关心、最直接、最现实的利益问题为重点，把更多财政资金投向公共服务领域，以发展社会事业和解决民生问题为重点，优化公共资源配置，注重向农村、基层、欠发达地区倾斜，向老年人、残疾人等群体倾斜，逐步形成惠及全民的基本公共服务体系，逐步实现基本公共服务均等，使全体公民在基本公共服务方面的权利得到实现和维护，努力促进区域之间、城乡之间、经济社会之间协调发展，使不同社会阶层均衡受益，由此确保全体公民公平分享经济社会发展成果，有效解决我国转型期出现的各种社会问题。

除此之外，还有许多具体的权利，如婚姻自由的权利；对个人的财产依法享有占有、使用、收益和处分的权利；依法继承父母、配偶、子女或者其他亲属遗产的权利；接受赠与的权利等。保障老年人合法权益是全社会的共同责任。

同时规定，禁止歧视、侮辱、虐待或者遗弃老年人。

《宪法》第45条，《老年人权益保障法》第3条。

## 9.我国应对人口老龄化工作的目标任务是什么？

答：国家将积极应对人口老龄化作为一项长期战略任务。这是为应对我国人口老龄化形势而增加的一项重要指导思想和法律原则。

积极应对人口老龄化是国家的一项长期战略任务，与中国特色社会主义发展要求相契合，与中华优秀传统文化和人类文明优秀成果相承接，是凝聚全社会价值共识作出的重要国策。

国家和社会应当采取措施，健全保障老年人权益的各项制度，逐步改善保障老年人生活、健康、安全以及参与社会发展的条件，实现老有所养、老有所医、老有所为、老有所学、老有所乐。

积极老龄化的概念最早由世界卫生组织于1996年作为工作目标提出，2002年由联合国第二届世界老龄大会讨论修订并写进《政治宣言》，正式成为应对21世纪人口老龄化的政策框架。该理念认为：老年人有巨大的潜力。老年人积极参与社会不但能改善他们自身的条件，而且还能积极参与社会条件的改善。积极老龄化的提出，标志着"老年人是资源"的观点获得了国际社会的认同。

积极老龄化就是要以积极的态度、积极的政策、积极的行动应对人口老龄化，全社会积极接纳老年人，形成良好氛围；各方面积极做好老龄工作，促进老年人的保障、健康、参与、发展；老年人积极面对老年生活，保持身心健康，参与社会发展，提高生活品质；青少年也要积极为未来养老做好物质和精神准备。积极老龄化包括三个方面的基本支柱，即保障、健康、参与。

树立积极老龄观，就是要做到"三个积极看待"：一要积极看待老年人。老年人曾为国家建设作出重要贡献，在经验、知识、技能方面具有独特优势，是经济社会发展可以依靠的重要力量。全社会都要尊重和接纳老年人，形成敬老、爱老、助老的良好氛围，同时要重视继续发挥老年人的作用。二要积极看待老年生活。老年期是人生发展的重要阶段，人人都要积极面对老年生活，老有所学、老有所为、老有所乐，保持身心健康，实现终身发展。三要积极看待人口老龄化。我国人口老龄化是经济社会发展进步的产物。我们既要看到人口老龄化带来的不利影响和各种挑战，又要看到应对人口老龄化的有利条件和发展机遇；既要发挥老年人作用，又要努力满足广大老年人不断增长的物质文化精神需求，实现经济社会的持续稳定、繁荣发展。积极老龄观是积极老龄化的内核，体现积极老龄化的根本性质和基本特征，反映积极老龄化的丰富内涵和实践要求，是积极老龄化的高度凝练和集中表达。

《老年人权益保障法》第4条，《关于培育和践行社会主义核心价值观加强老龄宣传教育工作的通知》。

## 10.我国建设养老体系的基本原则是什么？

答：党的十七大报告指出，要以社会保险、社会救助、社会福利为基础，以基本养老、基本医疗、最低生活保障制度为重点，以慈善事业、商业保险为补充，加快完善社会保障体系。党的十八大报告提出全覆盖、保基本、多层次、可持续的社会保障工作方针，把"广覆盖"调整为"全覆盖"，要求实现人人享有基本社会保障的目标。

《老年人权益保障法》规定，国家建立多层次的社会保障体系，逐步提高对老年人的保障水平。建立和完善以居家为基础、社区为依托、机构为支撑的社会养老服务体系。倡导全社会优待老年人。

《老年人权益保障法》第5条。

## 11.何谓养老服务体系？

答：养老服务体系，主要是指与经济和社会发展水平相适应，以满足老年人基本生活需求、提升老年人生活质量为目标，面向所有老年群体，提供基本生活照料、护理康复、精神关爱、紧急救援和社会参与的设施、组织、人才和技术要素形成的网络，以及配套的服务标准、运行机制和监督制度。养老服务体系是老年人在生活中获得的全方位服务支持的系统。既包括家庭提供的基本生活设施和生活环境，也包括社区提供的各种服务和条件，更加包括政府、社会提供的有关服务的形式、制度、政策、机构等各种条件。但一般不包括物资和经济供养内容。

依据服务主要提供主体可划分为：家庭养老服务体系、社区养老服务体系、社会养老服务体系。依据老年人生活居住形式可分为：居家养老服务和机构养老服务。

社会养老服务体系建设应以居家为基础、社区为依托、机构为支撑，着眼于老年人的实际需求，优先保障孤老优抚对象及低收入的高龄、独居、失能等困难老年人的服务需求，兼顾全体老年人改善和提高养老服务条件的要求。建设目标：到2015年，基本形成制度完善、组织健全、规模适度、运营良好、服务优良、监管到位、可持续发展的社会养老服务体系。每千名老年人拥有养老床位数达到30张。居家养老和社区养老服务网络基本健全。

据统计，2014年，我国老年人口21242万人，养老床位已经达到551.4万张，超额提前完成了该项指标。

《老年人权益保障法》第5条，《社会养老服务体系建设规划（2011—2015年）》第二部分"内涵和定位"。

## 12.什么是养老服务标准化工作？目标和任务是什么？

答：养老服务标准化，是指通过对养老服务标准的制定和实施，以及对标准化原则和方法的运用，以达到养老服务质量目标化、服务方法规范化、服务过程程序化，从而获得优质养老服务的过程。行业标准和市场规范是推进养老服务工作的重要基石，是更好地提供为老服务、加强行业管理的准则和依据。加快行业标准化建设事关行业健康发展和广大老年人的切身利益，是关系养老服务业发展的长远性、基础性、战略性工程，是贯彻落实《老年人权益保障法》《养老机构管理办法》的重要内容，是保障老年人合法权益和共享改革发展成果的必然要求。

总体目标：到2020年，基本建成涵盖养老服务基础通用标准，机构、居家、社区养老服务标准、管理标准和支撑保障标准，以及老年人产品用品标准，国家、行业、地方和企业标准相衔接，覆盖全面、重点突出、结构合理的养老服务标准体系；基本形成规范运转的养老服务标准化建设工作格局；标准制定、实施和监管水平明显提升；标准化试点示范工作和专业人才队伍建设逐步完善，行业标准化意识和规范化意识显著增强，安全、便利、诚信的养老服务消费市场环境基本形成。

主要任务包括：（1）加快健全养老服务标准体系。加紧完善包括养老服务基础通用标准、服务技能标准、服务机构管理标准、居家养老服务标准、社区养老服务标准、老年产品用品标准等在内的养老服务标准体系。（2）加强养老服务标准化研究。积极研究制定养老服务业标准化建设规划，深入分析研究养老服务领域国家标准、行业标准，以及地方标准等方面的现状和问题，进一步明确养老服务业标准在国家服务业标准体系中的定位和作用，确定推进养老服务业标准化建设的目标、任务和实施步骤。（3）抓好养老服务标准的贯彻实施。要积极探索标准宣传贯彻的新途径和新方法，通过培训、论坛、讲座、展览等多种形式，加大养老服务标准化工作的宣传力度，力争使养老服务标准落实到行业管理和经营服务的各个环节，提高全行业实施标准的自觉性。（4）推进养老服务领域管理标准化。要认真贯彻落实《老年人权益保障法》关于建立健全养老机构分类管理和养老服务评估制度的要求，按照民政部《关于在民政范围内推进管理标准化建设的方案（试行）》［民发（2010）86号］和国家质量监督检验检疫总局、国家标准化管理委员会《关于加强服务业质量标准化工作的指导意见》［国质检标联（2013）546号］要求，积极推进养老服务领域管理标准化。（5）健全规范养老服务市场秩序。要建立养老机构服务协议制度，明确养老机构与老年人或者其代理人之间的权利义务关系，规范服务行为和收费行为。

《老年人权益保障法》第5条，《关于加强养老服务标准化工作的指导意见》第二部分"总体要求"、第三部分"主要任务"。

### 13.居家养老、社区养老和机构养老是如何进行功能定位的?

答：我国的社会养老服务体系主要由居家养老、社区养老和机构养老三个有机部分组成。

居家养老服务涵盖生活照料、家政服务、康复护理、医疗保健、精神慰藉等，以上门服务为主要形式。对身体状况较好、生活基本能自理的老年人，提供家庭服务、老年食堂、法律服务等服务；对生活不能自理的高龄、独居、失能等老年人提供家务劳动、家庭保健、辅具配置、送饭上门、无障碍改造、紧急呼叫和安全援助等服务。有条件的地方可以探索对居家养老的失能老年人给予专项补贴，鼓励他们配置必要的康复辅具，提高生活自理能力和生活质量。

社区养老服务是居家养老服务的重要支撑，具有社区日间照料和居家养老支持两类功能，主要面向家庭日间暂时无人或者无力照护的社区老年人。在城市，结合社区服务设施建设，增加养老设施网点，增强社区养老服务能力，打造居家养老服务平台。倡议、引导多种形式的志愿活动及老年人互助服务，动员各类人群参与社区养老服务。在农村，结合城镇化发展和新农村建设，以乡镇敬老院为基础，建设日间照料和短期托养的养老床位，逐步向区域性养老服务中心转变，向留守老年人及其他有需要的老年人提供日间照料、短期托养、配餐等服务；以建制村和较大自然村为基点，依托村民自治和集体经济，积极探索农村互助养老新模式。

机构养老服务以设施建设为重点，通过设施建设，实现其基本养老服务功能。养老服务设施建设重点包括老年养护机构和其他类型的养老机构。老年养护机构主要为失能、半失能的老年人提供专门服务，重点实现以下功能：（1）生活照料。设施应符合无障碍建设要求，配置必要的附属功能用房，满足老年人的穿衣、吃饭、如厕、洗澡、室内外活动等日常生活需求。

（2）康复护理。具备开展康复、护理和应急处置工作的设施条件，并配备相应的康复器材，帮助老年人在一定程度上恢复生理功能或减缓部分生理功能的衰退。（3）紧急救援。具备为老年人提供突发性疾病和其他紧急情况的应急处置救援服务能力，使老年人能够得到及时有效的救援。鼓励在老年养护机构中内设医疗机构。符合条件的老年养护机构还应利用自身的资源优势，培训和指导社区养老服务组织和人员，提供居家养老服务，实现示范、辐射、带动作用。其他类型的养老机构根据自身特点，为不同类型的老年人提供集中照料等服务。

《老年人权益保障法》第5条，《社会养老服务体系建设规划（2011—2015年）》第二部分"内涵和定位"。

## 14.政府对老龄事业发展的职责是什么？

答：各级人民政府应当将老龄事业纳入国民经济和社会发展规划，将老龄事业经费列入财政预算，建立稳定的经费保障机制，并鼓励社会各方面投入，使老龄事业与经济、社会协调发展。国务院制定国家老龄事业发展规划。县级以上地方人民政府根据国家老龄事业发展规划，制定本行政区域的老龄事业发展规划和年度计划。负责老龄工作的机构，负责组织、协调、指导、督促有关部门做好老年人权益保障工作。

国家进行人口老龄化国情教育，增强全社会积极应对人口老龄化意识。全社会应当广泛开展敬老、养老、助老宣传教育活动，树立尊重、关心、帮助老年人的社会风尚。青少年组织、学校和幼儿园应当对青少年和儿童进行敬老、养老、助老的道德教育和维护老年人合法权益的法制教育。广播、电影、电视、报刊、网络等应当反映老年人的生活，开展维护老年人合法权益的宣传，为老年人服务。

《老年人权益保障法》第6条、第8条。

## 15.何谓国民经济和社会发展规划？

答：国民经济和社会发展规划，也称国民经济和社会发展计划。1982年，根据国家计划委员会（2003年改组为国家发展和改革委员会）规定，把国民经济计划改为国民经济和社会发展计划，既包括国民经济发展计划，也包括科学技术和社会发展计划。国民经济和社会发展计划是依据社会主义经济规律的客观要求，体现党和国家的经济工作方针政策，以及一定时期内的政治经济任务，在实事求是和综合平衡的基础上制订的。反映社会主义扩大再生产的一切主要方面和主要过程，规定国民经济发展的方向、规模、速度、比例关系和效益，是具有战略意义的指导国民经济发展的纲领性文件。

将老龄事业纳入国民经济和社会发展规划，有利于统筹协调老龄事业发展与整个国民经济和社会发展之间的衔接，在加快国民经济和社会发展的基础上，稳步推进老龄事业发展。

《老年人权益保障法》第6条。

## 16.何谓财政预算？

答：财政预算也称为公共财政预算，是指政府的基本财政收支计划，是按照一定的标准将财政收入和财政支出分门别类地列入特定的收支分类表格之中，以清楚反映政府的财政收支状况。透过公共财政预算，可以使人们了解政府活动的范围和方向，也可以体现政府政策意图和目标。

预算是对未来一定时期内收支安排的预测、计划。它作为一种管理工具，在日常生活乃至国家行政管理中被广泛采用。就财政而言，财政预算就是由政府编制、经立法机关审批、反映政府一个财政年度内的收支状况的计划。

财政预算由一般财政收入和财政预算支出组成。财政预算收入主要是指部门所属事业单位取得的财政拨款、行政单位预算外资金、事业收入、事业单位经营收入、其他收入等；财政预算支出是指部门及所属事业单位的行政经费、各项事业经费、社会保障支出、基本建设支出、挖潜改造支出、科技三项费用及其他支出。

从形式上看，它是按照一定标准将政府财政收支计划分门别类地反映在一个收支对照表中；从内容上看，它是对政府年度财政收支的规模和结构所作的安排，表明政府在财政年度内计划从事的主要工作及其成本，政府又如何为这些成本筹集资金。与一般预算不同的是，财政预算是具有法律效力的文件。作为财政预算基本内容的级次划分、收支内容、管理职权划分等，都是以预算法的形式规定的；预算的编制、执行和决算的过程也是在预算法的规范下进行的。财政预算编制后要经国家立法机构审查批准后方能公布并组织实施；预算的执行过程受法律的严格制约，不经法定程序，任何人无权改变预算规定的各项收支指标，通过预算的法制化管理使政府的财政行为置于民众的监督之下。

财政预算是政府调节经济和社会发展的重要工具。在市场经济条件下，当市场难以保持自身均衡发展时，政府可以根据市场经济运行状况，选择适当的预算总量或结构政策，用预算手段去弥补市场缺陷，谋求经济的稳定增长。将老龄事业经费列入财政预算，建立稳定的经费保障机制，是老龄事业发展的基础手段，能够促进老龄事业与经济、社会协调发展。

《老年人权益保障法》第6条。

## 17.何谓老龄事业发展规划？

答：老龄事业发展规划，是指老龄事业发展的总体纲要，是对老龄事业发展具有战略意义的纲领性文件。1994年，我国制订了第一个老龄事业发展规划。从2001年开始，根据国民经济和社会发展规划，我国每5年编制一次老龄事业发展规划。每一个老龄事业发展规划，都是在充分调查研究基础上提出未来5年奋斗目标和任务的，它必须经过努力才能实现，这就为进一步发挥政府主导作用指明了方向；为推动社会发展和进步规定了重点发展领域、重点任务；为制定老龄事业和产业政策，加强扶持和管理监督提供了依据；为合理配置资源、做好项目奠定了坚实基础；为凝聚和调动全社会各方面力量发展老龄事业提供了激励、鼓舞。

《老年人权益保障法》第6条。

### 18.政府中负责老龄工作的机构是什么？主要职责有哪些?

答：政府中负责老龄工作的机构是老龄工作委员会。

全国老龄工作委员会，是经党中央、国务院批准于1999年10月成立的，为国务院主管全国老龄工作的高层议事协调机构。现成员单位有：中共中央委员会组织部、中共中央宣传部、中央直属机关工资委员会、中央国家机关工作委员会、外交部、国家发展和改革委员会、教育部、国家民族事务委员会、公安部、民政部、司法部、财政部、人力资源和社会保障部、住房和城乡建设部、文化部、中华人民共和国国家卫生和计划生育委员会、国家税务总局、国家新闻出版广电总局、国家体育总局、国家统计局、国家旅游局、解放军总政治部、中华全国总工会、共青团中央、中华全国妇女联合会、中国老龄协会26个单位。

全国老龄工作委员会的主要职责是：（1）研究、制定老龄事业发展战略及重大政策，协调和推动有关部门实施老龄事业发展规划；（2）协调和推动有关部门做好维护老年人权益的保障工作；（3）协调和推动有关部门加强对老龄工作的宏观指导、综合管理，推动开展有利于老年人身心健康的各种活动；（4）指导、督促和检查各省、自治区、直辖市的老龄工作；（5）组织、协调联合国及其他国际组织有关老龄事务在国内的重大活动。

目前，各地都普遍成立了老龄工作委员会，其设置模式与全国老龄工作委员会相似，其成员单位和职责也与全国老龄工作委员会相关成员单位和职责相似。

《老年人权益保障法》第6条。

### 19.何谓人口老龄化?

答：所谓人口老龄化，是指老年人口在总人口中所占比例不断提高，而少儿和青壮年所占比例相对减少的动态过程。按照国际通行标准，一个国家或地区中，65岁以上人口比例超过7%，或者60岁以上人口比例超过10%，即成为老年型国家或者老龄化社会。

据统计，1999年中国基本进入老龄化社会。2012年，中国60周岁以上人口1.94亿，占全国总人口13.54亿的14.3%。2014年，中国老年人口数量已经达到2.12亿，人口老龄化水平高达15.5%。根据预测，2050年全世界老年人口将达到20.2亿，其中，中国老年人口将达到4.8亿，几乎占全球老年人口的1/4，是世界上老年人口最多的国家。而且，从21世纪中叶到21世纪末，我国人口老龄化水平可能将一直维持在30%以上的重度老龄化平台期。也就是说，整个21世纪，人口老龄化始终是我国的基本国情。

《老年人权益保障法》第8条、第9条，《2014年国民经济和社会发展统计公报》。

## 20.法律对老年人有什么要求？

答：老年人是社会的弱势群体，应该受到社会各界的关心照顾。但是，老年人在受到社会优待和关照的同时，也应当遵纪守法，履行法律规定的义务。这体现了法律面前人人平等。

尽管大多数老年人已经退出了工作岗位，但是遵纪守法仍然是一项基本义务。广大老年人带头遵纪守法，不仅有利于维护自身的合法权益，也能够为全社会成员起到良好的模范带头作用。老年人还应当利用自己的丰富阅历，在法制宣传教育中起到积极作用，引导全社会遵纪守法。

《老年人权益保障法》第11条。

## 21.为什么将农历九月初九确定为老年节？

答：在我国，农历九月初九是传统的重阳节。"九"在古数中既为"阳数"，又为"极数"，指天之高为"九重"，指地之极为"九泉"。九月初九，日与月皆逢九，是双九，故曰"重九"，同时又是两个阳数合在一起，故称"重阳"，所以，这一天为重阳日。九九重阳，因为"九九"与"久久"同音，有长久、长寿之意，自古以来，人们对此节怀有特殊的感情。《老年人权益保障法》明确将农历九月初九确定为老年人的节日，符合我国的传统，具有深厚的文化和民意基础。我国的节日中有三八妇女节、五四青年节、六一儿童节、还有教师节、护士节等，都称为"节"，所以把这天确定为老年节。

自2013年起，我国亿万老年人开始有了自己的法定节日。

《老年人权益保障法》第12条。

# 第二章　家庭赡养与扶养

## 1.居家养老与家庭养老的区别是什么？

答：修订前的《老年人权益保障法》第10条规定："老年人养老主要依靠家庭。"现行《老年人权益保障法》第13条规定："老年人养老以居家为基础。"居家养老服务相对过去传统的家庭养老而言，虽一字之差，但却赋予了全新的含义和理念，它把社会化的为老服务引入家庭，是对传统的家庭养老模式的补充与创新。

传统的家庭养老模式的基本支持系统为血缘关系，责任主体和支撑单位为家庭或宗亲，是我国几千年来一直奉行的养老模式。在这种模式下，赡养老人是每个人不可推卸的责任，"养儿防老""父母在不远游""百行孝为先"等都是孝道伦理在人们日常生活中的反映，不遵守伦理就将受到道德舆论的谴责。

而居家养老服务，一般是指由社区和社会帮助家庭成员为在家里居住的老年人提供生活照料、医疗护理、文化娱乐、精神慰藉等方面服务的一种社会化养老服务形式。居家养老服务实际上是在社区建立一个支持家庭养老的社会化服务体系，它具有服务主体多元化、服务对象公众化、服务方式多样化、服务队伍专业化等特点。居家养老使老年人在自己熟悉的家中安度晚年，既可以享受子孙绕膝的天伦之乐和家庭温馨，又能得到社区和社会提供的专业、便捷的服务，对于提高老年人生命、生活质量具有非常重要的意义。

《老年人权益保障法》第13条。

## 2.哪些人属于赡养人的范围?

答:赡养人是指老年人的子女以及其他依法有赡养义务的人。

子女是老年人的主要赡养人。子女包括婚生子女、非婚生子女、养子女和受继父母抚养教育的继子女。

孙子女、外孙子女一般是在特定情况下负有赡养老年人的义务。这里所说的特定条件是指有负担能力的孙子女、外孙子女,对于子女已经死亡或子女无力赡养的祖父母、外祖父母有赡养的义务。祖孙之间赡养关系的形成应该具备三个条件:一是被赡养人的子女死亡或无赡养能力;二是被赡养人确实有困难需要被赡养;三是承担赡养义务的人有一定的赡养能力。

《宪法》第49条,《老年人权益保障法》第13条、第14条,《婚姻法》第21条、第27条、第28条,《收养法》第23条。

## 3.赡养人有哪些义务?

答:完整的赡养义务包括经济供养、生活照料、精神慰藉及特殊照顾等四个方面。

一是经济供养。是指赡养人在经济上要负担老年人的生活支出。不仅应当确保老年人维持基本生存,而且应当使老年人逐步提升生活质量,过上幸福愉快的晚年。尽管社会保险制度和社会救助体系不断完善,经济供养正逐步转为社会承担,但经济供养仍然是赡养人的一项首要义务。

二是生活照料。是指赡养人提供老年人需要的饮食、起居、清洁、卫生等方面的服务。生活照料,不仅包括日常生活照料,还应包括患病及失能老年人医疗护理、康复等方面的特殊照料。

三是精神慰藉。是指满足老年人精神、情感、心理方面的需求,它可以独立存在,也可以渗透于经济供养和生活照料中。

四是特殊照顾。在老年人由于年老体衰出现行动、语言、听力、视力、智力、心理等方面的障碍时,会产生一些不同于常人的特殊需求,赡养人应当予以照顾和满足。

特别值得注意的是，随着人均寿命的不断延长，父母是老年人，子女也是老年人，60岁以上子女赡养八旬、九旬父母，这种老年人也需要尽赡养义务的家庭数量正逐年增多。新修订的《老年人权益保障法》尚未关注到这一特殊群体，80岁以上老年人身体条件一般较弱，赡养义务更加繁重。近日韩国学者坦言，"老老赡养"家庭的持续增加，使得60、70岁韩国老人虐待父母，或迫于生活压力、困难自杀的情况有所增加。希望有关部门能够组织相关调研，完善我国立法，对赡养老年人的责任不应同样压在老年人后代身上，政府、社会应就这一时代性变化制定倾斜性制度，支援一下这些老年赡养人，保障好两代老年人的权益。

《宪法》第49条，《老年人权益保障法》第14条，《婚姻法》第21条，《收养法》第23条。

## 4.赡养人的配偶的义务是什么？

答：配偶又称夫妻，婚姻中的男女双方互为配偶。配偶关系因婚姻关系的成立而发生。赡养人的配偶应当协助赡养人履行赡养义务。

《婚姻法》确定的夫妻法定财产制是婚后所得共同制，即在婚姻关系存续期间，除个人特有财产和夫妻另有约定外，夫妻双方或一方所得的财产，均归夫妻共同所有，夫妻双方享有平等的财产所有权。赡养人要想履行对老年父母经济上供养、生活上照料、精神上慰藉的义务，没有配偶的支持和协助，是很难做到的。因此，为了保障老年人权益，《老年人权益保障法》给赡养人的配偶设定了协助赡养人履行赡养义务的法定义务。

《老年人权益保障法》第14条，《婚姻法》第17条。

## 5.赡养人对患病、生活不能自理的老年人有哪些义务？

答：赡养人应当使患病的老年人及时得到治疗和护理；对经济困难的老年人，应当提供医疗费用。赡养人应对老年人的身体健康情况尽到注意义务，应老年人要求，或者发现老年人有身体不适情况时，应当及时带老年人就医，给予合理治疗，避免病情加重。老年人患病无论是住院还是居家疗养，赡养人都应当为老年人提供护理。对于经济困难而无力负担医疗费用的老年人，赡养人应当提供医疗费用，赡养人的配偶应当协助赡养人承担支付医疗费用的责任。

对生活不能自理的老年人，赡养人应当承担照料责任；不能亲自照料的，可以按照老年人的意愿委托他人或者养老机构等照料。

生活不能自理的老年人，即"失能老人"，是指那些在日常生活中不能照顾自己，完全依赖他人或者在某些方面需要他人帮助的老年人。按照国际通行标准，吃饭、穿衣、上下床、上厕所、室内走动、洗澡六项指标，一到两项"做不了"的定义为"轻度失能"，三到四项"做不了"的定义为"中度失能"，五到六项"做不了"的定义为"重度失能"。

赡养人是承担失能老人长期照料和护理工作的责任主体，原则上应当亲自照料。赡养人因各种原因不能亲自照料失能老人，经老年人同意，可以委托他人或者养老机构等照料。

《老年人权益保障法》第15条。

## 6.针对保护老年人住房、耕地和劳动权益的要求有哪些？

答：（1）赡养人应当妥善安排老年人的住房，不得安排老年人住破房子；老年人的自有住房，子女或者其他人不但不得侵占，而且还有维修的义务。住房是老年人安度晚年的最基本需要，也是老年人最基本的合法权益之一。统计资料显示，侵害老年人住房权益的形式目前主要体现在以下几种：一是在房改过程中，子女出资购买同住老年人拥有使用权的住房，进而侵害老年人的基本居住权；二是子女私自将户口迁入老年人居住地，私自更改户主及产权人，侵占老年人房产；三是同住人以赡养、照料老年人生活为名，经老年人同意后，过户产权、迁入户口、更改户主，其目的达到后，遗弃、虐待老年人；四是与老年人共同居住的子女购买住房后，仍故意占据老年人住房，影响老年人对房产的处置权；五是肆意干涉父母对房屋的处分权，除非老年人同意拿出相当数量的"补偿款"给自己；六是老年人是业主，在动迁时，子女代替年老体弱的父母签署拆迁协议，用动迁款为自己购房。有的子女替父母在外租房，仅付一次房费，身无分文的老年人变成了无房户。

（2）对老年人的田地、林木、牲畜有耕种和照管的义务。我国农村老年人口占全国老年人口数的大部分，与城市相比，农村的养老压力更大。农村老年人的晚年生活离不开土地和林木、牲畜等，这些是他们晚年衣食无忧的保证。但由于年老体弱，可能无力劳作。为了保护农村老年人的合法权益，特别规定赡养人有义务耕种或者委托他人耕种老年人承包的田地，照管或者委托他人照管老年人的林木和牲畜等，收益归老年人所有。赡养人不履行这一义务的情况主要有以下几种：一是对老年人的承包地及林木、牲畜等不耕种、不照管；二是不仅不帮助老年人耕种，还要求老年人照管自己的田地，反而增加了老年人的劳动负担；三是将老年人的田地、林木和牲畜等的收益据为己有；四是代耕代管后，只为老年人提供口粮，其他据为己有；等等。

（3）不能要求老年人承担力所不能及的劳动。根据老年人的身心特点，老年人一般不宜从事强度大的劳动，尤其是不应承担劳动强度过大的体力劳动，还需要有相应的劳动保护措施。

《老年人权益保障法》第16条、第17条、第19条。

# 7.什么是精神赡养？

答：家庭成员应当关心老年人的精神需求，不得忽视、冷落老年人，这也就是精神赡养。《老年人权益保障法》明确规定："与老年人分开居住的家庭成员，应当经常看望或者问候老年人。"物质需求的满足代替不了精神的充实和愉悦。很多研究表明，随着年龄的增长和离开熟悉的工作环境，老年人的心理素质会逐渐弱化，老年人从子女那里最想得到的不是金钱、物质，而是亲情，家庭的亲情和精神慰藉是老年人的强烈期盼、精神支柱。在满足老年人精神需求方面，子女的抚慰是最有效的，也是老年人最渴求的。家庭成员的看望和问候是对老年人给予精神慰藉的重要形式，这里的家庭成员，主要指老年人的子女和孙子女、外孙子女。问候，可以是一个电话、一条微信、一张贺卡等。

近一些年来，有精神赡养诉求的案件明显上升，约2/3的老人反映子女忽视了他们的精神需求。民政部的数据表明，至2012年10月，我国城乡"空巢"家庭超过50%，部分大中城市达到70%，其中近一成的老人单身。预计到"十二五"期末，65岁以上的"空巢"老人将超过5100万。这些"空巢"老人得不到应有的生活照料，生病也无人照顾，情感慰藉更是无从谈起。精神赡养问题成了老龄化问题的新挑战，这一立法明显非常及时和必要，最好再进一步完善它的实施细则，把精神赡养落到实处。

《老年人权益保障法》第18条。

## 8.探亲休假制度有哪些规定？

答：在国家机关、人民团体和全民所有制企业、事业单位工作满1年的固定职工，与父母亲都不住在一起，又不能在公休假日团聚的，可以享受探望父母的待遇：未婚职工探望父母每年给假一次，假期为20天。如果因工作需要，当年不能给予假期的，或者职工自愿两年探亲一次的，可以两年给假一次，假期为45天。已婚探望父母的，每四年给假一次，假期为20天。

未婚军官（离异、丧偶军官）与父母异地生活的，每年探望父母一次，假期30天。已婚军官与父母不在一地生活（含配偶为独生子女且与岳父母、公婆不在一地生活）的，每两年探望父母一次，假期20天。军官与父母、配偶均不在一地生活，在一年内同时符合探望父母及配偶条件的，假期45天。

军官一年内只享受休假或者探亲假中的一项。（1）服现役不满20年或者服役和参加工作不满20年的军官，每年休假20天；（2）服现役满20年以上或者服现役和参加工作满20年以上的军官，每年休假30天；（3）在常规动力舰艇上工作和从事飞行工作的军官，每年休假30天；（4）部队驻地不在西藏地区以及其他海拔3000米以上（含本数，下同）地区，但本人常年在上述地区流动执勤的军官，或者在青海海拔3000米以下（不含本数，下同）地区工作的军官，或者在边防一线连队工作的军官，或者战斗部队中常年在有核辐射危险环境下工作的军官，每年休假40天；（5）在西藏地区以及其他海拔3000米以上地区工作的军官，服现役不满20年或者服现役和参加工作不满20年的，每年休假60天；（6）服现役满20年以上或者服现役参加工作满20年以上的，每年休假70天；（7）服现役满25年以上或者服现役和参加工作满25年以上的，每年休假80天；（8）在海拔4500米以上地区工作的军官，每年假期再增加10天。

《老年人权益保障法》第18条，《国务院关于职工探亲待遇的规定》第3条，《中国人民解放军现役军官休假探亲规定》第4条、第8条、第9条、第10条、第11条、第15条。

### 9.放弃继承权能够免除赡养义务吗?

答：子女不履行赡养义务时，无劳动能力的或生活困难的父母，有要求子女付给赡养费的权利；有负担能力的孙子女、外孙子女，对于子女已经死亡或子女无力赡养的祖父母、外祖父母，有赡养的义务。可见，赡养老年人是相应公民的法定义务。

继承权是继承人享有的一项权利，被继承人死亡后，继承人依照法律规定，或者依照被继承人订立的遗嘱，继承财产。继承人有处分自己继承权的权利，可以依法行使继承权，也可以放弃。

在通常情况下，赡养人也是法定继承人。但是，行使或者放弃继承权，都不影响赡养义务的履行。相反，遗弃被继承人或是虐待被继承人情节严重的，丧失继承权。

《宪法》第49条，《老年人权益保障法》第14条、第19条，《婚姻法》第21条、第28条，《继承法》第7条、第25条。

### 10.何谓赡养协议? 协议的特征是什么?

答：赡养协议，是指赡养人之间及赡养人与被赡养人之间为履行赡养义务而签订的协议。赡养人对被赡养人具有法定的赡养义务，赡养是无偿的，被赡养人享有受赡养权并不以履行一定义务为对价，赡养协议的双方当事人不存在买卖对价关系，他们之间只是协商如何将赡养责任进行合理的分配。

赡养协议具有以下几个特征：（1）赡养协议的协商必须先征得老年人的同意；（2）赡养协议签订主体为各赡养人；（3）赡养协议是一种单务、无偿且属于为被赡养人利益签订的协议，其中的赡养人均为义务人；（4）赡养协议不得违反法律规定和老年人的意愿。

《老年人权益保障法》第20条，《合同法》第2条。

## 11.对赡养协议的监督是如何规定的？

答：基层群众性自治组织、老年人组织或者赡养人所在单位监督协议的履行。一般情况下，由村民委员会、居民委员会、老年工作委员会或老年人协会等会同民政、司法、妇联等基层组织，负责家庭赡养协议书的签订、履行及管理监督。要建立老年人基本情况、家庭赡养协议书签订和履行等有关情况的资料和档案，根据实际情况，指导协议双方及时修订赡养协议内容和进行续签。村民委员会、居民委员会每年对家庭赡养协议履行情况进行普遍检查，并将结果公布于众。基层政府及老龄工作委员会办公室定期对家庭赡养协议履行情况进行抽查。

《老年人权益保障法》第20条、第24条。

## 12.针对保障老年人婚姻自由等有哪些规定？

答：老年人依法享有婚姻自主自愿的权利，包括结婚、再婚和离婚的自由，不受他人的干涉和强制。

而在现实生活中，丧偶或者离异的老年人不在少数，但老年人再婚的障碍多、麻烦大、难上难。主要障碍有：（1）世俗偏见的禁锢。一些人认为，老年人再婚是"老不正经""有伤风化"。这种偏见使老年人倍受压抑，动摇了老年人再婚的想法。（2）老年人自身固有观念的束缚。有的老年人觉得自己再婚会低人一等，"这么大岁数谈恋爱会被人笑掉大牙的"，让人瞧不起。还有的老年人受"终身守节""一女不二嫁"等封建残余思想的影响，放弃了再婚的念头。（3）子女干涉。一些年轻人认为，父母再婚"有辱门风""街坊邻里肯定会对老人或自己说三道四的"，自己脸上无光；父母积攒的财产也会流落外人手里；还会觉得对不起故去的父亲或母亲。因此为了自己的名声或财产利益，百般阻挠，想尽办法干涉父母的再婚自由，甚至用侮辱、威胁或者施以暴力的方式来达到阻止父母再婚的目的。

"黄昏恋"不是什么"见不得人"的事情，而是老年人正常的心理需求，是任何老年人都会有的，单身老年人应该和年轻人一样享有谈恋爱的权利。况且，两情相悦的"黄昏恋"会增强老年人的心理抵抗力，心情放松，有益于老年人身体的健康，减少疾病负担，增加家庭的和谐度。

单身老年人可以采用适当的言语向儿女表达自己在恋爱前后的内心变化，与他们多交流，消除儿女们的疑虑。作为儿女，对待老年人的"黄昏恋"持慎重的态度是可以理解的，但是要尽量多帮助老年人去挑选合适的伴侣，做好参谋，而不是阻挠。而且，老年人能幸福快乐地生活也是故去老伴儿的心愿。对于老年人来说，仅有"老有所养"是不够的，还应该"老有所伴""老有所慰"。让再婚老人相互关怀照顾，共度幸福晚年，对国家、社会和家庭都有利。老年人再婚，应得到社会的认可和关注，得到子女的理解和支持。给老年人一个金色的晚年，这也是社会文明进步的需要和体现。

子女，不能因为父母婚姻关系的变化而不履行赡养义务，不能因为父母再婚而对父母不闻不问，互相推诿，不尽赡养义务。

法律明文规定，子女应当尊重父母的婚姻自由，既不能反对父母离婚，也不能反对父母再婚；不得干涉父母再婚以及婚后的生活；子女对父母的赡养义务，不因父母的婚姻关系变化而终止。

《老年人权益保障法》第21条，《婚姻法》第30条。

### 13.对老年人个人财产权益的保护是怎么规定的?

答:老年人对个人的财产,依法享有占有、使用、收益和处分的权利,子女或者其他亲属不得干涉,不得以窃取、骗取、强行索取等方式侵犯老年人的财产权益。

老年人有依法继承父母、配偶、子女或者其他亲属遗产的权利,有接受赠与的权利。子女或者其他亲属不得侵占、抢夺、转移、隐匿或者损毁应当由老年人继承或者接受赠与的财产。

老年人以遗嘱处分财产,应当依法为老年配偶保留必要的份额。《继承法》规定,遗嘱应当对缺乏劳动能力又没有生活来源的继承人保留必要的遗产份额。而修订后的《老年人权益保障法》规定,老年配偶应当继承老伴的遗产,是不附带任何条件的。但"必要的份额"究竟是多少、各种财产怎么分配,在实践中也容易发生纠纷,这些应在司法实践中形成共识,继而以司法解释的方式加以完善。

《宪法》第13条,《老年人权益保障法》第22条,《民法通则》第71条,《物权法》第39条,《继承法》第5条、第19条。

### 14.《老年人权益保障法》规定的扶养是指什么?

答:按照词义,扶养就是指养活。《老年人权益保障法》规定的扶养,是指平辈、同辈之间,发生在配偶(夫妻)、兄姐与弟妹之间的事情。

一是老年人与配偶间有相互扶养的义务。夫妻间相互扶养既是权利也是义务,体现了权利义务的对等。有扶养能力的一方,对于有残疾、患有重病、经济困难的配偶,必须主动承担扶助供养责任。即使夫妻间先前有财产约定,也不影响相互法定扶养义务的履行。应当付给扶养费而拒绝付给的,需要扶养的一方老年人可以通过诉讼获得扶养费。拒绝付给扶养费情节恶劣的,可能构成遗弃罪承担刑事责任。

二是兄、姐与弟、妹之间的扶养关系。由兄、姐扶养的弟、妹成年后,有负担能力的,对年老无赡养人的兄、姐有扶养的义务。这一规定也体现了权利义务对等原则。成立这一扶养关系须具备四个条件：（1）年长的兄、姐曾对未成年弟、妹履行了扶养义务；（2）兄、姐年老且无赡养人；（3）弟、妹已是成年人；(4)弟、妹有负担扶养责任的能力。

《老年人权益保障法》第23条，《婚姻法》第20条、第29条。

## 15.禁止对老年人实施家庭暴力是指哪些行为？

答：家庭暴力简称家暴，是指发生在家庭成员之间的，以殴打、捆绑、禁闭、残害或者其他手段对家庭成员从身体、精神等方面进行伤害和摧残的行为。家庭暴力直接作用于受害者，使受害者身体上或精神上感到痛苦，损害其身体健康和人格尊严。家庭暴力发生于因血缘、婚姻、收养关系生活在一起的家庭成员间，如丈夫对妻子、父母对子女、成年子女对父母等，妇女和儿童是家庭暴力的主要受害者，有些中老年人、男性和残疾人也会成为家庭暴力的受害者。家庭暴力会造成死亡、重伤、轻伤、身体疼痛或精神痛苦，是对公民人身权益的严重侵犯，对家庭暴力零容忍，已经成为国际社会普遍认同的观念。法律进一步明确规定禁止对老年人实施家庭暴力，完善了对老年人权益的保护。

公安机关设立家庭暴力案件投诉点，将家庭暴力报警纳入"110"出警工作范围，并按照《"110"接处警工作规则》的有关规定对家庭暴力求助投诉及时进行处理。违反治安管理规定或构成刑事犯罪的，公安机关应当依法受理或立案，及时查处。

《老年人权益保障法》第25条，《婚姻法》第3条，《妇女权益保障法》第46条，《关于预防和制止家庭暴力的若干意见》第7条。

## 16.何谓虐待？

答：持续性、经常性的家庭暴力，构成虐待。

虐待老年人或者对老年人实施家庭暴力的，由有关单位给予批评教育；被虐待老年人要求公安机关处理的，处行为人5日以下拘留或者警告；虐待老年人，情节恶劣的，构成虐待罪，对行为人依照《刑法》处2年以下有期徒刑、拘役或管制；虐待并导致老年人重伤、死亡的，对行为人依照《刑法》处2年以上7年以下有期徒刑。

《老年人权益保障法》第25条、75条，《最高人民法院关于适用<婚姻法>若干问题的解释（一）》第1条，《治安管理处罚法》第45条，《刑法》第260条。

### 17.何谓老年人的监护？如何确定监护人？如何预防阿尔茨海默病？

答：所谓监护，是指民法上所规定的，对于无民事行为能力人和限制民事行为能力人的人身、财产及其他合法权益进行监督、保护的一项制度。监护制度设立的目的，主要是为了保护无民事行为能力人和限制民事行为能力人的合法权益，从而维护社会秩序的稳定。

《老年人权益保障法》设立的老年监护制度，赋予了老年人的自我决定权，当本人意思能力健全的时候，可以自己管理财产，并选定监护人。这不仅体现了当事人意愿自治的原则，还提高了老年人监护制度的可行性。一方面，针对失能、半失能的老人，还有病重和瘫痪的老人，明确其直系亲属和成年子女具有监护义务；另一方面，监护人的法律范围在修法中也得以扩大——居民委员会和村民委员会等人民基层自治组织可充当老年人的监护人，保障其身体健康和财产权益。

老年人未事先确定监护人的，其丧失或者部分丧失民事行为能力时，由下列人员担任监护人：（1）配偶；（2）父母；（3）成年子女；（4）其他近亲属；（5）关系密切的其他亲属、朋友愿意承担监护责任，失能老年人的所在单位或者住所地的居民委员会、村民委员会同意的。对担任监护人有争议的，由失能老年人的所在单位或者住所地的居民委员会、村民委员会在近亲属中指定。对指定不服提起诉讼的，由人民法院裁决。没有前述规定的监护人的，由失能老年人的所在单位或者住所地的居民委员会、村民委员会或者民政部门担任监护人。

老年性痴呆，即阿尔茨海默病（Alzheimer's Disease，AD），是一种中枢神经系统衰退性疾病，起病隐袭，病程呈慢性进行性。主要表现为渐进性记忆障碍、认知功能障碍、人格改变及语言障碍等神经精神症状，严重影响社交、职业与生活功能。患老年性痴呆，是老年人丧失部分或者全部行为能力的主要成因。

医学临床分期：第1期(病期1～3年)，主要表现为学会新知识有障碍，远期回忆能力有损害。视空间技能损害表现为图形定向障碍，结构障碍。语言障碍表现为列述一类名词能力差，命名不能。人格障碍表现为情感淡漠。偶有易激惹或悲伤。运动系统正常。第2期(病期2～10年)，记忆力障碍表现为近及远记忆力明显损害。视空间技能损害表现为构图差，空间定向障碍。语言障碍表现为流利型失语。计算力障碍表现为失算。运用能力障碍表现为意想运动性失用。人格障碍表现为漠不关心，淡漠。运动系统表现为不安。第3期(病期8～12年)，此期表现为智能严重衰退，运动功能障碍表现为四肢强直或屈曲姿势，括约肌功能损害表现为尿、便失禁。

研究结果发现，无论是因为找不到合适对象、不想结婚、离婚还是丧偶等原因，长期单身的人记忆力仿佛特别"脆弱"，年老后很容易出现比较严重的记忆受损或者失忆症状，罹患老年痴呆的风险也较高。与之相反，处在幸福的婚姻或是恋爱状态，则有助于维持记忆力。研究人员表示，婚姻生活中，夫妻间的沟通互动不仅能在不知不觉中让大脑得到锻炼，积极刺激记忆力发展，还能相互填补"记忆漏洞"。可见，关心老年人的婚姻幸福是非常必要的。

还应尽量鼓励老年人参与社会日常活动，包括脑力和体力活动。尤其是早期阿尔茨海默病患者，尽可能多的活动可维持和保留其能力。如果对演奏乐器、跳舞、书法和绘画等有爱好的老年人，要多给他们提供条件，鼓励他们参加集体活动。有时间要常回家，陪老年人打打牌、唱唱歌等，都有助于老年人生活得更有乐趣，有可能延缓阿尔茨海默病的发生和进展，即使严重的痴呆患者也会对熟悉的社会生活和熟悉的音乐起反应的。

《老年人权益保障法》第18条、第21条、第26条，《民法通则》第17条。

## 18.何谓家庭养老支持政策?

答：家庭养老支持政策，是指对照料老年人的家庭给予扶助和支持的法律法规和政策措施的总和，包括支持家庭养老的免税政策、津贴政策、弹性就业政策等。家庭养老支持政策是家庭发展政策的重要组成部分。加强对家庭养老的支持力度，减轻家庭养老的负担，不仅可以有效缓解社会养老服务体系的压力，而且能够更好地发挥家庭养老的传统，提高老年人的生活质量。

在"十二五"期间，我国要建立健全家庭养老支持政策。完善农村计划生育家庭奖励扶助制度和计划生育家庭特别扶助制度，完善和落实城镇独生子女父母老年奖励政策，建立奖励扶助金动态调整机制，鼓励有条件的地区在基本养老保险基础上，积极探索为独生子女父母、无子女和失能老人提供必要的养老服务补贴和老年护理补贴。

《老年人权益保障法》第5条、第13条，《社会保障"十二五"规划纲要》第四部分"'保障制度建设'之大力推进社会保障制度建设，基本解决制度缺失问题"。

## 19.国家关于家庭养老支持政策导向是什么?

答：根据国务院的规划，要逐步改善老年人居住条件。引导开发老年宜居住宅和代际亲情住宅，鼓励家庭成员与老年人共同生活或就近居住。推动和扶持老年人家庭无障碍改造。

建立健全家庭养老支持政策。完善老年人口户籍迁移管理政策，为老年人随赡养人迁徙提供条件。健全家庭养老保障和照料服务扶持政策。

弘扬孝亲敬老传统美德，强化尊老敬老道德建设，提倡亲情互助，营造温馨和谐的家庭氛围，发挥家庭养老的基础作用。努力建设老年温馨家庭，提高老年人居家养老的幸福指数。

《老年人权益保障法》第5条、第6条、第27条，《中国老龄事业发展"十二五"规划》第三部分"主要任务"之（三）"老年家庭建设"。

# 第三章　社会保障

## 1.《社会保险法》的立法根据是什么？

答：我国《宪法》规定，公民在年老、疾病或者丧失劳动能力的情况下，有从国家和社会获得物质帮助的权利；国家建立健全同经济发展水平相适应的社会保障制度。社会保障体系包括社会保险、社会福利、社会救济、社会优抚和社会救助等。而社会保险是社会保障体系的重要组成部分，在整个社会保障体系中居于核心地位。《社会保险法》就是为了规范社会保险关系，维护公民参加社会保险和享受社会保险待遇的合法权益，使公民共享发展成果，促进社会和谐稳定而制定的。《社会保险法》对于规范社会保险关系，促进社会保险事业的发展，保障公民共享发展成果，维护社会和谐稳定，具有举足轻重的作用。

《宪法》第14条、第45条，《社会保险法》第1条。

## 2.什么是基本养老保险？

答：国家通过基本养老保险制度，保障老年人的基本生活。基本养老保险是社会保险的主要险种，是指缴费达到法定期限并且个人达到法定退休年龄后，国家和社会提供物质帮助以保证年老者稳定、可靠的生活来源的社会保险制度。我国的基本养老保险制度由三部分组成，即职工基本养老保险制度、新型农村社会养老保险制度、城镇居民社会养老保险制度。

参加基本养老保险的个人，达到法定退休年龄时累计缴费满15年的，按月领取基本养老金。参加基本养老保险的个人，达到法定退休年龄时累计缴费不足15年的，可以缴费至满15年，按月领取基本养老金；也可以转入新型农村社会养老保险或者城镇居民社会养老保险，按照国务院规定享受相应的养老保险待遇。

《老年人权益保障法》第28条，《社会保险法》第2条、第16条。

### 3.何谓法定退休年龄？

答：法定退休年龄是指：（1）男职工退休年龄为年满60周岁，女干部为55周岁，女工人为50岁；（2）从事井下、高空、高温、特别繁重体力劳动或者其他有害身体健康的工作，男年满55周岁、女年满45周岁，连续工龄满10年的；（3）男年满50周岁，女年满45周岁，连续工龄满10年，经医院证明，并经劳动鉴定委员会确认，完全丧失劳动能力的；（4）因工致残，经医疗证明，并经劳动鉴定委员会确认，完全丧失劳动能力的，不受年龄限制；（5）党政机关、人民团体中的正、副县处级及相应职务层次的女干部，事业单位中担任党务、行政管理工作的相当于正、副处级的女干部和具有高级职称的女性专业技术人员，年满60周岁退休（自2015年3月1日起执行）；（6）党政机关、人民团体和事业单位中的正、副处级女干部和具有高级职称的女性专业技术人员如本人申请，可以在年满55周岁时自愿退休；（7）对少数副教授、副研究员以及相当这一级职称的高级专家，经所在单位报请上一级主管机关批准，可以适当延长离休退休年龄但最长不超过65周岁；（8）少数教授、研究员以及相当这一级职称的高级专家，经所在单位报请省、市、自治区人民政府或中央、国家机关的部委批准，可以延长离休退休年龄，但最长不超过70周岁；（9）学术上造诣高深、在国内有重大影响的杰出高级专家，经国务院批准，可以暂缓离休退休，继续从事研究或著述工作。

值得注意的是，《国务院关于工人退休、退职的暂行办法》和《国务院关于安置老弱病残干部的暂行办法》适用的主体为全民所有制企业、事业单位和党政机关、群众团体的工人，并不适用于所有劳动者。

高级专家，是指正副教授、正副研究员、高级工程师、高级农艺师、正副主任医师、正副编审、正副译审、正副研究馆员、高级经济师、高级统计师、高级会计师、特级记者、高级记者、高级工艺美术师，以及文艺六级以上的专家。

2015年3月10日，在十二届全国人大三次会议的记者会上，人力资源和社会保障部部长尹蔚民、副部长胡晓义谈到渐进式延迟退休政策，尹蔚民介绍，第一，人社部会根据我国人口老龄化趋势和劳动力状况，把握调整的节点和节奏；第二，延迟退休肯定是小步渐进，每年只会延长几个月的退休年龄，经过相当长的时间才会达到规定的法定退休年龄；第三，推出之前会有一个预告，从方案出台到实施，这中间至少有5年时间。据介绍，延迟退休方案有望2015年制定完成，2016年在报经中央同意后向社会征求意见，并根据征求意见的情况修改完善，应该是在2017年正式推出。那么，70后、80后一代人可能要延迟退休了。

《国务院关于安置老弱病残干部的暂行办法》第4条，《国务院关于工人退休、退职的暂行办法》第1条，中组部、人力资源和社会保障部《关于机关事业单位县处级女干部和具有高级职称的女性专业技术人员退休年龄问题的通知》，《国务院关于高级专家离休退休若干问题的暂行规定》第1条、第2条。

## 4.基本养老保险最低缴费年限是如何规定的？

答：缴费满15年是享受基本养老保险待遇的"门槛"，但并不代表缴满15年就可以不缴费，只要职工与用人单位建立劳动关系，就应按规定缴费。职工达到法定退休年龄但缴费不足15年的，可以在缴费满15年（一次性补缴或者继续缴费均可）后享受基本养老保险待遇；也可以采取转入新型农村社会养老保险或者城镇居民社会养老保险的办法，解决其养老保障问题。

《社会保险法》第16条。

## 5.农村社会养老制度是怎样规定的？

答：国家建立和完善新型农村社会养老保险制度。

新型农村社会养老保险，是指在基本模式上实行社会统筹与个人账户相结合，在筹资方式上实行个人缴费、集体补助、政府补贴相结合的社会养老保险制度。

新型农村社会养老保险与原来的农村养老保险最主要的区别就是筹资方式上增加了政府补贴。具体的筹资方式：（1）个人缴费，缴费标准目前设为每年100元、200元、300元、400元、500元5个档次，地方可以根据实际情况增设缴费档次；（2）集体补助，有条件的村集体应当对参保人缴费给予补助，补助标准由村民委员会召开村民会议民主确定，鼓励其他经济组织、社会公益组织、个人为参保人缴费提供资助；（3）政府补贴，政府对符合领取条件的参保人全额支付新农保基础养老金。

保险待遇的组成：（1）基础养老金。目前中央确定的基础养老金标准为每人每月55元，地方政府可以根据实际情况提高基础养老金标准，如北京市基础养老金标准为每人每月280元。（2）个人账户养老金。个人缴费，集体补助及其他经济组织、社会公益组织、个人对参保人缴费的资助，地方政府对参保人的缴费补贴，全部计入个人账户。个人账户储存额参考中国人民银行公布的金融机构人民币一年期存款利率计息。个人账户养老金的月计发标准为个人账户全部储存额除以139，与现行城镇职工基本养老保险个人账户养老金计发系数相同。参保人死亡的，个人账户中的资金余额，除政府补贴外，可以依法继承；政府补贴余额用于继续支付其他参保人的养老金。

《社会保险法》第2条、第20条、第21条，《国务院关于开展新型农村社会养老保险试点的指导意见》。

## 6.城镇居民社会养老保险是如何规定的？

答：城镇居民社会养老保险实行个人账户与基础养老金相结合，筹资方式实行个人缴费与政府补贴相结合的社会养老保险制度。城镇居民养老保险试点的基本原则是"保基本、广覆盖、有弹性、可持续"。一是从城镇居民的实际情况出发，低水平起步，筹资标准和待遇标准要与经济发展及各方面承受能力相适应；二是个人（家庭）和政府合理分担责任，权利与义务相对应；三是政府主导和居民自愿相结合，引导城镇居民普遍参保；四是中央确定基本原则和主要政策，地方制定具体办法，城镇居民养老保险实行属地管理。

参保范围：年满16周岁（不含在校学生）、不符合职工基本养老保险参保条件的城镇非从业居民，可以在户籍地自愿参加城镇居民养老保险。

基金筹集：城镇居民养老保险基金主要由个人缴费和政府补贴构成。（1）个人缴费。参加城镇居民养老保险的城镇居民应当按规定缴纳养老保险费。缴费标准目前设为每年100元、200元、300元、400元、500元、600元、700元、800元、900元、1000元10个档次，地方人民政府可以根据实际情况增设缴费档次。参保人自主选择档次缴费，多缴多得。国家依据经济发展和城镇居民人均可支配收入增长等情况适时调整缴费档次。（2）政府补贴。政府对符合待遇领取条件的参保人全额支付城镇居民养老保险基础养老金。其中，中央财政对中西部地区按中央确定的基础养老金标准给予全额补助，对东部地区给予50%的补助。地方人民政府应对参保人员缴费给予补贴，补贴标准不低于每人每年30元；对选择较高档次标准缴费的，可给予适当鼓励，具体标准和办法由省（区、市）人民政府确定。对城镇重度残疾人等缴费困难群体，地方人民政府为其代缴部分或全部最低标准的养老保险费。（3）鼓励其他经济组织、社会组织和个人为参保人缴费提供资助。

养老金待遇组成：由基础养老金和个人账户养老金构成，支付终身。中央确定的基础养老金标准为每人每月55元。地方人民政府可以根据实际情况提高基础养老金标准，对于长期缴费的城镇居民，可适当加发基础养老金，提高和加发部分的资金由地方人民政府支出。

个人账户养老金的月计发标准为个人账户储存额除以139（与现行职工基本养老保险及新农保个人账户养老金计发系数相同）。参保人员死亡，个人账户中的资金余额，除政府补贴外，可以依法继承；政府补贴余额用于继续支付其他参保人的养老金。

《社会保险法》第2条、第22条，《国务院关于开展城镇居民社会养老保险试点的指导意见》。

## 7.何谓基本医疗保险?

答：基本医疗保险制度，是指按照国家规定缴纳一定比例的医疗保险费，在参保人因患病和意外伤害而发生医疗费用后，由医疗保险基金支付其医疗费用的社会保险制度，其目标是实现"病有所医"。基本医疗保险制度由三部分组成，即职工基本医疗保险制度、新型农村合作医疗制度和城镇居民基本医疗保险制度。

基本医疗保险费由用人单位和职工双方共同负担，用人单位缴费比例控制在职工工资总额的6%左右，职工缴费比例一般为本人工资收入的2%。职工个人缴纳的基本医疗保险费，全部计入个人账户；用人单位缴纳的基本医疗保险费分为两部分，一部分用于建立统筹基金，另一部分划入个人账户。无雇工的个体工商户、未在用人单位参加职工基本医疗保险的非全日制从业人员以及其他灵活就业人员根据自愿原则，可以参加职工基本医疗保险，由其个人缴纳基本医疗保险费。

《老年人权益保障法》第29条，《社会保险法》第2条、第23条。

## 8.何谓新型农村合作医疗制度?

答：国家建立和完善新型农村合作医疗制度。新型农村合作医疗制度是由政府组织、引导、支持，农民自愿参加，个人、集体和政府多方筹资，以大病统筹为主的农民医疗互助共济制度。农民以家庭为单位自愿参加新型农村合作医疗，按时足额缴纳合作医疗经费。新型农村合作医疗主要补助参合农民的大额医疗费用或者住院医疗费用。

新型农村合作医疗制度从2003年起在全国部分县（市）试点，到2010年逐步实现基本覆盖全国农村居民。2013年，国家卫生和计划生育委员会主管的新型农村合作医疗保险正式划归至人力资源和社会保障部，整合职工医保、"城居医保"和"新农合"的职责，由一个部门承担。2014年启动实施新型农村合作医疗和城镇居民基本医疗保险并轨，正逐步实现人力资源和社会保障部"一统医保"。

《老年人权益保障法》第29条，《社会保险法》第2条、第24条。

## 9.何谓城镇居民基本医疗保险制度?

答：城镇居民基本医疗保险制度，是指以大病统筹为主，针对城镇非从业居民的一项基本医疗保险制度。城镇中不属于城镇职工基本医疗保险制度覆盖范围的中小学阶段的学生（包括职业高中、中专、技校学生）、少年儿童和其他非从业城镇居民都可自愿参加城镇居民基本医疗保险。

筹资方式：城镇居民基本医疗保险实行个人缴费和政府补贴相结合的筹资方式，以个人缴费为主，政府给予适当补贴。对于享受最低生活保障的人、丧失劳动能力的残疾人、低收入家庭、60周岁以上的老年人和未成年人参保所需的个人缴费部分，由政府给予补贴。

《老年人权益保障法》第29条，《社会保险法》第2条、第25条。

## 10.老年人医疗保险制度的特殊规定有哪些?

答：享受最低生活保障的老年人和符合条件的低收入家庭中的老年人参加新型农村合作医疗和城镇居民基本医疗保险所需个人缴费部分，由政府给予补贴。

老年人医疗保险制度，是老年人社会保障制度的重要组成部分，对于促进经济发展、保持社会稳定，具有重要地位和特定的功能。与其他社会群体相比较，老年人更需要特殊的医疗服务保障，需要在就诊、服药、护理、预防、卫生、保健等方面得到照顾。有关部门在制定医疗保险办法时，应当充分考虑老年人的特殊情况、身心特点，对老年人给予特殊照顾，主要是在规定个人缴纳医疗保险费比例时，老年人少缴或者不缴，如享受最低生活保障的老年人和符合条件的低收入家庭中的老年人参加新型农村合作医疗和城镇居民基本医疗保险所需个人缴费部分，由政府给予补贴，体现出政府对老年人的照顾和优待，维护老年人的生存权和健康权，使老年人保持机体健康和身心愉悦。

《老年人权益保障法》第29条，《社会保险法》第25条。

## 11.对老年人的长期护理保障工作的规定有哪些?

答：对老年人的长期护理保障工作，是指为那些因年老体衰导致生活不能自理、需要长期护理的特殊人群提供护理服务费用补偿的保障工作。我国社会老龄化形势要求逐步开展长期护理保障工作。随着我国人口老龄化进程的不断加快，家庭结构小型化、女性普遍走出家门就业的情况与老年人口高龄化、老年慢性病盛行以及重残老年人剧增的状况构成了一对矛盾，老年人的长期护理已经由过去的家庭责任逐步演变为现实的社会问题。失能老年人剧增、长期护理成本居高不下、长期护理服务供需严重失衡、以及老年人因缺少照料服务而自杀等问题日益显现出来，到了政府和社会必须认真对待、加以解决的时候。据此，国家规定逐步开展长期护理保障工作，保障老年人的护理需求。对生活长期不能自理、经济困难的老年人，地方各级人民政府应当根据其失能程度等情况给予护理补贴。

《老年人权益保障法》第30条。

## 12.何谓社会救助制度?

答：所谓社会救助，是指国家和社会组织对于遭受自然灾害、失去劳动能力或者其他低收入公民给予物质帮助或精神救助，以维持其基本生活需求，保障其最低生活水平的各种措施。包括最低生活保障、特困人员供养、受灾人员救助、医疗救助、住房救助、教育救助、就业救助和临时救助八项社会救助制度。

社会救助的原则：一是社会救助制度坚持托底线、救急难、可持续，与其他社会保障制度相衔接，社会救助水平与经济社会发展水平相适应；二是社会救助工作应当遵循公开、公平、公正、及时的原则。

《老年人权益保障法》第31条,《社会救助暂行办法》第2条。

### 13.社会救助管理部门、经办单位有哪些？职责是什么？

答：国务院民政部门统筹全国社会救助体系建设。国务院民政、卫生计生、教育、住房和城乡建设、人力资源和社会保障等部门，按照各自职责负责相应的社会救助管理工作。县级以上地方人民政府民政、卫生计生、教育、住房和城乡建设、人力资源和社会保障等部门，按照各自职责负责本行政区域内相应的社会救助管理工作。以上各行政部门统称社会救助管理部门。

乡镇人民政府、街道办事处负责有关社会救助的申请受理、调查审核，具体工作由社会救助经办机构或者经办人员承担。村民委员会、居民委员会协助做好有关社会救助工作。

具体职责：县级以上人民政府应当将社会救助纳入国民经济和社会发展规划，建立健全政府领导、民政部门牵头、有关部门配合、社会力量参与的社会救助工作协调机制，完善社会救助资金、物资保障机制，将政府安排的社会救助资金和社会救助工作经费纳入财政预算。社会救助资金实行专项管理，分账核算，专款专用，任何单位或者个人不得挤占挪用。社会救助资金的支付，按照财政国库管理的有关规定执行。县级以上人民政府应当按照国家统一规划建立社会救助管理信息系统，实现社会救助信息互联互通、资源共享。

《社会救助暂行办法》第3条、第4条、第5条、第6条。

### 14.什么是"三无老人"？对特殊困难老年人的供养救助是如何规定的？

答：所谓"三无老人"，是指没有劳动能力、没有生活来源、没有法定赡养人和扶养人的老年人，是最困难、自救能力最差的社会群体。"三无老人"特别需要依靠国家和集体给予救助或救济。

国家对"三无老人"或者其法定赡养、扶养义务人无赡养、扶养能力的老年人，给予特困人员供养。

特困人员供养的内容包括：（1）提供基本生活条件；（2）对生活不能自理的给予照料；（3）提供疾病治疗；（4）办理丧葬事宜。

特困人员供养标准，由省、自治区、直辖市或者设区的市级人民政府确定、公布。特困人员供养应当与城乡居民基本养老保险、基本医疗保障、最低生活保障等制度相衔接。特困供养人员可以在当地的供养服务机构集中供养，也可以在家分散供养。特困供养人员可以自行选择供养形式。

《老年人权益保障法》第31条，《社会救助暂行办法》第14条、第15条、第19条。

### 15.特困人员的申请与停止供养的程序是怎样规定的?

答：申请特困人员供养，由本人向户籍所在地的乡镇人民政府、街道办事处提出书面申请；本人申请有困难的，可以委托村民委员会、居民委员会代为提出申请；乡镇人民政府、街道办事处应当及时了解掌握居民的生活情况，发现符合特困供养条件的人员，应当主动为其依法办理供养。

特困人员供养的审批程序：（1）由共同生活的家庭成员向户籍所在地的乡镇人民政府、街道办事处提出书面申请；家庭成员申请有困难的，可以委托村民委员会、居民委员会代为提出申请。（2）乡镇人民政府、街道办事处应当通过入户调查、邻里访问、信函索证、群众评议、信息核查等方式，对申请人的家庭收入状况、财产状况进行调查核实，提出初审意见，在申请人所在村、社区公示后报县级人民政府民政部门审批。（3）县级人民政府民政部门经审查，对符合条件的申请予以批准，并在申请人所在村、社区公布；对不符合条件的申请不予批准，并书面向申请人说明理由。

特困人员的停止供养，是指特困供养人员不再符合供养条件的，村民委员会、居民委员会或者供养服务机构应当告知乡镇人民政府、街道办事处，由乡镇人民政府、街道办事处审核并报县级人民政府民政部门核准后，终止供养并予以公示。

《老年人权益保障法》第31条，《社会救助暂行办法》第11条、第16条、第17条、第18条。

## 16.什么样的老年人可以申请医疗救助？医疗救助是如何规定的？

答：医疗救助制度，是指政府和社会对城乡贫困人口中因大病而影响基本生活的人员在现金、实物与服务等方面进行帮助的制度。国家建立健全医疗救助制度，保障医疗救助对象获得基本医疗卫生服务。

可以申请相关医疗救助老年人包括：（1）最低生活保障家庭成员；（2）特困供养人员；（3）县级以上人民政府规定的其他特殊困难人员。申请医疗救助的，应当向乡镇人民政府、街道办事处提出，经审核、公示后，由县级人民政府民政部门审批。最低生活保障家庭成员和特困供养人员的医疗救助，由县级人民政府民政部门直接办理。

医疗救助采取的方式包括：（1）对救助对象参加城镇居民基本医疗保险或者新型农村合作医疗的个人缴费部分，给予补贴；（2）对救助对象经基本医疗保险、大病保险和其他补充医疗保险支付后，个人及其家庭难以承担的符合规定的基本医疗自负费用，给予补助。

医疗救助标准，由县级以上人民政府按照经济社会发展水平和医疗救助资金情况确定、公布。县级以上人民政府应当建立健全医疗救助与基本医疗保险、大病保险相衔接的医疗费用结算机制，为医疗救助对象提供便捷服务。

《老年人权益保障法》第31条，《社会救助暂行办法》第27条、第28条、第29条、第30条、第31条。

## 17.如何救助流浪乞讨、遭受遗弃等生活无着的老年人？

答：国家对生活无着的流浪、乞讨人员提供临时食宿、急病救治、协助返回等救助。公安机关和其他有关行政机关工作人员在执行职务时发现流浪、乞讨人员的，应当告知其向救助管理机构求助；对其中的老年人应当引导、护送到救助管理机构。对突发急病的老年人，应当立即通知急救机构进行救治。救助机构对受助的老年人应当给予照顾。受助人员住所地的县级人民政府应当采取措施，帮助受助人员解决生产、生活困难，教育遗弃老年人的近亲属或者其他监护人履行赡养义务。

《老年人权益保障法》第31条，《社会救助暂行办法》第50条、第51条，《城市生活无着的流浪乞讨人员救助管理办法》第5条、第11条、第12条。

## 18.对老年人住房救助有哪些规定?

答：明确规定了国家对符合规定标准的住房困难的最低生活保障家庭、分散供养的特困人员，给予住房救助。

住房救助的方式，是通过配租公共租赁住房、发放住房租赁补贴、农村危房改造等方式实施。

住房困难标准和救助标准，由县级以上地方人民政府根据本行政区域经济社会发展水平、住房价格水平等因素确定、公布。

住房救助的申请程序是：城镇家庭申请住房救助的，应当经由乡镇人民政府、街道办事处或者直接向县级人民政府住房保障部门提出，经县级人民政府民政部门审核家庭收入、财产状况和县级人民政府住房保障部门审核家庭住房状况并公示后，对符合申请条件的申请人，由县级人民政府住房保障部门优先给予保障；农村家庭申请住房救助的，按照县级以上人民政府有关规定执行。

各级人民政府按照国家规定通过财政投入、用地供应等措施为实施住房救助提供保障。政府在实施廉租住房、公共租赁住房等住房保障制度或者进行危旧房屋改造时，应当依法优先照顾符合条件的老年人，如老年人享受优先选择楼层的待遇。

《老年人权益保障法》第31条、第32条，《社会救助暂行办法》第37

条、第38条、第39条、第40条、第41条。

## 19.我国老年人福利制度的内容有哪些?

答:社会福利,是指国家依法为所有公民普遍提供的,旨在保证一定生活水平和尽可能提高生活质量的政策、资金和服务的社会保障制度。社会福利制度具有四个特点:(1)社会福利是社会矛盾的调节器;(2)每一项社会福利计划的出台总是带有明显的功利主义目的,总是以缓和某些突出的社会矛盾为终极目标;(3)社会福利的普遍性,社会福利是为所有公民提供的,利益投向呈一维性,即不要求被服务对象缴纳费用,只要公民属于立法和政策划定的范围之内,就能按规定得到应该享受的政策、津贴或服务;(4)社会福利较社会保险而言是较高层次的社会保障制度,它是在国家财力允许的范围内,在既定的生活水平的基础上,尽力提高被服务对象的生活质量。

老年人社会福利,是指在政府的领导下,在社会各方面力量的参与下,根据老年人特殊需要和老年人自身特点,提供给老年人的养护、医疗、康复和娱乐等方面的物质和服务。一是国家建立和完善老年人福利制度,根据经济社会发展水平和老年人的实际需要,增加老年人的社会福利;二是国家鼓励地方建立80周岁以上低收入老年人高龄津贴制度;三是国家建立和完善计划生育家庭老年人扶助制度;四是农村可以将未承包的集体所有的部分土地、山林、水面、滩涂等作为养老基地,收益供老年人养老。

《老年人权益保障法》第33条。

## 20.何谓高龄津贴? 建立高龄津贴制度有何现实意义?

答:高龄津贴是一种老年津贴,是针对高龄老年人发放的具有褒扬性质的福利项目,旨在提高高龄老年人的生活质量,倡导尊老敬老的社会风气,弘扬尊老敬老的传统美德。建立高龄津贴制度,增加了保障高龄老人生活的政府责任,体现了以人为本的执政理念,彰显了社会的文明进步,有利于实现高龄老人获得物质帮助的权利,有利于完善资金保障与服务提供相结合的社会养老服务体系，有利于推动社会福利由补缺型向适度普惠型转变。

高龄老人是指80周岁以上的老年人，是老年特征最突出的人口，其特点主要表现在：一是一般经济不能自立，生活自理能力差或不能自理；二是体弱多病，有的甚至卧床不起或者神智不清，患阿尔茨海默病比重较大；三是大多数高龄老人需要家庭和社会向他们提供经济帮助、医疗服务和生活照顾，继续为社会服务的人很少；四是高龄老人中大部分已丧偶。截至2012年底，我国80周岁及以上高龄老年人口达2273万人。

《老年人权益保障法》第33条。

## 21.为何要建立计划生育家庭老年人扶助制度？

答：国家依法建立和完善老年人福利制度，根据经济社会发展水平和老年人的实际需要，增加老年人的社会福利。这主要是基于以下考虑：一是当前我国实行居家养老为基础的养老政策，实行计划生育后，一些家庭养老能力削弱，国家应当为其提供一定保障；二是目前我国已经开始实施一些相关的政策。例如，建立了农村计划生育家庭奖励扶助制度，对农村年满60周岁以上的独生子女父母和只生两个女儿的父母发放补贴。针对独生子女死亡、伤残家庭养老保障存在的困难和问题建立了特别补助制度。

《老年人权益保障法》第33条。

## 22.建立养老基地必须注意哪些问题？

答：《老年人权益保障法》第33条规定的养老基地，并不是指用于养老的场所，而是指利用基地资源收益为老年人养老。一是建立养老基地要因地制宜，从农村的实际情况出发，注重发挥本地自然资源优势。二是在农村建立养老基地，不是强制性规定。在有条件的农村建立养老基地所用的土地、山林、水面、滩涂等必须是集体所有的且没有承包出去的资源；如果已经承包给农户经营的，不能强行收回建立养老基地。三是收益归老年人养老，这是建立养老基地的根本目的。养老基地的收益，必须供老年人养老，改善老年人的生活。

《老年人权益保障法》第33条。

## 23.什么是养老金?

答：养老金也称退休金、退休费，是一种最主要的养老保险待遇。即指劳动者缴费达到法定期限并且个人达到法定退休年龄后，国家和社会提供物质帮助以保证年老者有稳定、可靠的生活来源，按月或一次性以货币形式支付的保险待遇，主要用于保障职工退休后的基本生活需要。

老年人依法享有的养老金、医疗待遇和其他待遇应当得到保障，有关机构必须按时足额支付，不得克扣、拖欠或者挪用。国家根据经济发展以及职工平均工资增长、物价上涨等情况，适时提高养老保障水平。

《老年人权益保障法》第34条。

## 24.发展老龄慈善事业应当坚持哪两个基本原则? 财政税收如何鼓励?

答：国家鼓励慈善组织以及其他组织和个人为老年人提供物质帮助。发展老龄慈善事业应当坚持两大基本原则：一是主体多元化原则。即应充分发挥市场机制的基础性作用，积极引导和鼓励企业、慈善组织、社会组织以及公民个人等社会力量参与到为老服务的行列中来。二是形式多样化原则。既可以为老年人提供捐赠、救助、物质帮助，也可以提供其他第三产业服务、设立帮扶项目、创办服务机构、提供志愿服务等，为老年人的吃、穿、住、行提供实实在在的便利，在全社会营造尊老、敬老、爱老的社会风气。

社会力量参与社会救助，按照国家有关规定享受财政补贴、税收优惠、费用减免等政策。

《老年人权益保障法》第35条，《社会救助暂行办法》第52条、第53条。

## 25.什么是遗赠扶养协议?

答：遗赠扶养协议，是遗赠人和扶养人之间关于扶养人承担遗赠人的生养死葬的义务，遗赠人的财产在其死后转归扶养人所有的协议。遗赠扶养协议是一种平等、有偿和互为权利义务关系的民事法律关系。扶养人是指集体经济组织、基层群众性自治组织、养老机构等组织或者个人。遗赠扶养协议也是我国《继承法》确立的一项新的法律制度，是我国继承制度的新发展。

《老年人权益保障法》第36条，《继承法》第21条、第31条。

## 26.遗赠扶养协议与遗嘱的区别是什么?

答：遗赠扶养协议是双方的法律行为，只有在遗赠方和扶养方双方自愿协商一致的基础上才能成立。凡不违反国家法律规定、不损害公共利益、不违反社会主义道德准则的遗赠扶养协议即具有法律约束力，双方均必须遵守，切实履行。任何一方都不能随意变更或解除。如果一方要变更或解除，必须取得另一方的同意。

遗嘱是遗嘱人单方的法律行为，不需要他人的同意即可发生法律效力。遗嘱人不仅可以单方面订立遗嘱，而且还可以随时变更遗嘱的内容，或者撤销原遗嘱，另立新遗嘱。

被继承人生前与他人订有遗赠抚养协议，同时又立有遗嘱的，继承开始后，如果遗赠扶养协议与遗嘱有抵触，按协议处理，与协议抵触的遗嘱全部或部分无效。

继承开始后，继承人没有表示放弃继承的，视为接受继承。而受遗赠人应当在知道受遗赠后两个月内，作出接受或者放弃受遗赠的表示，到期没有表示的，视为放弃受遗赠。

《老年人权益保障法》第36条，《继承法》第16~20条、第25条，《最高人民法院关于贯彻执行<中华人民共和国继承法>若干问题的意见》第5条。

## 27.遗赠扶养协议与遗赠法律行为的区别是什么?

答：遗赠扶养协议是有偿的、相互附有条件的，它体现了权利义务相一致的原则。遗赠即可指遗赠抚养协议中的一项义务，也可指单独的遗赠法律行为。

遗赠行为是财产所有人生前以遗嘱的方式将其财产遗赠给国家、集体或个人的行为，它不以受遗赠人为其尽扶养义务为条件。

遗赠扶养协议不仅有遗赠财产的内容，而且还包括扶养的内容。而遗赠行为只是遗赠财产，没有扶养的内容。

遗赠扶养协议从协议成立之日起开始发生法律效力，而遗赠行为是从遗赠人死亡之日起发生法律效力。

《老年人权益保障法》第36条，《继承法》第21条。

# 第四章　社会服务

## 1.何谓居家养老?

答：现代意义上的居家养老不同于传统的家庭养老，主要是立足家庭、以社会服务进家庭为标志，为老年人提供情感交流、精神慰藉和照料服务，是绝大多数老年人的意愿和实际选择，也是世界各国通行的主要养老方式。

所谓居家养老服务，是指以家庭为基础，在政府主导下，以城乡社区为依托，以社会保障制度为支撑，由政府提供基本公共服务，企业、社会组织提供专业化服务，基层群众性自治组织和志愿者提供公益互助服务，满足居住在家的老年人社会化服务需求的养老服务模式。主要内容包括：（1）为老年人提供社区老年餐桌、定点餐饮、自助型餐饮配送、开放单位食堂等用餐服务；（2）为老年人提供体检、医疗、护理、康复等医疗卫生服务；（3）为失能老年人提供家庭护理服务；（4）为失能、高龄、独居老年人提供紧急救援服务；（5）利用社区托老所等设施为老年人提供日间照料服务；（6）为老年人提供家庭保洁、助浴、辅助出行等家政服务；（7）为独居、高龄老年人提供关怀访视、生活陪伴、心理咨询、不良情绪干预等精神慰藉服务；（8）开展有益于老年人身心健康的文化娱乐、体育活动；（9）对经济困难的老年人、失能的老年人，政府应当给予养老服务补贴，提高生活自理能力和生活质量。

老年人的子女及其他依法负有赡养扶助、扶养义务的人，应当履行对老年人经济上供养、生活上照料和精神上慰藉的义务。需要由社会提供服务的，老年人家庭根据服务项目的性质和数量，承担相应费用。

《老年人权益保障法》第37条。

## 2.养老服务补贴是怎样的制度?

答:养老服务补贴制度,是指对低收入的失能、失智、高龄、独居等养老困难的老年人,经过评估,采取政府补贴的形式,为他们接受居家养老服务或者入住养老机构提供支持的一种制度。

对经济困难的高龄、失能等老年人,地方各级人民政府应当逐步给予养老服务补贴。补贴标准,由各地根据当地经济发展水平、物价变动情况和财力状况自主确定。有条件的地方,可制定统一的省级补贴标准;没有条件的地方,可由市、县人民政府根据实际情况确定。补贴方式是原则上按月给符合条件的老年人发放现金、代金券,应做到及时、透明、便捷。养老服务补贴经费由地方财政负担。

《老年人权益保障法》第37条,《关于建立健全经济困难的高龄、失能等老年人补贴制度的通知》。

## 3.居家养老服务的内容有哪些?

答:主要包括就近满足老年人基本生存需要的生活服务、文化体育活动、日间照料,满足老年人处于急性病突发和生命遇险时延续生命需求的紧急救援,满足老年人日常疾病治疗照护与康复等需求的医疗护理,解决老年人精神空虚、孤独问题的精神慰藉和心理咨询。发扬邻里互助的传统,提倡邻里间关心、帮助有困难的老年人。鼓励慈善组织、志愿者为老年人服务。倡导老年人互助服务等。

逐步实现居家养老以上门服务为主要形式,对身体状况较好、生活基本能自理的老年人提供家庭服务、老年食堂、法律服务等;对生活不能自理的高龄、独居、失能等老年人提供家务劳动、家庭保健、辅具配置、送饭上门、无障碍改造、紧急呼叫和安全援助等服务。

《老年人权益保障法》第37条、第38条,《社会养老服务体系建设规划(2011—2015年)》第二部分"内涵和定位"之(二)"功能定位"。

### 4.什么是社区养老模式?

答:社区养老,就是把家庭养老和机构养老的最佳结合点集中在社区,让老人住在自己家里,在继续得到家人照顾的同时,由社区的有关服务机构和人士为老人提供上门服务或托老服务。

社区养老服务,就是通过政府扶持、社会参与、市场运作,逐步建立以居家养老为核心,社区服务为依托,专业化服务为依靠,向居家老人提供生活照料、医疗保健、精神慰藉、文化娱乐等为主要内容的服务。社区养老在我国老年福利服务体系中具有依托作用。

《老年人权益保障法》第38条。

### 5.社区养老服务的形式和内容有哪些?

答:政府应当根据经济发展水平和老年人服务需求,逐步增加对养老服务的投入。各级人民政府和有关部门在财政、税费、土地、融资等方面采取措施,鼓励、扶持企业事业单位、社会组织或者个人兴办、运营养老、老年人日间照料、老年文化体育活动等设施。

新建小区要统筹规划,将养老服务设施建设纳入公建配套实施方案。鼓励通过整合、置换或转变用途等方式,将闲置的医院、企业、农村集体闲置房屋以及各类公办培训中心、活动中心、疗养院、小旅馆、小招待所等设施资源改造用于养老服务。

《老年人权益保障法》第39条,《社会养老服务体系建设规划(2011—2015年)》第四部分"目标和任务"。

### 6.老年人之间邻里互助有哪些?

答:"远亲不如近邻,近邻不如对门"。邻里互助是社区较容易为老年人直接提供有效服务的方式。可以就近、方便、灵活地发挥社区资源,减少资金投入。利用邻里互助蕴藏着的巨大参与建设社区的积极性和创造精神,能够提高为老年人服务的质量，改变"养儿防老"观念。

老年人之间互助的新规定是从实践中总结出来的。"年轻的"老人关心帮助"年长的"老人，身体好的老人关心帮助身体差的老人，有家有口的老人关心帮助空巢老人等，老年人之间的互帮互助，老人帮老人，双方都有时间，有共同语言，容易沟通，这种形式非常受老人们的欢迎。通过老年人互助，空巢老人得以排遣孤独，他们的实际生活困难在互助中也可以得到解决。而且，老年人互助在解决一部分老年人的困难的同时，也丰富了老年人的生活，让一部分老年人实现了"老有所为"，满足了他们继续奉献社会、体现自身价值的愿望和热情。这种新经验上升为法律，作为提倡的新制度固化下来。

《老年人权益保障法》第38条。

## 7.什么是为老年人的志愿服务?

答：志愿服务，是指利用自己的时间、技能、资源、善心为邻居、社区、社会提供非营利、无偿、非职业化援助、奉献爱心的公益行为。政府鼓励有持续性，能为老人提供日常援助的志愿服务。

2009年，中央精神文明建设指导委员会发文明确要求精心组织开展扶贫帮困、扶老助残志愿服务。困难群众和老年人、残疾人特别需要社会的关爱，是志愿服务的重点。要组织志愿者采取结对帮扶等方式，帮助他们解决生产生活中的实际困难，使他们过上更好的生活。要积极开展以送温暖献爱心为主题的志愿服务活动，努力为困难群众排忧解难。要积极开展居家养老、扶残助残志愿服务活动，组织志愿者为孤寡老人、空巢老人、残疾人提供生活救助和照料服务，弘扬人道主义精神。社区是居民生活的基本单元，立足社区组织人们参加志愿服务活动是一种便捷有效的志愿服务形式。开展扶贫帮困、扶老助残志愿服务，要把社区作为重点，从办得到、群众又迫切需要的事情做起，多做雪中送炭的工作，多提供人性化、个性化的服务，让居民在参与中感受友谊和谐，看到社会美好，推动形成良好人际关系。

社区养老已逐渐成为我国养老模式的重要组成部分，其中志愿服务能够有效补充政府和家庭在社区养老中的不足。然而，社区养老志愿服务在我国尚处于起步状态，真正持续的、广泛的、长效的社区养老志愿服务机制尚未广泛建立。首先，应当尽快完善社区养老志愿服务相关法律法规和政策制度，尤其是指导社区养老志愿服务专门性法规的制定，使养老志愿服务规范化；其次，应当尽快制定社区养老志愿服务各项标准，针对老年人的生理特征和心理需求，使日常生活服务、医疗保健服务、精神生活服务等各方面的具体操作标准化；再次，建立社区养老志愿服务评价机制，建立由政府评价、服务对象以及家属评价、第三方评价等多方参与的社区养老志愿服务评价机制，从而不断提高社区养老志愿服务的质量和水平。

《老年人权益保障法》第38条、第68条第（六）项，《关于深入开展志愿服务活动的意见》第5条。

## 8.政府在保障养老服务工作中的法定责任是什么？

答：各级人民政府应当根据经济发展水平和老年人服务需求，逐步增加对养老服务的投入。政府和有关部门在财政、税费、土地、融资等方面采取措施，鼓励、扶持企业事业单位、社会组织或者个人兴办、运营养老、老年人日间照料、老年文化体育活动等设施。

地方各级人民政府和有关部门应当按照老年人口比例及分布情况，将养老服务设施建设纳入城乡规划和土地利用总体规划，统筹安排养老服务设施建设用地及所需物资。

非营利性养老服务设施用地，可以依法使用国有划拨土地或者农民集体所有的土地。养老服务设施用地，非经法定程序不得改变用途。

《老年人权益保障法》第39条、第40条，《社会养老服务体系建设规划（2011—2015年）》第四部分"目标和任务"之（五）"资金筹措"。

## 9.何谓机构养老？如何开展社会养老服务？

答：所谓机构养老，是指国家、社会组织和个人通过举办养老机构，为老年人提供养护、康复、托管等服务。机构养老服务是居家养老服务的支撑，在当居家与社区养老服务无法实现养老服务基本需求时，由养老服务机构承担养老服务。机构养老是专业化和规范化的养老服务，它面向的主要对象：一是需由政府供养的孤寡老人；二是"空巢"老人；三是家庭无力照顾的生活不能自理或半自理老人；四是有经济支付能力愿意到机构接受照料的老人。

社会养老服务应当以机构为支撑，机构养老服务具有一定的优势。养老机构能够满足有需要的老年人的集中服务需求，尤其是为失能、半失能老年人提供专业化照料。同时，养老机构可以利用设施、人员和技术等方面的优势，辐射周边社区，支持居家养老和社区照料服务，提高整个社会养老服务的专业化水平。应当积极发展机构养老服务。

《老年人权益保障法》第41条，《社会养老服务体系建设规划（2011—2015年）》第四部分"目标和任务"之（五）"资金筹措"。

## 10.对养老机构的税收优惠政策有哪些？

答：对养老机构提供的养护服务免征营业税；对符合条件的非营利性养老机构自用房产、土地免征房产税、城镇土地使用税，其收入为企业所得税免税收入；落实各项鼓励社会力量捐赠养老事业发展的企业所得税、个人所得税优惠政策。对各类养老机构生活用电、用水、用气、用热实现与居民用电、用水、用气、用热基本同价，电价按居民合表用户电价执行。

《老年人权益保障法》第39条，《国务院关于加快发展养老服务业的若干意见》第三部分"政策措施"之(三)"完善税费优惠政策"，《关于加快推进健康与养老服务工程建设的通知》。

### 11.何谓在兴办养老服务设施运营上的民办公助方式?

答:民办公助,是指非公主体兴办运营各种社会事业,政府给予一定资金支持的一种建设模式。这种模式在那些市场经济比较发达、人们市场观念比较成熟的地方被较多地采用。在以民办公助的方式兴办养老服务设施的运营上,以统一规划、尊重民意为前提,以财政补助为引导,以公民个人、企业或养老组织为载体,变政府主导为政府引导,鼓励民间自主参与建设与管理,投资与投劳并举,用活用好财政资金,以调动民间力量投身养老服务的积极性,缓解社会养老难题。

以作为民办公助居家养老服务设施为例,主要通过政府购买向居家养老服务对象提供家政、精神慰藉、康复护理、应急求助等项目基本服务,发展养老服务事业。享受政府购买居家养老服务的对象一般包括:相关社区辖区范围内登记在册的"五保"老人、"三无"对象、军烈属老人、低保家庭中的独居或与残疾子女生活的老人,高龄老人、无子女照顾或子女因残疾等无能力照料的老人等。

实践中,民办公助的连锁经营模式在一些养老机构发展的比较好、专业化服务水平比较高的地方已有运用。主要表现为一些地方根据社区居家养老服务与机构养老服务有很多相通、相似的特点,采用政府出资和社区筹资,委托或资助专业养老机构在社区承办居家养老服务设施和站点,并在建成后管理和运作,为社区老年人提供居家养老服务的一种专业化连锁运营的模式。

《社会养老服务体系建设规划(2011—2015年)》第四部分"目标和任务"。

### 12.何谓在兴办养老服务设施运营上的公建民营方式?

答:公建民营,是指在新建养老服务机构时,各级政府要摒弃过去那种包办包管、高耗低效的管理体制和运行机制,按照办管分离的发展思路,由政府出资,招标选定社会组织或服务团体去经办和管理运作,政府则按照法律法规和标准规范负起行政管理、监督责任的养老服务方式。

公建民营方式的要求：第一，这种福利型养老服务设施或养老护理机构，要解决老年人群中高龄、失能、失智老人对专业养老护理服务的需求，并优先保障"三无"、"五保"、军烈属和经济困难的低收入老人的护理服务需求。而对那些享乐型、休闲度假型、健康养生型的高档养老机构则由市场去自发调节，不在政府出资建设之列。第二，必须建立和实施基本的公共财政政策，明确政府承担基本养老服务职能的责任，才能使各级政府真正成为这类社区居家养老服务机构和养老护理服务机构建设的投资主体。第三，必须建立健全一系列完善配套的法律法规和标准、规范以及一套完备的检查监督机制，才能使这种做法依法依规、公平有序地进行。第四，这种做法与经济发展水平和财政承受能力紧密相关，这种做法可以先从东部沿海发达地区和有财政承受能力的地区做起，再逐步推展到全国。

《社会养老服务体系建设规划（2011—2015年）》第五部分"保障措施"。

## 13.何谓在兴办养老服务设施运营上的PPP方式？

答：PPP方式（Public-Private Partnership），即政府和社会资本合作模式，是公共基础设施一种项目融资模式。在该模式下，鼓励私营企业与政府进行合作，参与公共基础设施的建设。通过这种合作方式，合作各方可以达到与预期单独行动相比更为有利的结果。合作各方参与某个项目时，政府并不是把项目的责任全部转移给私营企业，而是由参与合作的各方共同承担责任和融资风险。双方首先通过协议的方式明确共同承担的责任和风险，其次明确各方在项目各个流程环节的权利和义务，最大限度地发挥各方优势，使得建设摆脱政府行政的诸多干预和限制，又充分发挥民营资本在资源整合与经营上的优势。

按照这个广义概念，PPP是指政府公共部门与私营部门合作过程中，让非公共部门所掌握的资源参与提供公共产品和服务，从而实现政府公共部门的职能并同时也为民营部门带来利益。其管理模式包含与此相符的诸多具体形式。通过这种合作和管理过程，可以在不排除并适当满足私营部门的投资营利目标的同时，为社会更有效率地提供公共产品和服务，使有限的资源发挥更大的作用。

2014年11月30日，经各省（自治区、直辖市、计划单列市）财政部门推荐，财政部政府和社会资本合作工作领导小组办公室组织专家评审，确定了30个PPP示范项目，其中新建项目8个，地方融资平台公司存量项目22个。遗憾的是，这批试点项目中没有一个是养老服务项目。

2015年2月，国家十部委联合发文，鼓励民间资本参与机构养老服务，明确支持采取PPP（政府和民间资本合作）等模式建设或发展养老机构。鼓励社会力量举办规模化、连锁化的养老机构，鼓励养老机构跨区联合、资源共享，发展异地互动养老，推动形成一批具有较强竞争力的养老机构。

《国务院关于创新重点领域投融资机制鼓励社会投资的的指导意见》，《国家发展改革委关于开展政府和社会资本合作的指导意见》，《财政部关于推广运用政府和社会资本合作模式有关问题的通知》，《关于鼓励民间资本参与养老服务业发展的实施意见》第二部分"鼓励民间资本参与机构养老服务"。

## 14.养老服务的管理是怎样规定的?

答：国务院有关部门负责制定养老服务设施建设、养老服务质量和养老服务职业等标准，建立健全养老机构分类管理和养老服务评估制度。

各级人民政府应当规范养老服务收费项目和标准，加强监督和管理。

《老年人权益保障法》第42条。

## 15.设立养老机构应当具备哪些条件?

答：设立养老机构，应当符合下列条件：（1）有名称、住所、机构章程和管理制度；（2）有符合养老机构相关规范和技术标准，符合国家环境保护、消防安全、卫生防疫等要求的基本生活用房、设施设备和活动场地；（3）有与开展服务相适应的管理人员、专业技术人员和服务人员；（4）有与服务内容和规模相适应的资金；（5）床位数在10张以上；（6）法律、法规规定的其他条件。

《老年人权益保障法》第43条，《养老机构设立许可办法》第6条。

## 16.什么样的主体可以设立养老机构？

答：依法成立的组织或者具有完全民事行为能力的自然人可以申请设立养老机构。同时，需要有符合相关资格条件的管理人员、专业技术人员和服务人员。

《老年人权益保障法》第43条，《养老机构设立许可办法》第7条。

## 17.如何申请设立养老机构？

答：县、不设区的市、直辖市的区人民政府民政部门实施本行政区域内养老机构的设立许可。

设区的市人民政府民政部门实施住所在市辖区的养老机构的设立许可。

设区的市人民政府民政部门可以委托市辖区人民政府民政部门实施许可。

县级以上人民政府民政部门负责养老机构的指导、监督和管理，其他有关部门依照职责分工对养老机构实施监督。

《老年人权益保障法》第44条，《养老机构设立许可办法》第8条，《民办非企业单位登记管理暂行条例》，《事业单位登记管理暂行条例》。

## 18.对养老机构变更、终止是怎样规定的？

答：养老机构变更或者终止的，应当妥善安置收住的老年人，并依照规定到有关部门办理手续。有关部门应当为养老机构妥善安置老年人提供帮助。

*《老年人权益保障法》第45条。*

## 19.对养老服务人才培养的规定有哪些?

答：国家建立健全养老服务人才培养、使用、评价和激励制度，依法规范用工，促进从业人员劳动报酬合理增长，发展专职、兼职和志愿者相结合的养老服务队伍。

国家鼓励高等学校、中等职业学校和职业培训机构设置相关专业或者培训项目，培养养老服务专业人才。

相关政策还明确要求高等院校和中等职业学校增设健康与养老服务相关专业和课程，加大人才培养力度。建立人才充分有序流动的机制，各类机构工作人员在职称评定、科研立项、技能鉴定、职业培训等方面享受同等待遇。推进和规范医师多点执业。

*《老年人权益保障法》第46条，《关于加快推进健康与养老服务工程建设的通知》。*

## 20.养老服务协议的主要内容有哪些?

答：养老机构应当与接受服务的老年人或者其代理人签订服务协议，明确双方的权利、义务。

养老服务协议的主要条款应当包括但不限于：（1）三方主体：养老机构、老人及老人指定的亲属或单位，要注意考察养老机构的资质；（2）养老机构接收老人入住的条件及程序；（3）服务地点、服务设施及选择房间标准；（4）服务项目、质量标准及收费标准和交款方式；（5）三方间的权利与义务；（6）协议的变更与解除；（7）违约责任、纠纷的解决方式及管辖。

养老服务协议要明确养老机构及其工作人员不得以任何方式侵害老年人的权益。

*《老年人权益保障法》第47条。*

## 21.国家对养老机构责任保险的鼓励政策有哪些?

答：责任保险是指承保致害人（被保险人）对受害人（第三者）依法应承担的损害赔偿责任，也就是说，当被保险人依照法律需要对第三者负损害赔偿责任时，由保险人代其赔偿责任损失的一类保险。

推进养老机构责任保险工作，是构建养老服务业风险分担机制的重要内容，是提升养老机构责任意识和风险意识，强化养老机构内部管理，降低运营风险，维护老年人合法权益的重要手段，是加强服务环境建设，做好养老机构责任事故善后处理，维护社会和谐稳定大局的重要保障。国家依法鼓励养老机构投保责任保险，鼓励保险公司承保责任保险。

鼓励以省级为单位，由民政、保险监管和老龄部门共同制定统一投保的指导意见，探索对符合条件的养老机构采取统一保险合同、统一基准费率、统一服务标准，引导和鼓励养老机构投保，保险公司承保。

引导保险公司积极进行产品创新，充分考虑养老服务的特点，按照公平公正、保本微利原则，合理设计保险产品条款、科学厘定费率，满足多样化养老机构责任保险需求。养老机构责任保险应当覆盖老年人从入住养老机构开始接受服务的全过程。要明确保险责任免除情形和除外责任，参考相关法律规定和司法实践，合理确定保费标准、赔付方式、责任限额和争议解决方式。鼓励各地根据实际，制定补充条款或扩大保险范围。要建立费率浮动机制，实施等级费率和经验费率，促进养老机构提高经营管理水平，避免责任事故发生。

要积极争取财政资金给予保费补贴。养老机构运营补贴中，应当确定一定比例专项用于支付保险费用。积极引导养老机构筹资参加责任保险。各级民政、保险监管和老龄部门要定期对保险方案、理赔服务等进行评估。各地保险监管部门要指导保险公司推进服务创新，加强诚信建设，增强为老年人和养老机构服务的意识。要引导保险公司加强养老责任保险业务管理和风险管理，充分利用专业化风险管理手段防范和化解养老机构服务风险。

《老年人权益保障法》第48条，《关于推进养老机构责任保险工作的指导意见》，《保险法》第51条。

## 22.国家为老年人提供哪些卫生健康服务?

答：政府和有关部门应当将老年医疗卫生服务纳入城乡医疗卫生服务规划，将老年人健康管理和常见病预防等纳入国家基本公共卫生服务项目；鼓励为老年人提供保健、护理、临终关怀等服务；鼓励医疗机构开设针对老年病的专科或者门诊；医疗卫生机构应当开展老年人的健康服务和疾病防治工作；加强老年医学的研究和人才培养，提高老年病的预防、治疗、科研水平，促进老年病的早期发现、诊断和治疗；开展各种形式的健康教育，普及老年保健知识，增强老年人自我保健意识。

到2015年，医疗卫生机构每千人口病床数（含住院护理）达到4.97张。到2020年，健康管理与促进服务的比重快速提高，护理、康复、临终关怀等接续性医疗服务能力大幅增强，医疗卫生机构每千人口病床数（含住院护理）达到6张，非公立医疗机构床位数占比达到25%，建立覆盖全生命周期、内涵更加丰富、结构更为合理的健康服务体系，形成以非营利性医疗机构为主体、营利性医疗机构为补充，公立医疗机构为主导、非公立医疗机构共同发展的多元办医格局。位数指标与修改后的《全国医疗卫生服务体系规划纲要（2015—2020年）》保持衔接。

《老年人权益保障法》第49条、第50条，《关于加快推进健康与养老服务工程建设的通知》，《关于加强我国老年医疗卫生工作的意见》。

## 23.什么叫临终关怀?

答：临终关怀，是指对生存时间有限（6个月或更少）的患者进行适当的医院或家庭的医疗及护理，以减轻其疾病的症状、延缓疾病发展的医疗护理。

临终关怀不追求猛烈的、可能给病人增添痛苦的、或无意义的治疗，但要求医务人员以熟练的业务和良好的服务来控制病人的症状。临终关怀目标是提高患者的生命质量，通过消除或减轻病痛与其他生理症状，排解心理问题和精神烦恼，令病人内心宁静地面对死亡。同时，临终关怀还能够帮助病患家人承担一些劳累与压力。

临终关怀常由医师、护士、社会工作者、家属、志愿者以及营养学和心理学工作者等多方面人员共同参与。

《老年人权益保障法》第49条。

## 24.何谓老龄产业？

答：老年产业，也称"银色产业""银发产业"，是指在社会总需求中，随着老年人特殊需求的迅速增长，以满足老年人特殊需求的养老服务设施、日常生活用品和社区服务、娱乐业的新型产业。

老年产业的发展是人口老龄化的必然结果。在未来的近半个世纪中，我国老年人口一直是呈迅速增长的发展趋势，而且高龄老年人口增长速度又大大快于低龄老年人口增长的速度。

《老年人权益保障法》第51条，《中国老龄事业发展"十二五"规划》第三部分"主要任务"之（六）"老龄产业"。

## 25.国家对老龄产业发展有什么政策？

答：国家采取措施发展老龄产业，将老龄产业列入国家扶持行业目录。扶持和引导企业开发、生产、经营适应老年人需要的用品和提供相关的服务。（1）完善老龄产业政策。把老龄产业纳入经济社会发展总体规划，列入国家扶持行业目录。研究制定、落实引导和扶持老龄产业发展的信贷、投资等支持政策。鼓励社会资本投入老龄产业。引导老年人合理消费，培育壮大老年用品消费市场。（2）促进老年用品、用具和服务产品开发。重视康复辅具、电子呼救等老年特需产品的研究开发。拓展适合老年人多样化需求的特色护理、家庭服务、健身休养、文化娱乐、金融理财等服务项目。培育一批生产老年用品、用具和提供老年服务的龙头企业，打造一批老龄产业知名品牌。（3）加强老年旅游服务工作。积极开发符合老年需求、适合老年人年龄特点的旅游产品。完善旅游景区、宾馆饭店、旅游道路的老年服务设施建设。完善针对老年人旅游的导游讲解、线路安排等特色服务。规范老年人旅游服务市场秩序。（4）引导老龄产业健康发展。研究制定老年产品用品质量标准，加强老龄产业市场监督管理。发挥老龄产业行业协会和中介组织的积极作用，加强信息服务和行业自律。疏通老龄产业发展融资渠道。

《老年人权益保障法》第51条，《中国老龄事业发展"十二五"规划》第三部分"主要任务"之（六）"老龄产业"。

## 26.对外商投资设立营利性养老机构有何规定？

答：国家鼓励外国投资者在华独资或与中国公司、企业和其他经济组织合资、合作举办营利性养老机构。

外国投资者设立营利性养老机构，应向拟设立机构所在地省级商务主管部门（指各省、自治区、直辖市、计划单列市及新疆生产建设兵团商务主管部门）提交设立外商投资企业的申请材料：（1）设立申请书；（2）情况说明（包括场地、安全、医护等内容）；（3）合同、章程（外资企业只报送章程）；（4）董事会成员名单及董事委派书；（5）名称预先核准通知书；（6）外国投资者或实际控制人从业经验的说明及证明文件，或聘用具有养老服务业务管理经验的管理团队的说明文件；（7）依照法律、法规、规章规定，需要提供的其他材料。

外商投资企业经批准注册登记后，应当按照《养老机构设立许可办法》等有关规定，依法申请并取得养老机构设立许可证。获得上述许可和依法批准登记前，外商投资营利性养老机构或外国投资者不得开展养老服务业务，不得以任何名义收取费用、收住老年人。

鼓励外国投资者参与专门面向社会提供经营性服务的公办养老机构的企业化改制，改制过程中应妥善处理职工利益维护和国有资产保值增值等问题。外商投资营利性养老机构可以从事与养老服务有关的境内投资，鼓励外国投资者发展养老机构规模化、连锁化经营，开发优质养老机构品牌。

外商投资营利性养老机构与国内资本投资举办的营利性养老机构享有同等的税收等优惠政策和行政事业性收费减免政策。不得批准通过改变养老设施建设用地用途、容积率等使用条件设立的外商投资房地产企业。外商投资营利性养老机构不得经营住宅贴现养老等业务。

《老年人权益保障法》第39条，《中共中央关于全面深化改革若干重大问题的决定》，《国务院关于加快发展养老服务业的若干意见》，《中外合资经营企业法》，《中外合作经营企业法》，《外资企业法》，《养老机构设立许可办法》，《关于外商投资设立营利性养老机构有关事项的公告》。

# 第五章 社会优待

## 1.国家为老年人提供哪些优待服务?

答：县级以上人民政府及其有关部门根据经济社会发展情况和老年人的特殊需要，制定优待老年人的办法，逐步提高优待水平；应当为老年人及时、便利地领取养老金、结算医疗费和享受其他物质帮助提供条件；办理房屋权属关系变更、户口迁移等涉及老年人权益的重大事项时，应当就办理事项是否为老年人的真实意思表示进行询问，并依法优先办理；鼓励律师事务所、公证处、基层法律服务所和其他法律服务机构为经济困难的老年人提供免费或者优惠服务；医疗机构应当为老年人就医提供方便，对老年人就医予以优先；提倡城市公共交通、公路、铁路、水路和航空客运等与老年人日常生活密切相关的服务行业为老年人提供优先、优惠服务；博物馆、美术馆、科技馆、纪念馆、公共图书馆、文化馆、影剧院、体育场馆、公园、旅游景点等场所，应当对老年人免费或者优惠开放。

《老年人权益保障法》第52条、第53条、第54条、第55条、第56条、第57条、第58条。

## 2.异地养老的老年人可否享受当地的同等优待?

答：《老年人权益保障法》明确规定，对常住在本行政区域内的外埠老年人给予同等优待。

常住，是指实际经常居住在某地区半年以上的情况。目前，同等优待尚不包括"暂住"或者"临时居住"的老年人，但不影响某些对老年人的优惠政策惠及更多的外埠老年人。

《老年人权益保障法》第52条。

### 3.政府在老年人领取养老金、结算医疗费和享受其他帮助时的法定职责是什么?

答：政府有关部门要为老年人及时、便利地领取养老金、结算医疗费和享受其他物质帮助创造条件，提供便利。鼓励和引导公共服务机构、社会志愿服务组织优先为老年人提供服务。

《老年人权益保障法》第53条，《关于进一步加强老年人优待工作的意见》第二部分"优待项目和范围"。

### 4.对办理涉老权益重大事项时的特别注意义务是如何规定的?

答：特别注意义务，是指要求政府和有关部门在办理房屋权属关系变更、户口迁移等涉及老年人切身利益的重大事项时，负有就办理事项是否为老年人的真实意思表示进行询问，并依法优先办理的职责。

关于注意义务，《牛津法律大辞典》的解释是："一种为了避免造成损害而加以合理注意的法律责任。在侵权法中，行为人无需因疏忽而承担责任，除非其造成损害的行为或疏忽违反了应对原告承担的注意义务。如果一个人能够合理地预见到其行为可能对其他人造成人身上的伤害或财产上的损害，那么，在多数情况下他应对可能受其影响的人负有注意义务。因此，医生对其病人负有注意的义务；高速公路的驾驶人应对其他人负有注意义务。"注意义务，就是指义务主体谨慎、小心地行为（作为或者不作为）而不使自己的行为给他人造成损害的义务。

《老年人权益保障法》第54条。

### 5.什么是司法救助?

答：司法救助，是指人民法院对于当事人为维护自己的合法权益，向人民法院提起民事、行政诉讼，对经济确有困难的，实行诉讼费用缓交、减交或免交。实施司法救助的根本目的，在于确保经济有困难的人也能打得起官司，也能通过国家的司法救济来维护自身的合法权益。

《老年人权益保障法》第55条，《民事诉讼法》第118条，《人民法院诉讼收费办法》第44条，《最高人民法院关于对经济确有困难的当事人提供司法救助的规定》第2条。

## 6.申请司法救助范围有哪些?

答：具有下列情形之一的，可以向人民法院申请司法救助：（1）追索赡养费、扶养费、抚育费、抚恤金的；（2）孤寡老人、孤儿和农村"五保户"；（3）没有固定生活来源的残疾人、患有严重疾病的人；（4）国家规定的优抚、安置对象；（5）追索社会保险金、劳动报酬和经济补偿金的；（6）交通事故、医疗事故、工伤事故、产品质量事故或者其他人身伤害事故的受害人，请求赔偿的；（7）因见义勇为或为保护社会公共利益致使自己合法权益受到损害，本人或者近亲属请求赔偿或经济补偿的；（8）进城务工人员追索劳动报酬或其他合法权益受到侵害而请求赔偿的；（9）正在享受城市居民最低生活保障、农村特困户救济或者领取失业保险金，无其他收入的；（10）因自然灾害等不可抗力造成生活困难，正在接受社会救济，或者家庭生产经营难以为继的；（11）起诉行政机关违法要求农民履行义务的；（12）正在接受有关部门法律援助的；（13）当事人为社会福利机构、敬老院、优抚医院、精神病院、SOS儿童村、社会救助站、特殊教育机构等社会公共福利单位的；（14）其他情形确实需要司法救助的。

《老年人权益保障法》第55条，《人民法院诉讼收费办法》第45条、第46条、第47条，《最高人民法院关于对经济确有困难的当事人提供司法救助的规定》第3条。

## 7.司法救助何时申请? 证明材料有哪些?

答：当事人请求人民法院提供司法救助，应在起诉或上诉时提交书面申请和足以证明其确有经济困难的证明材料。其中因生活困难或者追索基本生活费用申请司法救助的，应当提供本人及其家庭经济状况符合当地民政、劳动和社会保障等部门规定的公民经济困难标准的证明。

人民法院对当事人司法救助的请求，经审查符合相关规定确定的申请司法救助范围所列情形的，立案时应准许当事人缓交诉讼费用。

《最高人民法院关于对经济确有困难的当事人提供司法救助的规定》第4条、第5条。

## 8.司法救助后的诉讼费用该怎么样承担?

答：人民法院决定对一方当事人司法救助，对方当事人败诉的，诉讼费用由对方当事人交纳；拒不交纳的强制执行。对方当事人胜诉的，可视申请司法救助当事人的经济状况决定其减交、免交诉讼费用。决定减交诉讼费用的，减交比例不得低于30%。属于孤寡老人、孤儿和农村"五保户"以及正在享受城市居民最低生活保障、农村特困户救济或者领取失业保险金且无其他收入的司法救助申请人，应免交诉讼费用。

《最高人民法院关于对经济确有困难的当事人提供司法救助的规定》第6条。

## 9.骗取司法救助的法律后果是什么?

答：当事人骗取司法救助的，人民法院应当责令其补交诉讼费用；拒不补交的，以妨害诉讼行为论处。

但是，《刑事诉讼法》《行政诉讼法》《民事诉讼法》以及2015年2月4日《最高人民法院关于适用<中华人民共和国民事诉讼法>的解释》，均尚没有规定当事人骗取司法救助的妨害民事诉讼行为的强制处罚措施，有待完善。这样既有利于严肃法律，又可以保障更多有实际需要的老年人获得司法救助。

《最高人民法院关于对经济确有困难的当事人提供司法救助的规定》第9条。

## 10.什么是法律援助?

答:法律援助,是指由政府设立的法律援助机构组织法律援助人员,为经济困难或特殊情形下的当事人无偿提供法律咨询、代理、刑事辩护等法律服务。

《法律援助条例》第2条。

## 11.什么情形下可以申请法律援助?

答:第一,公民对下列需要代理的事项,因经济困难没有委托代理人的,可以向法律援助机构申请法律援助:(1)依法请求国家赔偿的;(2)请求给予社会保险待遇或者最低生活保障待遇的;(3)请求发给抚恤金、救济金的;(4)请求给付赡养费、抚养费、扶养费的;(5)请求支付劳动报酬的;(6)主张因见义勇为行为产生的民事权益的;(7)省、自治区、直辖市人民政府可以对前列规定以外的法律援助事项作出补充规定。

第二,刑事诉讼中有下列情形之一的,公民可以向法律援助机构申请法律援助:(1)犯罪嫌疑人在被侦查机关第一次讯问后或者采取强制措施之日起,因经济困难没有聘请律师的;(2)公诉案件中的被害人及其法定代理人或者近亲属,自案件移送审查起诉之日起,因经济困难没有委托诉讼代理人的;(3)自诉案件的自诉人及其法定代理人,自案件被人民法院受理之日起,因经济困难没有委托诉讼代理人的;(4)公诉人出庭公诉的案件,被告人因经济困难或者其他原因没有委托辩护人,人民法院为被告人指定辩护的。

《老年人权益保障法》第55条,《法律援助条例》第10条、第11条、第12条。

## 12.该向谁提出法律援助申请?

答:根据申请法律援助的不同案件情形,需要向不同的法律援助机构提出申请,具体是:(1)请求国家赔偿的,向赔偿义务机关所在地的法律援助机构提出申请；（2）请求给予社会保险待遇、最低生活保障待遇或者请求发给抚恤金、救济金的，向提供社会保险待遇、最低生活保障待遇或者发给抚恤金、救济金的义务机关所在地的法律援助机构提出申请；（3）请求给付赡养费、抚养费、扶养费的，向给付赡养费、抚养费、扶养费的义务人住所地的法律援助机构提出申请；（4）请求支付劳动报酬的，向支付劳动报酬的义务人住所地的法律援助机构提出申请；（5）主张因见义勇为行为产生民事权益的，向被请求人住所地的法律援助机构提出申请；（6）如果是刑事诉讼，应当向审理案件的人民法院所在地的法律援助机构提出申请。被羁押的犯罪嫌疑人的申请由看守所在24小时内转交法律援助机构，申请法律援助所需提交的有关证件、证明材料由看守所通知申请人的法定代理人或者近亲属协助提供。

对老年人提出的法律援助申请，要简化程序，优先受理、优先审查和指派。各地可根据经济社会发展水平，适度放宽老年人经济困难标准，将更多与老年人权益保护密切相关的事项纳入法律援助补充事项范围，扩大老年人法律援助覆盖面。

《法律援助条例》第14条、第15条，《关于进一步加强老年人优待工作的意见》第二部分"优待项目和范围"之第35条。

## 13.失能老年人怎么申请法律援助？

答：申请人为无民事行为能力人或者限制民事行为能力人的，由其法定代理人代为提出申请。无民事行为能力人或者限制民事行为能力人与其法定代理人之间发生诉讼或者因其他利益纠纷需要法律援助的，由与该争议事项无利害关系的其他法定代理人代为提出申请。

失能老人先前有依法确定的监护人的，由监护人代为申请。

无民事行为能力人的配偶有虐待、遗弃等严重损害无民事行为能力一方的人身权利或者财产权益的行为，其他有监护资格的人可以依照特别程序要求变更监护关系，由变更后的监护人代为申请。

《老年人权益保障法》第26条，《民法通则》第17条、第18条，《法律援助条例》第16条。

## 14.对不予法律援助的通知有异议怎么办?

答：申请人对法律援助机构作出的不符合法律援助条件的通知有异议的，可以向确定该法律援助机构的司法行政部门提出，司法行政部门应当在收到异议之日起5个工作日内进行审查，经审查认为申请人符合法律援助条件的，应当以书面形式责令法律援助机构及时对该申请人提供法律援助。

《法律援助条例》第19条。

## 15.哪些优待项目在2015年可以得到有效落实?

答：2015年，实现县级以上地方人民政府全面建立健全老年人优待政策，社会敬老氛围更加浓厚，各项优待规定得到有效落实；2020年，实现优待工作管理进一步规范，优待项目进一步拓展，优待水平进一步提升，老年人过上更加幸福的小康生活。

优待项目包括：

（一）政务服务优待。（1）各地在落实和完善社会保障制度和公共服务政策时，应对老年人予以适度倾斜。（2）鼓励地方建立80周岁以上低收入老年人高龄津贴制度。（3）政府投资兴办的养老机构，要在保障"三无"老年人、"五保"老年人服务需求的基础上，优先照顾经济困难的孤寡、失能、高龄老年人。（4）各地对经济困难的老年人要逐步给予养老服务补贴。对生活长期不能自理、经济困难的老年人，要根据其失能程度等情况给予护理补贴。（5）各地在实施廉租住房、公共租赁住房等住房保障制度时，要照顾符合条件的老年人，优先配租配售保障性住房；进行危旧房屋改造时，优先帮助符合条件的老年人进行危房改造。（6）政府有关部门要为老年人及时、便利地领取养老金、结算医疗费和享受其他物质帮助，创造条件，提供便利。鼓励和引导公共服务机构、社会志愿服务组织优先为老年人提供服务。（7）

政府有关部门在办理房屋权属关系变更等涉及老年人权益的重大事项时，应依法优先办理，并就办理事项是否为老年人的真实意愿进行询问，有代理人的要严格审查代理资格。（8）免除农村老年人兴办公益事业的筹劳任务。经农村集体经济组织全体成员同意，将未承包的集体所有的部分土地、山林、水面、滩涂等作为养老基地，收益供老年人养老，纳入国家和地方湿地保护体系及其自然保护区的重要湿地除外。（9）政府有关部门要完善老年人社会参与方面的支持政策，充分发挥老年人参与社会发展的积极性和创造性。（10）对有老年人去世的城乡生活困难家庭，减免其基本殡葬服务费用，或者为其提供基本殡葬服务补贴。对有老年人去世的家庭，选择生态安葬方式的，或者在土葬改革区自愿实行火葬的，要给予补贴或奖励。

（二）卫生保健优待。（11）医疗卫生机构要优先为辖区内65周岁以上常住老年人免费建立健康档案，每年至少提供1次免费体格检查和健康指导，开展健康管理服务。定期对老年人进行健康状况评估，及时发现健康风险因素，促进老年疾病早发现、早诊断、早治疗。积极开展老年疾病防控的知识宣传，开展老年慢性病和老年期精神障碍的预防控制工作。为行动不便的老年人提供上门服务。（12）鼓励设立老年病医院，加强老年护理院、老年康复医院建设，有条件的二级以上综合医院应设立老年病科。（13）医疗卫生机构应为老年人就医提供方便和优先优惠服务。通过完善挂号、诊疗系统管理，开设专用窗口或快速通道、提供导医服务等方式，为老年人特别是高龄、重病、失能老年人挂号（退换号）、就诊、转诊、综合诊疗提供便利条件。（14）鼓励各地医疗机构减免老年人普通门诊挂号费和贫困老年人诊疗费。提倡为老年人义诊。（15）倡导医疗卫生机构与养老机构之间建立业务协作机制，开通预约就诊绿色通道，协同做好老年人慢性病管理和康复护理，加快推进面向养老机构的远程医疗服务试点，为老年人提供便捷、优先、优惠的医疗服务。（16）支持符合条件的养老机构内设医疗机构，申请纳入城镇职工（居民）基本医疗保险和新型农村合作医疗定点范围。

（三）交通出行优待。（17）城市公共交通、公路、铁路、水路和航空客运，要为老年人提供便利服务。（18）交通场所和站点应设置老年人优先标志，设立等候专区，根据需要配备升降电梯、无障碍通道、无障碍洗手间等设施。对于无人陪同、行动不便的老年人给予特别关照。（19）城市公共交通工具应为老年人提供票价优惠，鼓励对65周岁以上老年人实行免费，有条件的地方可逐步覆盖全体老年人。各地可根据实际情况制定具体的优惠办法，对落实老年优待任务的公交企业要给予相应经济补偿。（20）倡导老年人投保意外伤害保险，保险公司对参保老年人应给予保险费、保险金额等方面的优惠。（21）公共交通工具要设立不低于坐席数10%的"老幼病残孕"专座。铁路部门要为列车配备无障碍车厢和座位，对有特殊需要的老年人订票和选座位提供便利服务。（22）严格执行《无障碍环境建设条例》《社区老年人日间照料中心建设标准》和《养老设施建筑设计规范》等建设标准，重点做好居住区、城市道路、商业网点、文化体育场馆、旅游景点等场所的无障碍设施建设，优先推进坡道、电梯等与老年人日常生活密切相关的公共设施改造，适当配备老年人出行辅助器具，为老年人提供安全、便利、舒适的生活和出行环境。（23）公厕应配备便于老年人使用的无障碍设施，并对老年人实行免费。

（四）商业服务优待。（24）各地要根据老年人口规模和消费需求，合理布局商业网点，有条件的商场、超市设立老年用品专柜。（25）商业饮食服务网点、日常生活用品经销单位，以及水、电、暖气、燃气、通讯、电信、邮政等服务行业和网点，要为老年人提供优先、便利和优惠服务。（26）金融机构应为老年人办理业务提供便捷服务，设置老年人取款优先窗口，并提供引导服务，对有特殊困难、行动不便的老年人提供特需服务或上门服务。鼓励对养老金客户实施减费让利，对异地领取养老金的客户减免手续费。对办理转账、汇款业务或购买金融产品的老年人，应提示相应风险。

（五）文体休闲优待。（27）各级各类博物馆、美术馆、科技馆、纪念馆、公共图书馆、文化馆等公共文化服务设施，向老年人免费开放。减免老年人参观文物建筑及遗址类博物馆的门票。（28）公共文化体育部门应对老年人优惠开放，免费为老年人提供影视放映、文艺演出、体育赛事、图片展览、科技宣传等公益性流动文化体育服务。关注农村老年人文化体育需求，适当安排面向农村老年人的专题专场公益性文化体育服务。(29)公共文化体育场所应为老年人健身活动提供方便和优惠服务,安排一定时段向老年人减免费用开放,有条件的可适当增加面向老年人的特色文化体育服务项目。提倡体育机构每年为老年人进行体质测定,为老年人体育健身提供咨询、服务和指导,提高老年人科学健身水平。(30)提倡经营性文化体育单位对老年人提供优待。鼓励影剧院、体育场馆为老年人提供优惠票价,为老年文艺体育团体优惠提供场地。(31)公园、旅游景点应对老年人实行门票减免,鼓励景区内的观光车、缆车等代步工具对老年人给予优惠。(32)老年活动场所、老年教育资源要对城乡老年人公平开放,公共教育资源应为老年人学习提供指导和帮助。贫困老年人进入老年大学(学校)学习的,给予学费减免。

(六)维权服务优待。(33)各级人民法院对侵犯老年人合法权益的案件,要依法及时立案受理、及时审判和执行。(34)司法机关应开通电话和网络服务、上门服务等形式,为高龄、失能等行动不便的老年人报案、参与诉讼等提供便利。(35)老年人因其合法权益受到侵害提起诉讼,需要律师帮助但无力支付律师费用的,可依法获得法律援助。对老年人提出的法律援助申请,要简化程序,优先受理、优先审查和指派。各地可根据经济社会发展水平,适度放宽老年人经济困难标准,将更多与老年人权益保护密切相关的事项纳入法律援助补充事项范围,扩大老年人法律援助覆盖面。(36)要健全完善老年人法律援助体系,不断拓展老年人申请法律援助的渠道,科学设置基层法律援助站点,简化程序和手续,为老年人就近申请和获得法律援助提供便利条件。(37)老年人因追索赡养费、扶养费、养老金、退休金、抚恤金、医疗费、劳动报酬、人身伤害事故赔偿金等提起诉讼,交纳诉讼费确有困难的,可以申请司法救助,缓交、减交或者免交诉讼费。因情况紧急需要先予执行的,可依法裁定先予执行。(38)鼓励律师事务所、公证处、司法鉴定机构、基层法律服务所等法律服务机构,为经济困难的老年人提供免费或优惠服务。

《老年人权益保障法》第5条,《关于进一步加强老年人优待工作的意见》第二部分"优待项目和范围"。

## 16.其他法律服务机构的优待还有哪些?

答:法律鼓励律师事务所、公证处、基层法律服务所和其他法律服务机构为经济困难的老年人提供免费或者优惠服务。目前,这一原则性规定已在全国各地不同程度上积极展开:一方面,各级政府根据老年人需要购买法律服务或者出面引导律师事务所、公证处、基层法律服务所等为经济困难的老年人提供免费法律服务;另一方面,许多律师事务所和众多律师也纷纷投入到公益法律服务中,主动为经济困难的老年人提供免费或者优惠服务,热心养老公益,已经蔚然成风。

《老年人权益保障法》第55条。

## 17.对老年人的医疗服务优待是怎样规定的?

答:医疗机构应当为老年人就医提供方便,对老年人就医予以优先。有条件的地方,可以为老年人设立家庭病床,开展巡回医疗、护理、康复、免费体检等服务。提倡为老年人义诊。

目前,全国几乎所有地方都在老年人权益保障法实施办法或者其他规范性文件中,对老年人医疗服务优待作出了规定,对规定范围内的老年人的优待承诺具有法律约束力。

《老年人权益保障法》第56条。

# 第六章　宜居环境

## 1.老年人对环境宜居性的基本要求是什么？

答：国家采取措施，推进宜居环境建设，为老年人提供安全、便利和舒适的环境。

按照层次递进的顺序，老年人对环境宜居性的要求是：安全是基础，便利是核心，舒适是理想目标。

《老年人权益保障法》第60条。

## 2.老年宜居环境建设的主要任务是什么？

答：一是加快老年活动场所和便利化设施建设。通过新建和资源整合，缓解老年人生活基础设施不足的矛盾。利用公园、绿地、广场等公共空间，开辟老年人运动健身场所。

二是完善涉老工程建设技术标准体系和实施监督制度。按照适应老龄化的要求，在规划、设计、施工、监理、验收等各个环节加强技术标准的实施与监督，形成有效规范的约束机制。

三是加快推进无障碍设施建设。加快对居住小区、园林绿地、道路、建筑物等与老年人日常生活密切相关的设施无障碍改造步伐，方便老年人出行和参与社会生活。研究制定《无障碍环境建设条例》，继续开展全国无障碍建设城市创建工作。

四是推动建设老年友好型城市和老年宜居社区。创新老年型社会新思维，树立老年友好环境建设和家庭发展的新理念。

《老年人权益保障法》第60条，《中国老龄事业发展"十二五"规划》第三部分"主要任务"。

### 3.何谓宜居城市?

答：宜居城市，是指经济、社会、文化、环境协调发展，人居环境良好，能够满足居民物质和精神生活需求，适宜人类工作、生活和居住的城市。1996年，联合国第二次人居大会提出城市应当是适宜居住的人类居住地的概念，成为21世纪新的城市观。2005年，在国务院批复的《北京城市总体规划》中我国首次出现"宜居城市"概念。

广义的宜居城市，是一个全方位的概念，强调城市在经济、社会、文化、环境等各个方面都能协调发展，人们在此工作、生活和居住都感到满意，并愿意长期继续居住下去。狭义的宜居城市，主要指气候条件宜人、生态景观和谐，适宜人们居住的城市。

从宏观层面来看，宜居城市应该具备良好的城市大环境，包括自然生态环境、社会人文环境、人工建筑设施环境在内，是一个复杂的巨系统。从中观层面来看，宜居城市应该具备规划设计合理、生活设施齐备、环境优美、和谐亲切的社区环境。从微观层面来看，宜居城市应该具备单体建筑内部良好的居室环境，包括居住面积适宜、房屋结构合理、卫生设施先进，以及良好的通风、采光、隔音等功效。

《老年人权益保障法》第60条，《北京城市总体规划》。

### 4.什么是老年友好型城市？应当具备哪些基本条件？

答：老年友好型城市，是指与该区域经济社会发展水平相适应的以满足老年人需求为考量依据的相关社会资源不断改进和提升的城市。老年友好型城市的理念由世界卫生组织于2006年提出，旨在帮助城市老年人保持健康与活力，消除参与家庭、社区和社会生活的障碍，形成对老年人友好的城市环境。2009年起，全国老龄办响应世界卫生组织倡导，在全国启动了老年友好型城市建设试点工作。

　　老年友好型城市应当达到以下基本条件：一是建立健全养老社会保障制度，奠定老年人安享晚年的经济基础；二是建立完善的公共服务体系，这是实现城市对老年人友好的前提；三是健全社会养老服务体系，为满足老年人基本养老服务需求提供根本保证。

　　世界卫生组织《全球老年友好城市建设指南》，《中国老龄事业发展"十二五"规划》第三部分"主要任务"之（五）"老年人生活环境"之4。

## 5.政府推进宜居环境建设的主要职责是什么？

　　答：政府推进宜居环境建设的职责主要体现在两个方面：

　　第一，科学规划、统筹各类为老服务设施建设。一是着眼长远，为老年宜居环境建设提供规划保障。各级人民政府在制定城乡规划时，应当根据人口老龄化发展趋势、老年人口分布和老年人的特点，统筹考虑适合老年人的公共基础设施、生活服务设施、医疗卫生设施和文化体育设施建设。二是分步实施，不断改善老年人宜居环境质量。老年宜居环境建设是一个长期的过程，尤其是我国正处在快速的城镇化过程中，基础建设在城乡之间、区域之间都存在较大差异，只有坚持分类指导、分步实施的基本原则，才能通过不断积累和努力，逐步改善老年人居住环境质量。

　　第二，完善标准体系并加强相关标准的实施与监督。国家制定和完善涉及老年人的工程建设标准体系，在规划、设计、施工、监理、验收、运行、维护、管理等环节加强相关标准的实施与监督。下一步，需要围绕这些基础性标准，对其进一步丰富和细化，同时根据建设需要，研究推出新的标准，逐步形成覆盖规划、设计、施工、监理、验收、运行、维护、管理等全过程和所有环节的完善标准体系。更为重要的是，在实际工作中，要进一步明确各项标准的监督实施单位，确保有关标准规范得到落实。

　　《老年人权益保障法》第61条、第62条，《国务院关于加强城乡规划监督管理的通知》，《城市用地分类与规划建设用地标准》，《住宅设计规范》。

## 6.对无障碍环境建设有哪些法律规定?

答:一是在设施建设方面,规定新建、改建和扩建建筑物等设施,应当符合国家无障碍设施工程建设标准;各级人民政府和有关部门应当按照国家无障碍设施工程建设规定,逐步推进已建成设施的改造;对无障碍设施应当及时维修和保护。二是在信息交流方面,规定各级人民政府和有关部门应当为残疾人获取公共信息提供便利;国家和社会研制、开发适合残疾人使用的信息交流技术;国家举办的各类升学考试、职业资格考试和任职考试,有条件的,应当为盲人提供盲文试卷、电子试卷或者由专门的工作人员予以协助。三是在公共服务方面,规定公共服务机构和公共场所应当为残疾人提供语音和文字提示等信息交流服务;公共交通工具应当逐步达到无障碍设施的要求;有条件的公共停车场应当为残疾人设置专用停车位。

《老年人权益保障法》第63条、第64条,《残疾人保障法》第52条、第53条、第57条,《无障碍设计规范》,《无障碍环境建设条例》)。

## 7.什么是老年宜居社区? 应当具备哪些基本要求?

答:老年宜居社区,是指以社区为基础,各项老龄法规政策充分落实,社区环境、养老设施和服务站点等硬件建设完善,社区管理和服务水平较高,尊老、敬老、助老的社会氛围浓厚,老年人明显感受到人居环境良好的社区。

老年宜居社区应当符合以下基本要求:一要建设环境优美的社区;二要建设无障碍的社区;三要建设公共设施齐全的社区;四要建设养老服务功能完善的社区;五要建设文明和谐的社区。

《老年人权益保障法》第64条,《中国老龄事业发展"十二五"规划》第三部分"主要任务"之(五)"老年人生活环境"之4。

## 8.老年温馨家庭建设应当符合哪些基本要求?

答：老年温馨家庭建设，就是以家庭这个社会细胞为评定范围，重在巩固家庭养老的基础地位，突出营造家庭成员孝亲敬老的氛围，实现代际和谐，老少共融，促进老年人幸福安度晚年。

老年温馨家庭主要是从"爱国爱家、遵纪守法；自立自强、平等参与；代际融洽、交流顺畅；尊老爱老、尊严共享；邻里和睦、团结互助"5个方面体现出来，注重加强宣传教育，强化家庭成员尊老敬老的伦理道德观念，营造温馨和谐的家庭氛围，以提高老年人居家养老的幸福指数。

《中国老龄事业发展"十二五"规划》第三部分"主要任务"之（三）"老年家庭建设"之3。

# 第七章　参与社会发展

## 1.为何要重视老年人参与社会发展?

答：新修订的《老年人权益保障法》对老年人参与社会发展的总要求、老年人的政治参与、老年人的社会经济发展参与、老年人的劳动保护、老年人继续受教育以及参加文体活动的权利等，都作出了明确规定。

强化老年人参与社会发展主要基于以下几点考虑：一是促进老年人参与社会发展是降低人口老龄化经济社会成本的需要；二是促进老年人参与社会发展是未来经济发展的客观需要；三是参与社会发展是老年人改善自身生活、实现自我价值的需要，有利于改善老年人的生活，有利于老年人自我价值的实现；四是促进老年人参与社会发展是国际社会的共识；五是促进老年人参与社会发展具有现实可行性。

《老年人权益保障法》第七章"参与社会发展"，《1982年老龄问题维也纳国际行动计划》，《联合国老年人原则》。

## 2.怎样理解老年人参与社会发展?

答：2002年第二届世界老年大会正式提出"积极老龄化"的全新战略要求，1999年，世界卫生组织于世界卫生日提出了"积极老龄化"的口号，要求在"健康、保障、参与"这三个方面采取行动，促进老年人不仅要保持身心健康，还要积极面对晚年生活，继续为社会做出有益的贡献；强调老年人不只是被关怀照顾的对象，也是社会发展的参与者和创造者。老年人是老年工作的"主人"。老年人自身也要以积极的心态面对老年生活，维护自己的权益。步入老年是一段全新人生旅途的开始，是精彩人生的重要组成部分。

作为老年人本身应以更加积极的心态面对老年阶段，不应过多依赖于外界，而要从根本上激发并保持自身的生命活力和创造力，焕发人生的青春。

《老年人权益保障法》规定，国家和社会应当重视、珍惜老年人的知识、技能、经验和优良品德，发挥老年人的专长和作用，保障老年人参与经济、政治、文化和社会生活。

《老年人权益保障法》第65条。

## 3.老年人享有的政治权利主要体现在哪些方面?

答：老年人享有的政治权利主要有：选举权和被选举权；言论、出版、集会、结社、游行、示威的自由；对任何国家机关和国家工作人员，有提出批评和建议的权利；对任何国家机关和国家工作人员的违法失职行为，有申诉、控告或者检举的权利；因国家机关和国家机关工作人员侵犯自己的合法权利而受到损失时，有依法取得赔偿的权利。

制定法律、法规、规章和公共政策，涉及老年人权益重大问题的，应当听取老年人和老年人组织的意见。老年人和老年人组织有权向国家机关提出老年人权益保障、老龄事业发展等方面的意见和建议。

《宪法》第二章，《老年人权益保障法》第65条、第67条、第68条。

## 4.何谓老年人组织?

答：老年人组织，是指依法设立的以老年工作为主要内容，以老年人需求为主要活动目的，或以老年人为参与主体的非政府性的社会组织，如老年人协会、老科技工作者协会、老教授协会、中国老龄事业发展基金会、中国老年协会等。

在现代社会中，人口老龄化、社会民主化与现代化的发展以及老年人社会生活的需要，使老年人组织逐渐得到发展，对社会发展的作用和社会影响力也日益增大。老年人可以通过老年人组织，开展有益身心健康的活动。

《老年人权益保障法》第7条、第65条。

## 5.老年人参与社会发展主要体现在哪些方面?

答:根据《老年人权益保障法》规定,国家鼓励老年人在自愿和量力的情况下,从事下列活动:(1)对青少年和儿童进行社会主义、爱国主义、集体主义和艰苦奋斗等优良传统教育;(2)传授文化和科技知识;(3)提供咨询服务;(4)依法参与科技开发和应用;(5)依法从事经营和生产活动;(6)参加志愿服务、兴办社会公益事业;(7)参与维护社会治安、协助调解民间纠纷;(8)参加其他社会活动。

《老年人权益保障法》第68条。

## 6.老年人对青少年理想教育方面的作用有哪些?

答:根据《老年人权益保障法》规定,国家鼓励老年人在自愿和量力的情况下,对青少年和儿童进行社会主义、爱国主义、集体主义和艰苦奋斗等优良传统教育。

青少年和儿童作为新时代的公民,21世纪国家建设的生力军,应自觉地遵守公民道德规范,坚定理想信念,热爱祖国,热爱共产党、热爱劳动,遵纪守法,正直、勇敢、善良、诚实、友爱,明辨是非,把自己培养为有理想、有道德、有文化、有纪律的一代新人。人类社会的发展和进步,优良传统的继承和发扬,依靠的就是代代相传,老年人起着不可替代的作用。老年人对社会主义事业信念更加坚定,对党和国家的感情深厚,党性观念和集体观念强,具有艰苦朴素和勤俭节约的优良作风。因此,充分调动老年人的积极性和力量,对青少年和儿童进行国家安全、社会主义、集体主义等优良传统教育,不仅是必要的,也是可行的。

《老年人权益保障法》第68条第(一)项。

## 7.法律为何要鼓励老年人对知识的传承?

答：根据老年人权益保障法的规定，国家鼓励老年人在自愿和量力的情况下，传授文化、科技知识和提供咨询服务，参与科技开发和应用。

老年人是历史的见证人，是人类文化知识和生产经验的继承者、创造者、发现者和传播者。老年人中的老教授、老教师、老专家、老律师、老科技工作者，以及有经验、有技能的老工人、老农民，都可以将自己的经验、知识和技能，通过兴办学校、举办科普讲座和科技知识宣讲活动、著书立说、写回忆录、做辅导示范、技术指引等多种形式，传授给他人。

联合国《2002年马德里老龄问题国际行动计划》，其主要精神有两点：（1）老年人不是社会的包袱，而是全社会、全人类的宝贵财富，同时还是可持续发展的资源；（2）倡导老年人自身要以积极的、健康的姿态参与社会发展。

《老年人权益保障法》第68条第（二）项、第（三）项、第（四）项。

## 8.老年人参与维护社会治安主要有哪几种形式?

答：参与维护社会治安，主要是指协助公安机关，参加社区范围内的群众性治安保卫活动。如参与居民委员会、村民委员会、工厂、学校等的治安保卫工作，参加社区内组建的治安联防组织，对群众进行宣传教育，参与维护公共秩序、公共交通、公共安全，防盗、防火、防止可能发生的其他灾害事故等。

《老年人权益保障法》第68条第（七）项。

## 9.老年人参与协助调解民间纠纷主要是指哪些内容?

答：老年人参与协助调解的民间纠纷，主要是指社区范围内的家庭纠纷、邻里纠纷等。家庭纠纷主要是指夫妻间、子女和老年人之间的纠纷。这些纠纷大多属于民事范畴。一般可以通过说服教育的方法，使纠纷在当事人双方谅解的基础上获得解决。调解要在双方当事人自愿的前提下，用说服教育的方法而不是压服的办法进行，要符合国家的法律、政策。由于居民委员会、村民委员会都有调解组织，老年人可以参加调解组织的工作，也可以协助调解组织的工作，还可以应当事人要求出面调解。

《老年人权益保障法》第68条第（七）项。

## 10.对老年人的劳动收入和劳动保护是怎样规定的?

答：《宪法》规定，中华人民共和国公民有劳动的权利，老年人也不例外。还规定，国家通过各种途径，创造劳动就业条件，加强劳动保护，改善劳动条件，并在发展生产的基础上，提高劳动报酬和福利待遇。《老年人权益保障法》规定，老年人参加劳动的合法收入受法律保护。任何单位和个人不得安排老年人从事危害其身心健康的劳动或者危险作业。但是，退休人员被企业返聘或再就业，与企业建立的是劳务关系，不受"劳动合同法"的保护。即使还没有享受基本养老保险，维权也难上难，法律漏洞较大，需要尽快立法完善。

《宪法》第42条，《老年人权益保障法》第69条。

## 11.什么是劳务关系? 与劳动关系的区别是什么?

答：劳务关系，是指提供劳务的一方为需要的一方以劳动形式提供劳动活动，而需要方支付约定的报酬的社会关系。劳务关系由《民法通则》《合同法》进行规范和调整，建立和存在劳务关系的当事人之间是否签订书面劳务合同，由当事人双方协商确定。

劳务关系与劳动关系的区别：（1）在法律依据方面，劳动关系由《劳动法》《劳动合同法》规范和调整，而且建立劳动关系必须签订书面劳动合同；劳务关系由《民法通则》《合同法》进行规范和调整，建立和存在劳务关系的当事人之间是否签订书面劳务合同，由当事人双方协商确定。（2）在主体上，劳动关系中的一方应是符合法定条件的用人单位，另一方只能是自然人，而且必须是符合劳动年龄条件，且具有与履行劳动合同义务相适应的能力的自然人；劳务关系的主体类型较多，如可以是两个用人单位，也可以是两个自然人。法律法规对劳务关系主体的要求，不如对劳动关系主体要求的那么严格。（3）在当事人之间隶属关系方面看，处于劳动关系中的用人单位与劳动者之间存在着隶属关系，是劳动关系的主要特征。隶属关系是指劳动者成为用人单位中的一员，即劳动者成为该用人单位的职工或员工。用人单位的职工与用人单位之间存在劳动关系这是不争的事实；而劳务关系中，不存在一方当事人是另一方当事人的职工这种隶属关系。如某一居民雇用一名按小时计酬的家政服务员，家政服务员不可能是该户居民的职工，与该居民也不可能存在劳动关系。（4）劳动关系中的用人单位必须按照法律法规在当事人承担方面规章等为职工承担社会保险义务，且用人单位承担其职工的社会保险义务是法律的确定性规范；而劳务关系中的一方当事人不存在必须承担另一方当事人社会保险的义务。如居民不必为其雇用的家政服务员承担缴纳社会保险的义务。（5）在用人单位对劳动者的管理方面，用人单位具有对劳动者违章违纪进行处理的管理权。如对职工严重违反用人单位劳动纪律和规章制度、严重失职、营私舞弊等行为进行处理，有权依据其依法制定的规章制度解除劳动者的劳动合同，或者对劳动者给予警告、记过、记过失单、降职等处分；劳务关系中的一方对另一方的处理虽然也有不再使用的权利，或者要求当事人承担一定的经济责任，但不含一方当事人取消另一方当事人本单位职工"身份"这一形式，即不包括对其解除劳动合同或给予其他纪律处分形式。（6）在支付报酬方面，劳动关系中的用人单位对劳动者具有行使工资、奖金等方面的分配权利。分配关系通常表现为劳动报酬范畴的工资和奖金，以及由此派生的社会保险关系等。用人单位向劳动者支付工资应遵循按劳分配、同工同酬的原则，必须遵守当地有关最低工资标准的规定；而在劳务关系中的一方当事人向另一方支付的报酬完全由双方协商确定，当事人得到的是根据权利义务平等、公平等原则事先约定的报酬。

《老年人权益保障法》第69条,《民法通则》第4条、第88条,《劳动法》第3条,《合同法》第2条。

## 12.什么是老年教育?

答:目前,我国的老年教育是以对老年人进行有目的、有计划、有组织的教育活动为主,即以提高老年人思想道德和科学文化素质,使受教育者"增长知识、丰富生活、陶冶情操、增进健康、服务社会"为目的所实施的非学历的老年人学校教育和其他形式的老年教育活动。

老年人有继续受教育的权利。国家发展老年教育,把老年教育纳入终身教育体系,鼓励社会办好各类老年学校。各级人民政府对老年教育应当加强领导,统一规划,加大投入。

《老年人权益保障法》第70条,《教育法》第9条、第19条、第25条。

## 13.加强老年教育要重点做好哪几个方面工作?

答:一是进一步加强对老年教育工作的领导。把老年教育工作作为老龄工作的重要内容,纳入党政目标考核管理,建立健全政府主导、主管部门牵头、有关部门参与的老年教育工作管理体制和运行机制。

二是不断加大对老年教育事业的投入。各级政府要建立老年教育事业与经济社会发展水平和老年人口增长有机结合的经费投入机制,根据经济社会发展水平和老年人口发展规模及老年教育事业发展需要,逐步增加对老年教育工作的经费投入,形成制度化的财力投入机制。

三是加强基层、农村老年教育工作。老年人教育工作的重点在基层。老年大学(学校)要向社区、乡村最基层延伸,逐步形成老年大学(学校)办学网络,扩大老年教育覆盖面,使更多的老年人能够就地、就近参加学习、接受教育。

四是支持老年大学(学校)的规范化建设。要积极探索老年教育教学规律，建立健全规章制度，科学设置课程和学制，逐步规范教材，改进教学方法，提高教学质量，强化内部管理，加强规范化建设。

《老年人权益保障法》第70条，《中国老龄事业发展"十二五"规划》第三部分"主要任务"之（七）"老年人精神文化生活"之1。

# 第八章　法律责任

## 1.何谓法律责任？

答：法律责任，是指公民、法人或其他组织违反了法定义务或契约义务，或不当行使法律权利（权力）由行为人承担的不利法律后果。

根据违法行为所违反的法律的性质，可以把法律责任分为民事责任、行政责任、经济责任、刑事责任、违宪责任和国家赔偿责任。

## 2.家庭成员侵害老年人合法权益主要有哪些情形？

答：常见的主要有以下几种情形：（1）子女或者其他亲属侵占老年人自有的或者承租的住房，擅自改变产权关系或者租赁关系；（2）子女或者其他亲属干涉老年人离婚、再婚及婚后的生活；（3）子女或者其他亲属以窃取、骗取、强行索取等方式侵犯老年人的财产权益；（4）子女或者其他亲属侵占、抢夺、转移、隐匿或者损毁应当由老年人继承或者接受赠与的财产。

## 3.当老年人的合法权益受到侵害时，法律规定有哪两种救济途径？

答：一是被侵害人或者其代理人有权要求有关主管部门依法处理，如对克扣、拖欠或者挪用老年人依法享有的养老金、医疗待遇和其他待遇，安排老年人从事危害其身心健康的劳动或者危险作业、侵害老年人权益的，受侵害的老年人或其代理人可以要求劳动行政部门予以处理；二是依法向人民法院提起诉讼，指受侵害的老年人或者其代理人依据侵害行为的性质，直接向人民法院提起民事诉讼、行政诉讼或者刑事自诉。如对于子女或者其他亲属侵占、抢夺、转移、隐匿或者损毁应当由老年人继承或者接受赠与的财产的行为，老年人或者其代理人可以依法向人民法院提起民事诉讼。对于盗窃、诈骗等侵犯老年人财物的行为，构成犯罪的，可以依法提出控告。

*《老年人权益保障法》第72条。*

### 4.人民法院和有关部门对老年人合法权益受到侵害请求救济以后应当承担哪些责任？

答：人民法院和有关部门，对侵犯老年人合法权益的申诉、控告和检举，应当依法及时受理，不得推诿、拖延。这一法律规定，是为了鼓励社会公众对老年人权益保障进行广泛的监督。

*《老年人权益保障法》第72条。*

### 5.如何理解申诉、控告和检举？

答：申诉，一般是指老年人或者其代理人，对已发生法律效力的判决或裁定不服时，依法向法院或者检察机关提出重新处理要求的行为。也包括因老年人本身的合法权益问题不服行政部门的处理、处罚或纪律处分，而向该部门或其上级机关提出要求重新处理，予以纠正的行为。申诉是公民维护权益的一种方式，具有法律效力。

控告，是指老年人或者其代理人，向司法机关揭露违法犯罪事实或犯罪嫌疑人，要求依法予以惩处的行为。控告一般是由遭受犯罪行为直接侵害的老年人或其他组织、个人提出，主要是基于维护老年人自身权益而要求追究被控告人刑事责任。控告是公民享有的重要权利和同违法犯罪行为作斗争的重要手段，也是刑事案件立案材料的主要来源。

检举，是指老年人或者其代理人，向有关部门或组织揭发违法、犯罪行为，与"举报"的意义类似，检举的行为一般与己无关。检举可以通过写举报信、电话举报、网络举报等方式检举。

《宪法》第41条，《老年人权益保障法》第72条，《刑事诉讼法》第108条、第109条、第110条。

### 6.对保护老年人合法权益失职的部门或者组织以及国家工作人员如何进行责任追究？

答：对不履行保护老年人合法权益职责的部门或者组织，其上级主管部门应当给予批评教育、责令改正。国家工作人员违法失职，致使老年人合法权益受到损害的，由其所在单位或者上级机关责令改正，或者依法给予处分。对于构成犯罪的，依法追究刑事责任。

责令改正，是指行政主体责令违法行为人停止和纠正违法行为，以恢复原状，维持法定的秩序或者状态，具有事后救济性。在对违法行为人给予行政处罚的时候，要同时责令行为人改正违法行为，不能以罚了事，让违法行为继续下去。

行政处分，是指国家机关、企事业单位对所属的国家工作人员违法失职行为尚不构成犯罪的，依据法律、法规所规定的权限给予的一种惩戒。行政处分种类有：警告、记过、记大过、降级、撤职、开除（六种）。处分期限：（1）警告，6个月；（2）记过，12个月；（3）记大过，18个月；（4）降级、撤职，24个月。公务员受处分期间不得晋职、晋级；受警告以外行政处分的，并不得晋升工资档次；受开除处分的，不得被行政机关重新录用或聘用。

刑事责任，是依据刑法规定，对行为人依照刑法规定追究的法律责任。刑事责任与行政责任不同之处：一是追究的违法行为不同，追究行政责任的是一般违法行为，追究刑事责任的是犯罪行为；二是追究责任的机关不同，追究行政责任由国家特定的行政机关依照有关法律的规定决定，追究刑事责任只能由司法机关依照刑法的规定决定；三是承担法律责任的后果不同，追究刑事责任是最严厉的制裁，可以判处死刑，比追究行政责任严厉得多。刑罚分为主刑和附加刑：主刑分为管制、拘役、有期徒刑、无期徒刑和死刑；附加刑分为罚金、剥夺政治权利、没收财产。对犯罪的外国人，也可以独立或者附加适用驱除出境。

《老年人权益保障法》第73条，《刑法》第32条、第33条、第34条、第35条、第397条，《行政处罚法》第23条，《公务员法》第56条、第58条。

## 7.老年人与家庭成员民事纠纷的解决途径有哪些?

答：老年人与家庭成员因赡养、扶养或者住房、财产等发生纠纷，可以申请人民调解委员会或者其他有关组织进行调解，也可以直接向人民法院提起诉讼。

人民调解，属于诉讼外调解的一种。是指在人民调解委员会主持下，以国家法律、法规、规章和社会公德规范为依据，对民间纠纷双方当事人进行调解、劝说，促使他们互相谅解、平等协商，自愿达成协议，消除纷争的活动。人民调解委员会调解民间纠纷，应当尊重老年人的权利，不得因调解而阻止老年人依法通过仲裁、行政、司法等途径维护自己的权利。

其他调解，是指人民调解委员会以外的妇女组织、老年协会、老年服务志愿律师事务所等组织，这些组织也可以依法对老年人与家庭成员之间的纠纷进行调解。

提起诉讼，这里主要指民事诉讼，是指公民之间、法人之间、其他组织之间以及他们相互之间因财产关系和人身关系提起的诉讼。或者说，民事诉讼是指人民法院、当事人和其他诉讼参与人，在审理民事案件的过程中，所进行的各种诉讼活动，以及由这些活动所产生得各种关系的总和。无诉讼行为能力的老年人由他的监护人作为法定代理人代为诉讼。老年人、法定代理人可以委托一至二人作为诉讼代理人。可以被委托为诉讼代理人的包括：（1）律师、基层法律服务工作者；（2）当事人的近亲属或者工作人员；（3）当事人所在社区、单位以及有关社会团体推荐的公民。

《老年人权益保障法》第74条，《人民调解法》第2条、第3条，《民事诉讼法》第3条、第57条、第58条。

## 8.调解组织的职责是什么?

答：人民调解委员会或者其他有关组织调解老年人与家庭成员因赡养、扶养或者住房、财产等发生的纠纷时，应当通过说服、疏导等方式化解矛盾和纠纷；对有过错的家庭成员，应当给予批评教育。

调解人员根据调解纠纷的需要，在征得当事人的同意后，可以邀请当事人的亲属、邻里、同事等参与调解，也可以邀请具有专门知识、特定经验的人员或者有关社会组织的人员参与调解。调解民间纠纷，应当坚持原则，明法析理，主持公道；应当及时、就地进行，防止矛盾激化。要根据纠纷的不同情况，采取多种方式调解民间纠纷，充分听取当事人的陈述，讲解有关法律、法规和国家政策，耐心疏导，在当事人平等协商、互谅互让的基础上提出纠纷解决方案，帮助当事人自愿达成调解协议，保护老年人的合法权益。

《老年人权益保障法》第74条，《人民调解法》第20条、第21条、第22条。

## 9.裁定先予执行的主要条件有哪些?

答：人民法院对老年人追索赡养费或者扶养费的申请，可以依法裁定先予执行。

裁定先予执行的主要条件：（1）要求老年人提起的诉求是给付之诉。追索赡养费、扶养费具有可以执行的内容，属于给付之诉，符合先予执行的标的要件。（2）老年人与被告之间的权利义务关系明确。要求老年人追索赡养费、扶养费的案件事实十分清楚，当事人之间的是非责任显而易见。如老年人提出充分的证据，证明其子女在有能力支付的情况下没有按时足额支付赡养费。（3）不先予执行将严重影响老年人的生活。主要是指申请先予执行的老年人依靠赡养费和扶养费维持正常生活，在人民法院作出生效判决前，如果不裁定先予执行，作为原告的老年人难以维持正常生活。（4）被申请人有履行能力。这也是先予执行的必备条件，如果被申请人没有履行能力，先予执行也就无法进行。（5）老年人主动提出申请。当事人主动提出书面申请是人民法院裁定先予执行的前提条件。如果老年人没有提出申请，人民法院不能依职权主动作出先予执行的裁定。当然，主动提出书面申请并不是要求必须是老年人本人亲自申请，老年人的诉讼代理人或者法定代理人也可以依法向人民法院提出先予执行的申请。

《老年人权益保障法》第74条，《民事诉讼法》第106条、第107条。

## 10.对干涉老年人婚姻自由的应追究哪些法律责任?

答：子女应当尊重父母的婚姻权利，既不能反对父母离婚，也不能反对父母再婚；不得干涉父母再婚以及婚后的生活；子女对父母的赡养义务，不因父母的婚姻关系变化而终止。对于干涉老年人婚姻自由的：（1）由有关单位给予批评教育。这里的有关单位主要包括老年人组织，行为人所在的居民委员会或者村民委员会，行为人的工作单位。（2）构成违反治安管理行为的，依法给予治安管理处罚。（3）构成暴力干涉婚姻自由罪的，依据《刑法》判处2年以下有期徒刑或者拘役；致使被害老年人死亡的，处2年以上7年以下有期徒刑。

暴力干涉婚姻自由罪，是指以暴力手段干涉他人行使婚姻自由权利的行为。这里所规定的"暴力"，是指使用捆绑、殴打、禁闭等手段，使被干涉者不能行使婚姻自由的权利。犯暴力干涉婚姻自由罪的，告诉的才处理。所谓"告诉的才处理"，是指被害人要向人民法院提出控告，人民法院才处理，不告诉不处理。这主要是考虑到暴力干涉婚姻自由案件多数是发生在亲属之间，尤其是父母子女之间，被干涉者往往只希望干涉者不再干涉婚姻自由，不希望亲属关系破裂，更不希望诉诸司法机关对干涉者定罪判刑。因此，要充分考虑被干涉者的意愿，如果被干涉者不控告，司法机关就不要主动干预，这样有利于社会的安定团结。但是，根据《刑法》第98条的规定，如果被干涉的老年人受强制、威吓等而无法向人民法院起诉的，人民检察院可以提起公诉。被干涉老年人的近亲属也可以控告，老年人组织和有关单位也可以向人民检察院检举揭发干涉者，由人民检察院查实后提起公诉。犯暴力干涉婚姻自由罪，致被害老年人死亡的，不适用"告诉的才处理"的规定。

致使被害老年人死亡，是指行为人使用暴力干涉他人婚姻自由的犯罪行为致使被害老年人自杀身亡等情形。因暴力干涉婚姻致人死亡的，虽然也会使被害老年人遭受身体上的伤害和精神上的痛苦，但与故意伤害或杀害老年人的行为完全不同。如果对于那种因干涉婚姻自由的目的不能实现，公然故意伤害或杀害老年人的，由于犯罪故意的内容和行为的性质都已发生了变化，应按故意伤害罪或故意杀人罪论处。

《老年人权益保障法》第75条，《婚姻法》第30条，《刑法》第257条。

## 11.对违反赡养义务和扶养义务的人，追究法律责任的形式有哪些？

答：赡养和扶养义务的主要表现有：（1）赡养人应当履行对老年人经济上供养、生活上照料和精神上慰藉的义务，照顾老年人的特殊需要。（2）赡养人应当使患病的老年人及时得到治疗和护理；对经济困难的老年人，应当提供医疗费用；对生活不能自理的老年人，赡养人应当承担照料责任；不能亲自照料的，可以按照老年人的意愿委托他人或者养老机构等照料。（3）赡养人应当妥善安排老年人的住房，不得强迫老年人居住或者迁居条件低劣的房屋；老年人自有的或者承租的住房，子女或者其他亲属不得侵占，不得擅自改变产权关系或者租赁关系；老年人自有的住房，赡养人有维修的义务。（4）赡养人有义务耕种或者委托他人耕种老年人承包的田地，照管或者委托他人照管老年人的林木和牲畜等，收益归老年人所有。（5）家庭成员应当关心老年人的精神需求，不得忽视、冷落老年人；与老年人分开居住的家庭成员，应当经常看望或者问候老年人。（6）赡养人不得以放弃继承权或者其他理由，拒绝履行赡养义务；赡养人不履行赡养义务，老年人有要求赡养人付给赡养费等权利；赡养人不得要求老年人承担力不能及的劳动。（7）老年人与配偶有相互扶养的义务；由兄、姐扶养的弟、妹成年后，有负担能力的，对年老无赡养人的兄、姐有扶养的义务。

对老年人负有赡养义务、扶养义务而拒绝赡养、扶养的：（1）基层群众性自治组织、老年人组织或者赡养人、扶养人所在单位督促履行；（2）由有关的老年人组织、赡养人或者扶养人所在的居民委员会或者村民委员会、赡养人或者扶养人的工作单位给予批评教育；（3）公务员拒不承担赡养、扶养义务的，依法给予警告、记过或者记大过处分；情节较重的，给予降级或者撤职处分；情节严重的，给予开除处分；（4）遗弃没有独立生活能力的被赡养人或者被扶养人的，依据《治安管理处罚法》处以5日以下拘留或者警告；（5）负有赡养或者扶养义务而拒绝赡养或者扶养老年人，情节恶劣构成遗弃罪的，依据《刑法》判处5年以下有期徒刑、拘役或者管制。

《老年人权益保障法》第14条、第15条、第16条、第17条、第18条、第19条、第23条、第24条、第75条，《行政机关公务员处分条例》第29条，《治安管理处罚法》第45条，《刑法》第261条。

## 12.哪些是虐待老年人的行为？行为人如何担责？

答：对老年人的虐待，是指用打骂、冻饿、禁闭、强迫过度劳动、有病不给治疗等方法摧残、折磨老年人，使老年人在肉体上、精神上遭受痛苦的行为。虐待老年人有悖于我国尊老敬老的传统美德，侵害了老年人的合法权益。

对虐待老年人的：（1）由有关的老年人组织、赡养人或者扶养人所在的居民委员会或者村民委员会、赡养人或者扶养人的工作单位给予批评教育；（2）如果行为人是公务员，应该由其所在单位或者有权的监察机关给予警告、记过或者记大过处分；情节较重的，给予降级或者撤职处分；情节严重的，给予开除处分；（3）虐待老年人，被虐待老年人要求处理的，依据《治安管理处罚法》处以5日以下拘留或者警告；（4）对共同生活的老年人，经常以打骂、捆绑、冻饿、限制自由、凌辱人格、不给治病或者强迫作过度劳动等方法，从肉体上和精神上进行摧残迫害，情节恶劣构成虐待罪的，依据刑法判处2年以下有期徒刑、拘役或者管制；致使被害老年人重伤、死亡的，处2年以上7年以下有期徒刑。

犯虐待罪的，"告诉的才处理"。主要是考虑到虐待案件发生在家庭成员之间，被虐待老年人不希望亲属关系破裂，更不希望诉诸司法机关对虐待者定罪量刑。因此要充分考虑被虐待老年人的意思。如果被虐待老年人不控告，司法机关就不要主动干预，这样有利于社会的安定团结。但根据《刑法》第98条之规定，如果被虐待老年人受强制、威吓等而无法向人民法院起诉的，人民检察院可以提起公诉。被虐待老年人的其他近亲属也可以控告，有关单位和组织也可以向人民检察院检举揭发，由人民检察院查实后提起公诉。犯虐待罪，致被害老年人重伤、死亡的，不适用"告诉的才处理"的规定。

虐待行为的手段，有时与故意杀人行为的手段十分相似，并且，虐待行为有时在客观上也可能造成被害人死亡的后果。所以，虐待罪与故意杀人罪的界限较容易混淆。应当从主观故意上区分二者的界限，虐待罪的主观方面是故意对被害人进行肉体上、精神上的摧残和折磨；故意杀人罪的主观方面是故意剥夺他人的生命。

虐待罪容易与故意伤害罪混淆，因为虐待行为往往会造成被害人身体伤害的后果。也应当主要从主观故意上区别虐待罪与故意伤害罪的界限。如果行为人出于对被害老年人进行肉体上和精神上摧残和折磨的故意，在实施虐待行为过程中，造成被害老年人轻伤或者重伤的，其行为构成虐待罪，不构成故意伤害罪；如果行为人在主观上具有伤害老年人身体健康的故意，并且在客观上实施了伤害老年人致其轻伤或重伤的行为，则其行为构成故意伤害罪，不构成虐待罪。

《老年人权益保障法》第25条、第75条，《婚姻法》第43条，《行政机关公务员处分条例》第29条，《治安管理处罚法》第45条，《刑法》第260条。

### 13.家庭成员侵犯老年人财产权现象主要表现形式有哪些?

答：老年人依法对自己的财产享有占有、使用、收益和处分的权利。但是，家庭成员侵犯老年人财产权的现象时有发生，主要表现有：（1）分家时以老人由儿女赡养为由把老年人的财产全部分掉，结果老年人失掉了个人财产，一些儿女视分得的财产理所当然为己所有。（2）侵害老年夫妻一方的财产所有权。老年夫妇一方去世，往往把活着一方的财产作为死者财产列为遗产处分。（3）成年子女在老年人尚未去世时，就急急忙忙地抢分老年人的财产。（4）"刮老"行为，指经济已经独立"自立门户"的成年子女搜刮老年父母财产的行为。

《老年人权益保障法》第22条、第76条。

## 14.家庭成员侵犯老年人财产权的如何担责？

答：（一）治安管理处罚：

家庭成员盗窃、诈骗、抢夺、侵占、勒索、故意损毁老年人财物的，依据《治安管理处罚法》处以5日以上10日以下拘留，可以并处500元以下罚款；情节较重的，处10日以上15日以下拘留，可以并处1000元以下罚款。

盗窃，是指以非法占有为目的，秘密窃取老年人财物的行为。诈骗，是指以非法占有为目的，用虚构事实或者隐瞒真相的方法，使老年人产生错觉，信以为真，骗得老年人财物的行为。抢夺，是指以非法占有为目的，乘老年人不备，公然夺取老年人财物的行为。侵占，是指非法占有老年人的财物。勒索，是指以非法占有为目的，使用威胁或者要挟的方法，勒索老年人财物的行为。故意损毁老年人财物，是指非法故意毁灭或者损坏老年人所有的财物的行为。

（二）刑事处罚：

盗窃罪，是指以非法占有为目的，秘密窃取老年人财物数额较大，或者多次盗窃、入户盗窃、携带凶器盗窃、扒窃老年人财物的行为。（1）盗窃自己家庭老年人或老年近亲属的财物，一般可不按犯罪处理。对确有追究刑事责任必要的，在处理时也应同在社会上作案有所区别。这里的近亲属一般指父、母、同胞兄姐、夫、妻。盗窃老年近亲属的财物应包括盗窃分居生活的老年近亲属的财物；盗窃自己家里老年人的财物，既包括共同生活的老年近亲属的财物，也包括盗窃共同生活的其他非老年近亲属的财物。"确有追究必要"，是指要从盗窃数额、盗窃次数、主观恶性以及亲属的态度等方面综合分析判断，其中家庭被盗老年人的态度是决定是否追究刑事责任应当考虑的一个重要因素，获得老年人谅解的，一般可不认为是犯罪。（2）家庭成员勾结外人盗窃自己家里老年人或老年近亲属的财物，属于共同盗窃行为。构成盗窃罪的，应依法追究刑事责任。这种情况对家庭成员也要与社会上其他同案犯区别对待。（3）盗窃自己家庭老年人信用卡并使用的，以盗窃罪定罪处罚；盗用家庭老年人公共信息网络上网账号、密码上网，造成老年人电信资费损失数额较大的，以盗窃罪定罪处罚。（4）盗窃老年人财物，数额较大的，或者多次盗窃、入户盗窃、携带凶器盗窃、扒窃的，处3年以下有期徒刑、拘役或者管制，并处或者单处罚金；情节严重的，处3年以上10年以下有期徒刑，并处罚金；情节特别严重的，处10年以上有期徒刑或者无期徒刑，并处罚金或者没收财产。（5）所谓数额较大，是指个人盗窃老年人财物价值人民币1000元至3000元以上；所谓情节严重，是指数额巨大或者其他严重情节；所谓数额巨大，是指个人盗窃老年人财物价值人民币3万元至10万元以上；其他严重情节，是指除数额巨大以外的其他严重情节；情节特别严重，是指数额特别巨大或者其他特别严重情节；所谓数额特别巨大，是指个人盗窃老年人财物价值人民币30万元至50万元以上；其他特别严重情节，是指除数额特别巨大以外的其他特别严重情节。

诈骗罪，是指以非法占有为目的，用虚构事实或者隐瞒真相的方法，骗取数额较大的老年人财物的行为。（1）诈骗自己家庭老年近亲属的财物，老年近亲属谅解的，一般可不按犯罪处理。诈骗老年近亲属的财物，确有追究刑事责任必要的，具体处理也应酌情从宽。（2）骗取数额较大的老年人财物的，处3年以下有期徒刑、拘役或者管制，并处或者单处罚金；数额巨大或者有其他严重情节的，处3年以上10年以下有期徒刑，并处罚金；数额特别巨大或者有其他特别严重情节的，处10年以上有期徒刑或者无期徒刑，并处罚金或者没收财产。（3）诈骗老年人财物价值3000元至1万元以上和3万元至10万元以上、50万元以上的，应当分别认定为数额较大、数额巨大、数额特别巨大。（4）诈骗老年人的财物或者造成被害老年人自杀、精神失常或者其他严重后果的，酌情从严惩处。

抢夺罪，是指以非法占有为目的，乘人不备，公开夺取数额较大的老年人财物的行为。（1）抢夺行为是以直接夺取财物的为动机，即直接对财物实施暴力而不直接对人的身体行使暴力；实施抢夺行为被害老年人可以当场发觉但来不及抗拒，而不是被暴力制服不能抗拒，也不是受胁迫不敢抗拒。即使行为人夺取财物的行为使被害老年人跌倒摔伤或者死亡，也不成立抢劫罪；对伤害与死亡结果另成立其他犯罪的，视情况从一重罪论处或者与抢夺罪实行数罪并罚。（2）所谓公开，主要是针对财物持有人而言。犯罪嫌疑人闯入老年人住宅，面对老年人一人在家，夺取其桌上放置的手机，或者深夜在僻静的小巷内抢走老年人的挎包，虽然无旁人在场，也是公然抢夺。可见，抢夺以当着持有人的面进行为必要。如果乘持有人不在的时候，即使是不避他人，不怕被别人发现的情况下，取走其财物，仍属秘密窃取性质。（3）抢夺是一种强力行为，因为不实施强力夺取，就不能实现财物的非法转移。但必须以不使用暴力或以暴力相胁迫的手段为前提。这是抢夺罪区别于抢劫罪的显著标志。（4）公开夺取数额较大的老年人财物的，处3年以下有期徒刑、拘役或者管制，并处或者单处罚金；数额巨大或者有其他严重情节的，处3至10年有期徒刑，并处罚金；数额特别巨大或者有其他特别严重情节的，处10年以上有期徒刑或者无期徒刑，并处罚金或者没收财产。（5）抢夺老年人财物价值人民币500元至2000元以上的，为数额较大；5000元至2万元以上的，为数额巨大；3万元至10万元以上的，为数额特别巨大。

侵占罪，是指以非法占有为目的，将代为老年人保管的财物、老年人的遗忘物、埋藏物占为己有，拒不退还的行为。拒不退还，是指在一审判决做出前，占有人仍不退还给老年人的行为。犯侵占罪，需要被害老年人提出告诉的才处理。涉案数额较大，拒不退还的，处2年以下有期徒刑、拘役或者罚金；数额巨大或者有其他严重情节的，处2年以上5年以下有期徒刑，并处罚金。

敲诈勒索罪，是指以非法占有为目的，对被害老年人使用威胁或要挟的方法，强行索要财物的行为。（1）威胁，是指以恶害相通告迫使被害老年人处分财产，即如果不按照行为人的要求处分财产，就会在将来的某个时间遭受恶害。威胁内容的种类没有限制，包括对被害老年人及其亲属的生命、身体自由、名誉等进行威胁，威胁行为只要足以使老年人产生恐惧心理即可，不要求现实上使被害老年人产生了恐惧心理。威胁的内容将由行为人自己实现，还是将由他人实现在所不问，威胁内容的实现也不要求自身是违法的。例如，行为人知道他人的犯罪事实，向司法机关告发是合法的，但行为人以向司法机关告发进行威胁索取财物的，也成立敲诈勒索罪。威胁的方法没有限制，既可能是明示的，也可能是暗示的；既可以使用语言文字，也可以使用动作手势；既可以直接通告被害老年人，也可以通过第三者通告被害老年人。威胁的结果，是使被害老年人产生恐惧心理，然后为了保护自己更大的利益而处分自己的数额较大的财产，进而行为人取得财产。被害老年人处分财产，并不限于被害老年人直接交付财产，也可以是因为恐惧而默许行为人取得财产，还可以是与被害老年人有特别关系的第三者基于被害老年人的财产处分意思交付财产。（2）敲诈勒索老年近亲属的财物，获得谅解的，一般不认为是犯罪；认定为犯罪的，应当酌情从宽处理。（3）敲诈勒索老年人财物，数额较大或者多次敲诈勒索的，处3年以下有期徒刑、拘役或者管制，并处或者单处罚金；数额巨大或者有其他严重情节的，处3年以上10年以下有期徒刑；数额特别巨大或者有其他特别严重情节的，处10年以上有期徒刑，并处罚金。（4）敲诈勒索老年人财物价值2000元至5000元以上、3万元至10万元以上、30万元至50万元以上的，应当分别认定为"数额较大""数额巨大""数额特别巨大"。敲诈勒索公私财物，具有下列情形之一的，"数额较大"的标准可以按照前述标准的50%确定：①曾因敲诈勒索受过刑事处罚的；②1年内曾因敲诈勒索受过行政处罚的；③对老年人或者丧失劳动能力人敲诈勒索的；④以将要实施放火、爆炸等危害公共安全犯罪或者故意杀人、绑架等严重侵犯公民人身权利犯罪相威胁敲诈勒索的；⑤造成其他严重后果的。敲诈勒索老年人财物，数额达到前面规定的"数额巨大""数额特别巨大"80%的，可以分别认定为"其他严重情节""其他特别严重情节"。
（5）敲诈勒索数额较大，行为人认罪、悔罪，退赃、退赔，并取得被害老年人谅解的，可以认定为犯罪情节轻微，不起诉或者免予刑事处罚，由有关部门依法予以行政处罚。

故意毁坏财物罪，是指故意毁灭或者损坏老年人财物，数额较大或者有其他严重情节的行为。（1）主观方面表现为故意。行为人的犯罪目的不是为了使自己或者第三人非法占有该财物，而是为了将该财物毁坏，使其全部或部分丧失其价值或者使用价值。如果由于行为人主观上的过失，而造成老年人财物损毁的严重后果且数额较大或者有其他严重情节的，不构成本罪。（2）毁灭，是指用焚烧、摔砸等方法使物品全部丧失其价值或使用价值；损坏，是指使物品部分丧失其价值或使用价值。所谓情节严重，是指毁坏重要物品而损失严重的；毁坏手段特别恶劣的；毁坏急需物品引起严重后果的；动机卑鄙企图嫁祸于人的等。情节特别严重，是指毁坏老年人财物，导致老年人精神失常的；破坏生产、经营设备设施，造成停产或经营停止，引起重大损失的；破坏手段极其恶劣的等。（3）故意毁坏老年人财物，数额较大或者有其他严重情节的，处3年以下有期徒刑、拘役或者罚金；数额巨大或者有其他特别严重情节的，处3年以上7年以下有期徒刑。由于犯罪行为而使被害老年人遭受经济损失的，对犯罪分子除了依法给予刑事处罚外，并应当根据情况，判处赔偿经济损失。（4）故意毁坏财物罪，"数额较大"为5000元以上；"数额巨大"为5万元以上。

《老年人权益保障法》第76条，《治安管理处罚法》第49条，《刑法》第36条、第193条、第264条、第266条、第267条、第270条、第274条、第275条，《最高人民法院关于审理扰乱电信市场管理秩序案件具体应用法律若干问题的解释》第8条，《最高人民法院、最高人民检察院关于办理盗窃刑事案件适用法律若干问题的解释》第1条、第3条、第4条、第8条，《最高人民法院、最高人民检察院关于办理诈骗刑事案件具体应用法律若干问题的解释》第1条、第2条、第4条，《关于审理抢夺刑事案件具体应用法律若干问题的解释》第1条，《最高人民法院、最高人民检察院关于办理敲诈勒索刑事案件适用法律若干问题的解释》第1条、第2条、第5条、第6条。

### 15.侮辱、诽谤老年人是指哪些行为？

答：老年人的人格尊严受法律保护，用侮辱、诽谤方式侵犯老年人的人格是违法，甚至是犯罪行为。

（一）内涵与外延：

侮辱老年人，是指以暴力或者其他方法，公然诋毁老年人人格，破坏老年人名誉的行为。侮辱的方法可以是暴力，也可以是暴力以外的其他方法。所谓暴力，是指以强制方法来损害老年人人格和名誉，如强迫老年人"戴高帽"游行、当众剥光老年人衣服、强迫老年人当众做令人难堪的下流动作、逼迫老年人吃污秽物等。这里的暴力，其目的不是为损害老年人的身体健康，如果在实施暴力侮辱的过程中造成老年人死亡或者伤害后果的，即构成故意杀人罪或者故意伤害罪。所谓其他方法，是指以语言、动作、文字、图画、信息、网络等暴力以外的方法侮辱老年人，如当众嘲笑、辱骂老年人，贴传单或者漫画丑化老年人，使老年人蒙受耻辱、名声败坏或者行为人做出一定的动作姿态表演使老年人受辱。所谓公然侮辱老年人，是指当众或者利用能够使多人听到或看到的方式，对老年人进行侮辱。这里所说的违法侮辱老年人的行为，必须是公然进行的。

诽谤老年人，是指行为人实施捏造并散布某种虚构的事实，足以贬损老年人人格、名誉的行为。捏造某种事实的行为，即诽谤老年人的内容完全是无中生有，凭空虚构的。如果散布的不是凭空捏造的，而是客观存在的事实，即使有损于老年人的人格、名誉，也不构成诽谤。须有散布捏造事实的行为。所谓散布，就是在社会公开的扩散。散布的方式基本上有两种：一种是言语散布；另一种是文字，即用大字报、小字报、图画、报刊、图书、书信等方法散布。所谓足以贬损，是指捏造并散布的虚假事实，完全可能贬损老年人的人格、名誉，或者事实上已经给被害老年人的人格、名誉造成了实际损害。如果散布虚假的事实，但并不可能损害老年人的人格、名誉，或无损于老年人的人格、名誉，则不构成诽谤行为。诽谤行为必须是针对特定的老年人进行的，但不一定要指名道姓，只要从诽谤的内容上知道被害老年人是谁，就可以构成诽谤行为。如果行为人散布的事实没有特定的对象，不可能贬损某位老年人的人格、名誉，就不能以诽谤行为论处。

（二）治安管理处罚：

公然侮辱他人或者捏造事实诽谤他人的，可以依照《治安管理处罚法》处以5日以下拘留或者500元以下罚款；情节较重的，处5日以上10日以下拘留，可以并处500元以下罚款。

（三）刑事处罚：

侮辱罪，是指使用暴力或者以其他方法，公然贬低、损害老年人的人格，破坏他人的名誉，情节严重的行为。这里所说的情节严重，主要是指侮辱老年人的手段恶劣，致使老年人精神失常或导致被害老年人自杀等严重后果或者影响很坏的情况。

诽谤罪，是指捏造事实诽谤老年人情节严重的行为。虽有捏造事实诽谤老年人的行为，但没有达到情节严重的程度，则不能以诽谤罪论处。所谓情节严重，主要是指多次捏造事实诽谤老年人的；捏造事实造成老年人人格、名誉严重损害的；捏造事实诽谤老年人造成恶劣影响的；诽谤老年人致其精神失常或导致被害老年人自杀的等情况。

犯侮辱罪或者诽谤罪的，依据《刑法》判处3年以下有期徒刑、拘役、管制或者剥夺政治权利。

犯侮辱罪或者诽谤罪的，告诉的才处理，但是严重危害社会秩序和国家利益的除外。这里所谓告诉的才处理，是指犯侮辱罪或者诽谤罪，被害老年人自诉告发的，法院才受理，否则不受理。如果被害人受强制或者威吓而无法告诉的，人民检察院和被害老年人的近亲属也可以告诉。"严重危害社会秩序和国家利益的除外"，例如，因诽谤引起被害老年人死亡的，引起当地群众公愤的，等等，如果受害老年人不告诉或不能告诉，人民检察院应提起公诉。

《老年人权益保障法》第77条，《刑法》第98条、第246条，《治安管理处罚法》第42条。

## 16.养老机构监管部门有哪些方面的职责和义务?

答:一是在养老服务收费项目和标准方面,各级人民政府要依法进行规范,有关部门负有监督和管理职责;二是对设立养老机构的行政许可申请,县级以上人民政府民政部门依法负有受理、审查和决定的职责;三是对养老机构的日常运营,县级以上人民政府民政部门负有指导、监督和管理的职责,其他有关部门依照职责分工对养老机构实施监督;四是养老机构变更或者终止的,政府有关部门负有为养老机构妥善安置老年人提供帮助的义务;五是未经许可设立养老机构的,由县级以上人民政府民政部门责令改正。符合法律、法规规定的养老机构条件的,依法补办相关手续;逾期达不到法定条件的,责令停办并妥善安置收住的老年人。造成损害的,依法承担民事责任。

《老年人权益保障法》第42条、第44条、第45条、第78条,《民法通则》第106条。

## 17.养老机构及其工作人员可能承担的法律责任有哪些?

答:养老机构及其工作人员侵害老年人人身和财产权益,或者未按照约定提供服务的,依法承担民事责任;有关主管部门依法给予行政处罚;构成犯罪的,依法追究刑事责任。

(一)民事责任:

民事责任,对民事法律责任的简称,是指民事主体在民事活动中,因实施了民事违法行为,根据民法所承担的对其不利的民事法律后果或者基于法律特别规定而应承担的民事法律责任。《老年人权益保障法》规定,养老机构及其工作人员不得以任何方式侵害老年人的权益,否则就需要承担民事责任。养老机构应当与接受服务的老年人或者其代理人签订服务协议,明确双方的权利、义务,养老机构未按照约定义务提供服务的,应当依据民事法律承担民事责任。

老年人的民事权益，包括生命权、健康权、姓名权、名誉权、荣誉权、肖像权、隐私权、婚姻自主权、监护权、所有权、用益物权、担保物权、著作权、专利权、商标专用权、发现权、股权、继承权等人身、财产权益。

承担侵权责任的方式主要有：（1）停止侵害；（2）排除妨碍；（3）消除危险；（4）返还财产；（5）恢复原状；（6）赔偿损失；（7）赔礼道歉；（8）消除影响、恢复名誉。承担侵权责任的以上方式，可以单独适用，也可以合并适用。

侵害老年人造成人身损害的，应当赔偿医疗费、护理费、交通费等为治疗和康复支出的合理费用，以及因误工减少的收入；造成老年人残疾的，还应当赔偿残疾生活辅助具费和残疾赔偿金；造成老年人死亡的，还应当赔偿丧葬费和死亡赔偿金。侵害老年人财产的，财产损失按照损失发生时的市场价格或者其他方式计算。侵害他人人身权益造成财产损失的，按照被侵权人因此受到的损失赔偿；被侵权人的损失难以确定，侵权人因此获得利益的，按照其获得的利益赔偿；侵权人因此获得的利益难以确定，被侵权人和侵权人就赔偿数额协商不一致，向人民法院提起诉讼的，由人民法院根据实际情况确定赔偿数额。侵权行为危及他人人身、财产安全的，被侵权人可以请求侵权人承担停止侵害、排除妨碍、消除危险等侵权责任。侵害他人人身权益，造成他人严重精神损害的，被侵权人可以请求精神损害赔偿。

（二）行政责任：

行政责任，是指因为违反行政法而应承担的法律责任。《老年人权益保障法》规定，县级以上人民政府民政部门负责养老机构的指导、监督和管理，其他有关部门依照职责分工对养老机构实施监督。养老机构及其工作人员侵害老年人人身和财产权益，或者未按照约定提供服务的，有关主管部门依法给予行政处罚。

行政处罚的种类：(1)警告；(2)罚款；(3)没收违法所得、没收非法财物；(4)责令停产停业；(5)暂扣或者吊销许可证、暂扣或者吊销执照；(6)行政拘留；(7)法律、行政法规规定的其他行政处罚。

（三）刑事责任：

刑事责任，是指依据刑法规定，对行为人依照刑法规定追究的法律责任。刑事责任涉及剥夺行为人的人身自由甚至生命权，是最严厉的法律责任。

养老机构的工作人员侵害老年人人身和财产权利，构成犯罪的行为，主要包括故意杀人、故意伤害、过失杀人、过失致人重伤、盗窃、诈骗、抢劫等犯罪。

《老年人权益保障法》第44条、第47条、第79条，《侵权责任法》第2条、第15条、第16条、第19条、第20条、第21条、第22条，《民法通则》第106条、第119条、第120条，《行政处罚法》第8条。

## 18.养老机构监督部门的渎职行为有哪些？如何担责？

答：对养老机构负有管理和监督职责的部门及其工作人员滥用职权、玩忽职守、徇私舞弊的，对直接负责的主管人员和其他直接责任人员依法给予处分；构成犯罪的，依法追究刑事责任。

（一）渎职行为：

养老机构监督部门的法定职责主要有：各级人民政府应当规范养老服务收费项目和标准，加强监督和管理；设立养老机构应当向县级以上人民政府民政部门申请行政许可；县级以上人民政府民政部门负责养老机构的指导、监督和管理，其他有关部门依照职责分工对养老机构实施监督；养老机构变更或者终止的，应当妥善安置收住的老年人，为养老机构妥善安置老年人提供帮助；等等。

责任主体，是指对养老机构负有管理和监督职责的部门及其工作人员，即县级以上人民政府的民政部门、政府价格主管部门、工商行政管理部门等行政部门，以及上述行政部门的工作人员。渎职行为，包括滥用职权、玩忽职守和徇私舞弊的行为。

滥用职权，是指国家机关工作人员超越职权，违反法律决定、处理其无权决定、处理的事项，或者违反规定处理公务，致使公共财产、国家和人民利益遭受损害的行为。

玩忽职守，是指国家机关工作人员严重不负责任，不履行或不正确地履行自己的工作职责，致使公共财产、国家和人民利益遭受损失的行为。所谓玩忽职守的作为，是指国家机关工作人员不正确履行职责义务的行为。表现为：工作马马虎虎、草率从事、敷衍塞责、违令抗命、极不负责任等。所谓玩忽职守的不作为，是指国家机关工作人员不尽职责义务的行为。即对于自己应当履行的、而且也有条件履行的职责不履行，不尽自己应尽的职责义务。表现为：擅离职守，或虽然未离职守，但却不尽职责，该管不管，该作为不作为，听之任之等。

徇私舞弊，是指为徇亲友私情或者某种利益而置国家和人民利益于不顾，弄虚作假，不按工作原则和规定办事的行为。

（二）行政责任：

公务员必须遵守纪律，不得贪污、行贿、受贿，不得利用职务之便为自己或者他人谋取私利；不得滥用职权，侵害公民、法人或者其他组织的合法权益；不得从事或者参与营利性活动，在企业或者其他营利性组织中兼任职务；等等。

对公务员的处分分为：警告、记过、记大过、降级、撤职、开除。

以上6种处分可划分为3类：(1)精神惩罚，也称申诫罚或声誉罚，其一般用于严重程度较低的违纪行为，主要是对公务员名誉的贬责，是有关机关向违纪者发出警戒，申明其有违纪行为，通过对其名誉、荣誉、信誉等施加影响，引起其精神上的警惕，使其不再违法违纪的惩罚形式。对公务员处分中的精神惩罚包括警告、记过、记大过。批评教育与警告具有很大的相似性，在一定程度上具有申诫的作用，批评教育不被看作一种处分，如果公务员违纪情节轻微，经批评教育后对错误有较为深刻的认识，能够改正自己的错误，就可以免于处分。(2)实质惩罚，包括降级与撤职。降级与撤职都是较为严重的惩罚形式，是对犯有严重违法违纪行为的公务员所给予的惩戒，会使公务员在名誉、地位与经济等方面受到损失。降级是降低级别，一般降低一个级别，如果本人级别为最低级的，可给予记大过处分。撤职是撤销职务，撤职后按降低一级以上职务另行确定职务，根据新任职务确定相应的级别和职务工资档次。本人职务为办事员的，可给予降级处分。(3)开除，这是对违法违纪公务员最为严重的一种处分形式。对于严重违法违纪，不适宜继续担任公务员职务的，有关机关应给予其开除处分。给予公务员开除处分，自处分之日起，解除其与机关的人事关系。

对于违法违纪公务员可作出如下处理：违纪情节较重给国家和人民利益造成一定损失或不良后果的，给予记大过以下处分；违纪情节严重给国家和人民利益造成重大损失或严重后果的，给予降级以上处分；对触犯刑律，构成犯罪的，移交司法机关追究刑事责任。

公务员在执行公务中违反纪律造成严重后果，主管领导负有责任的，在给予当事人处分的同时，应追究主管领导的责任，必要时可给予撤职以下处分。

（三）刑事责任：

渎职犯罪刑事责任主体包括，在依照法律、法规规定行使国家行政管理职权的组织中从事公务的人员，或者在受国家机关委托代表国家机关行使职权的组织中从事公务的人员，或者虽未列入国家机关人员编制，但在国家机关中从事公务的人员，在代表国家机关行使职权时，有渎职行为构成犯罪的，依照刑法有关渎职罪的规定追究刑事责任。即不管是否属于正式编制的国家机关工作人员，只要代表国家行使职权时，就应属于国家机关工作人员范围，可以成为渎职罪主体。

滥用职权罪，是指国家机关工作人员故意逾越职权，违反法律决定、处理其无权决定、处理的事项，或者违反规定处理公务，致使公共财产、国家和人民利益遭受重大损失的行为。滥用职权的行为主要表现为以下几种情况：一是超越职权，擅自决定或处理没有具体决定、处理权限的事项；二是玩弄职权，随心所欲地对事项作出决定或者处理；三是故意不履行应当履行的职责，或者说任意放弃职责；四是以权谋私、假公济私，不正确地履行职责。滥用职权的行为，必须致使公共财产、国家和人民利益遭受重大损失的结果时，才构成犯罪。所谓重大损失，是指给国家和人民造成重大的物质性损失和非物质性损失。物质性损失一般是指人身伤亡和公私财物的重大损失，是确认滥用职权犯罪行为的重要依据；非物质性损失是指严重损害国家机关的正常活动和声誉等。

玩忽职守罪，是指国家机关工作人员严重不负责任，不履行或不正确地履行自己的工作职责，致使公共财产、国家和人民利益遭受重大损失的行为；一是必须有违反国家工作纪律和规章制度，玩忽职守的行为，包括作为和不作为；二是必须具有因玩忽职守，致使公共财产、国家和人民利益遭受重大损失的结果。三是玩忽职守行为与造成的重大损失结果之间，必须具有《刑法》上的因果关系。

国家机关工作人员滥用职权或者玩忽职守，致使公共财产、国家和人民利益遭受重大损失的，处3年以下有期徒刑或者拘役；情节特别严重的，处3年以上7年以下有期徒刑。《刑法》另有规定的，依照规定。国家机关工作人员徇私舞弊，犯滥用职权罪、玩忽职守罪的，处5年以下有期徒刑或者拘役；情节特别严重的，处5年以上10年以下有期徒刑。

国家机关工作人员滥用职权或者玩忽职守，具有下列情形之一的，应当认定为《刑法》第397条规定的"致使公共财产、国家和人民利益遭受重大损失"：（1）造成死亡1人以上，或者重伤3人以上，或者轻伤9人以上，或者重伤2人、轻伤3人以上，或者重伤1人、轻伤6人以上的；（2）造成经济损失30万元以上的；（3）造成恶劣社会影响的；（4）其他致使公共财产、国家和人民利益遭受重大损失的情形。具有下列情形之一的，应当认定为《刑法》第397条规定的"情节特别严重"：（1）造成伤亡达到死亡3人以上，或者重伤9人以上，或者轻伤27人以上，或者重伤6人、轻伤9人以上，或者重伤3人、轻伤18人以上的；（2）造成经济损失150万元以上的；（3）造成前款规定的损失后果，不报、迟报、谎报或者授意、指使、强令他人不报、迟报、谎报事故情况，致使损失后果持续、扩大或者抢救工作延误的；（4）造成特别恶劣社会影响的；（5）其他特别严重的情节。

《老年人权益保障法》第43条、第44条、第45条、第80条，《公务员法》第53条、第56条，《刑法》第397条，《最高人民法院、最高人民检察院关于办理渎职刑事案件适用法律若干问题的解释（一）》第1条。

## 19.哪些部门和行业是履行优待老年人义务的主体？不履行优待老年人义务的法律责任是什么？

答：不按规定履行优待老年人义务的，要承担相应的法律责任。依法需要履行优待老年人义务的主体有：城市公共交通、公路、铁路、水路和航空客运等机构，医疗机构、博物馆、美术馆、科技馆、纪念馆、公共图书馆、文化馆、影剧院、体育场馆、公园、旅游景点等场所。这些义务主体都具有国家公共资源、国家基础设施或者社会公益等性质，有的属于企业性质，有的属于事业单位性质。

不按规定履行优待老年人义务的，由有关主管部门责令改正。

有关主管部门，就是指对上述义务主体经营、业务活动负有监督管理职责的有关单位或者组织。

责令改正，是指行政主体责令违法行为人停止和纠正违法行为，以恢复原状，维持法定的秩序或者状态，具有事后救济性。在对违法行为人给予行政处罚的时候，要同时责令行为人改正违法行为，不能以罚了事，让违法行为继续下去。

《老年人权益保障法》第81条，《行政处罚法》第23条。

## 20.涉及老年人工程、无障碍设施责任主体的法律责任有哪些？

答：为老年人创造无障碍居住环境的规定，一是要求涉及老年人的工程应当符合国家规定的工程建设标准。专供老年人使用的居住建筑和公共建筑，应为老年人使用提供方便设施和服务。具备方便残疾人使用的无障碍设施，可兼为老年人使用。从事建筑活动的建设单位、建筑施工企业、勘察单位、设计单位和工程监理单位，从事涉及老年人工程的，应当遵守国家规定的有关工程建设标准要求。有关主管部门在规划、设计、施工、监理、验收、运行、维护、管理等环节，要加强对相关标准的实施与监督。二是要求无障碍设施所有人、管理人应当尽到维护和管理职责，保障无障碍设施正常使用。无障碍设施不能作为摆设，要使其物尽其用。

涉及老年人的工程不符合国家规定的标准或者无障碍设施所有人、管理人未尽到维护和管理职责的，由有关主管部门责令改正；造成损害的，依法承担民事责任；对有关单位、个人依法给予行政处罚；构成犯罪的，依法追究刑事责任。

（一）行政手段：

责令改正是一种行政手段，根据《行政处罚法》的规定，行政机关在对违法行为人给予行政处罚的时候，应当责令行为人改正或者限期改正违法行为，首先要让违法行为不能继续下去。责令改正，是指行政主体责令违法行为人停止和纠正违法行为，以恢复原状，维持法定的秩序或者状态，具有事后救济性。

（二）民事责任：

涉及老年人的工程不符合国家规定的标准或者无障碍设施所有人、管理人未尽到维护和管理职责的，如果造成了损害，依法应当承担民事责任。

民事责任，是指民事主体在民事活动中，违反合同或者不履行其他义务，或者由于过错侵害国家的、集体的财产，侵害他人财产、人身，根据民法所承担的对其不利的民事法律后果或者基于法律特别规定而应承担的民事法律责任。

建筑施工企业转让、出借资质证书或者以其他方式允许他人以本企业的名义承揽工程的，对因该项承揽工程不符合规定的质量标准造成的损失，建筑施工企业与使用本企业名义的单位或者个人承担连带赔偿责任；建筑施工企业在施工中偷工减料的，或者使用不合格的建筑材料、建筑构配件和设备的，或者有其他不按照工程设计图纸或者施工技术标准施工的行为的，责令改正；造成建筑工程质量不符合规定的质量标准的，负责返工、修理，并赔偿因此造成的损失；在建筑物的合理使用寿命内，因建筑工程质量不合格受到损害的，有权向责任者要求赔偿；无障碍设施的所有权人或者管理人对无障碍设施未进行保护或者及时维修，造成使用人人身、财产损害的，无障碍设施的所有权人或者管理人应当承担赔偿责任。

（三）行政责任：

涉及老年人的工程不符合国家规定的标准或者无障碍设施所有人、管理人未尽到维护和管理职责，造成损害的，对有关单位、个人依法给予行政处罚。

行政责任，是指因为违反行政法而应承担的法律责任。交付竣工验收的建筑工程，必须符合规定的建筑工程质量标准，建筑施工企业在施工中偷工减料的，或者使用不合格的建筑材料、建筑构配件和设备的，或者有其他不按照工程设计图纸或者施工技术标准施工的行为的，处以罚款，情节严重的，责令停业整顿，降低资质等级或者吊销资质证书；建筑施工企业转让、出借资质证书或者以其他方式允许他人以本企业的名义承揽工程的，没收违法所得，并处罚款，可以责令停业整顿，降低资质等级，情节严重的，吊销资质证书，等等。

（四）刑事责任：

涉及老年人的工程不符合国家规定的标准或者无障碍设施所有人、管理人未尽到维护和管理职责，构成犯罪的，依法追究刑事责任。

刑事责任，是指依据刑法规定，对行为人依照刑法规定追究的法律责任。建筑工程、设施所有人、管理人未尽到维护和管理职责，构成犯罪的，一般涉及建设工程重大安全事故罪、滥用职权罪、玩忽职守罪等罪名。

工程重大安全事故罪，是指建设单位、设计单位、施工单位、工程监理单位违反国家规定，降低工程质量标准，造成重大安全事故的行为。近年来，随着我国建筑市场的发展，在一些地方出现了管理混乱的现象：有的单位违反国家规定，降低工程质量标准，一些建设单位在工程发包时故意压低价款，从中索取回扣；一些承包商、中间商肆意增加工程非生产性成本；一些施工单位一味压缩工期，降低造价，偷工减料，粗制滥造，索贿受贿，贪图私利，置人民群众生命、财产安全于不顾。先后在多地发生楼房坍塌、阳台落地、横梁断裂等建筑工程重大安全事故。《刑法》设立关于建筑工程重大安全事故犯罪的规定，对于依法惩处这类事故的直接责任人员、治理建筑市场具有重要意义。

所谓违反国家规定，是指违反国家有关建筑工程质量监督管理方面的法律、法规。建设单位的违规行为主要有两种情况：一是要求建筑设计单位或者施工企业压缩工程造价或增加建房的层数，从而降低工程质量；二是提供不合格的建筑材料、构配件和设备，强迫施工单位使用，从而造成工程质量下降。建筑设计单位的违规行为主要是不按质量标准进行设计。建筑施工单位的违规行为主要有三种情况：一是在施工中偷工减料，故意使用不合格的建筑材料、构配件和设备；二是不按设计图纸施工；三是不按施工技术标准施工。这些违规行为，是造成建筑工程重大安全事故的根本原因。违反国家规定与严重后果之间存在因果关系，即严重后果是由于违反国家规定的行为引起的。违反国家规定的行为与严重后果之间没有因果联系，则不构成本罪。但是，也并不是任何违反与安全生产有关的国家规定的行为都构成犯罪，只有引起重大安全事故，造成严重后果，危害公共安全的行为，才构成犯罪。

所谓重大安全事故，是指因工程质量下降导致建筑工程坍塌或报废，机械设备毁坏，安全设施失当，致人重伤、死亡或重大经济损失的情况。这是构成本罪的重要条件。根据司法实践经验和有关规定，所谓重大伤亡事故，一般是指死亡1人以上，或者重伤3人以上。直接经济损失的数额，一般掌握在5万元以上。直接经济损失虽不及上述规定的数额，但情节严重，使生产、工作受到重大损失的，也应追究直接责任人员的刑事责任。

主体要件：本罪的主体为特殊主体，即为单位犯罪。主体只能是建设单位、设计单位或者是施工单位及工程监理单位。所谓建设单位，是指以营利为目的，从事房地产开发和经营的企业或者是经国家有关部门审批，具有工程建设者的资格，能支付工程价款的其他单位。设计单位，是指专门承担勘察设计任务的勘察设计单位以及其他承担勘察设计任务的勘察设计单位。施工单位，是指从事土木建筑、线路管道、设备安装和建筑装饰装修等工程新建、扩建、改建活动的建筑业企业。其中包括工程施工总承包企业、施工承包企业。工程监理单位是指对建筑工程专门进行监督管理，以保证质量、安全的单位。

主观要件：本罪在主观方面表现为过失，可以是疏忽大意的过失，也可以是过于自信的过失。这里所说的过失，是指行为人对其所造成的危害结果的心理状态而言。但是，对行为人违反国家规定来说，有时却是明知故犯的。行为人明知是违反了国家规定，应当预见到可能发生严重后果，但因疏忽大意而没有预见，或者已经预见到会发生某种严重后果，但轻信能够避免，以致发生了严重后果。

处刑：建设单位、设计单位、施工单位、工程监理单位违反国家规定，降低工程质量标准，造成重大安全事故的，对直接责任人员，处5年以下有期徒刑或者拘役，并处罚金；后果特别严重的，处5年以上10年以下有期徒刑，并处罚金。

《老年人权益保障法》第62条、第63条、第82条，《侵权责任法》第2条、第15条、第16条、第19条、第20条、第21条、第22条，《民法通则》第106条、第119条、第120条，《行政处罚法》第23条，《建筑法》第61条、第66条、第74条、第80条，《无障碍环境建设条例》第33条，《刑法》第137条、第397条。

# 第九章　刑事法律的其他规定

## 1.对年满75周岁的老年人的刑罚特殊规定是什么？

答：刑法对年满75周岁老年人犯罪规定了相对较轻的刑罚，具体表现是：（1）已满75周岁的人故意犯罪的，可以从轻或者减轻处罚；过失犯罪的，应当从轻或者减轻处罚。（2）审判的时候已满75周岁的人，不适用死刑，但以特别残忍手段致人死亡的除外。（3）对于被判处拘役、3年以下有期徒刑的已满75岁的人，同时符合下列条件的，应当宣告缓刑：①犯罪情节较轻；②有悔罪表现；③没有再犯罪的危险；④宣告缓刑对所居住社区没有重大不良影响。宣告缓刑，可以根据犯罪情况，同时禁止犯罪分子在缓刑考验期限内从事特定活动，进入特定区域、场所，接触特定的人。被宣告缓刑的犯罪分子，如果被判处附加刑，附加刑仍须执行。

故意犯罪，是指明知自己的行为会发生危害社会的结果，并且希望或者放任这种结果发生的犯罪。故意犯罪包括直接故意犯罪和间接故意犯罪。可以从轻或者减轻处罚，是指要根据老年人犯罪的具体情况，决定是否从轻或者减轻处罚，而不是一律必须从轻或者减轻处罚。即原则上，一般情况下要从轻或者减轻处罚，但也允许对具有特别恶劣、严重情节的不予以从轻或者减轻处罚。

过失犯罪，是指应当预见自己的行为可能发生危害社会的结果，因为疏忽大意而没有预见，或者已经预见而轻信能够避免，以致发生这种结果的犯罪。过失犯罪包括疏忽大意过失犯罪和过于自信过失犯罪，法律有规定的过失犯罪才负刑事责任。应当从轻或者减轻处罚，是指一律予以从轻或者减轻处罚，至于是从轻处罚还是减轻处罚，则需要结合案件的具体情况来决定。

不适用死刑的年龄条件，是指老年人犯罪时已满75周岁。如果犯罪时不满75周岁，即便审判时已满75周岁，也不能依据《刑法》第17条之一的规定对其从宽处罚。

以特别残忍手段致人死亡，是指犯罪致人死亡的手段令人发指，如以肢解、残酷折磨、毁人容貌等特别残忍的手段致人死亡。杀人者偿命，是最朴素的公平正义，部分已满75周岁的人生理能力、心理能力良好，又以特别残忍手段致人死亡，如不对其适用死刑，难以彰显法律的公平正义。

老年人的身体以及心理等各方面的能力会逐渐降低，这是自然规律。随着生理的衰退和心理能力的降低，老年人的刑事责任能力与一般成年人相比，会有所减弱，有的还是严重减弱。在这种情况下，对老年犯罪人从宽处理或者不适用死刑本身符合老年人生理和心理的实际情况，具有合理性，体现了我国刑法对老年人的特殊保护和人道对待。

《刑法》第14条、第15条、第17条之一、第49条第2款、第72条。

## 2.老年人家属犯罪被处以没收财产的，保护老年人权益是如何体现的？

答：没收财产，是指将犯罪分子个人所有财产的一部或全部，强制无偿地收归国有。没收财产的范围应当从以下三个方面加以确定：（1）没收财产是没收犯罪分子个人所有财产的一部或者全部。所谓犯罪分子个人所有财产，是指属于犯罪分子本人实际所有的财产及与他人共有财产中依法应得的份额。应当严格区分犯罪分子个人所有财产与其家属或者他人财产的界限，只有依法确定为犯罪分子个人所有的财产，才能予以没收。（2）没收全部财产的，应当对犯罪分子个人及其扶养的家属保留必需的生活费用，以维持犯罪分子个人和扶养的家属的生活。（3）在判处没收财产的时候，不得没收属于犯罪分子家属所有或者应有的财产。所谓家属所有财产，是指纯属家属个人所有的财产，如家属自己穿用的衣物、个人劳动所得财产。家属应有财产，是指家庭共同所有的财产中应当属于家属的那一份财产。对于犯罪分子与他人共有的财产，属于他人所有的部分，也不得没收。

《刑法》第59条。

### 3.人民检察院对70周岁以上的犯罪嫌疑人有哪些保护性规定?

答：刑法除了对触犯刑律的75周岁及以上老年人特别规定了从轻、减轻、缓刑和还适用死刑的条款，体现了对老年人的保护，人民检察院还对当事人达成和解的轻微刑事案件（即依法可能判处3年以下有期徒刑、拘役、管制或者单处罚金的刑事公诉案件）中的70周岁以上老年人犯罪嫌疑人特别规定：（1）对于公安机关提请批准逮捕的案件，应当作为无逮捕必要的重要因素予以考虑，一般可以作出不批准逮捕的决定；已经批准逮捕，公安机关变更强制措施通知人民检察院的，应当依法实行监督；（2）对于当事人尚未进行和解的，可以建议当事人进行和解，并告知相应的权利义务，必要时可以提供法律咨询；（3）审查起诉阶段，如果处于羁押状态的，在不妨碍诉讼顺利进行的前提下，可以依法变更强制措施；（4）作为犯罪情节轻微，不需要判处刑罚或者免除刑罚的重要因素予以考虑，一般可以决定不起诉；（5）对于依法必须提起公诉的，可以向人民法院提出在法定幅度范围内从宽处理的量刑建议；（6）对于依法可能判处3年以上有期徒刑刑罚的案件，当事人双方达成和解协议的，在提起公诉时，可以向人民法院提出在法定幅度范围内从宽处理的量刑建议。

《最高人民检察院关于办理当事人达成和解的轻微刑事案件的若干意见》第4条、第6条。

### 4.人民法院对老年被告人从宽量刑的规定是怎样的?

答：对于老年人犯罪，要充分考虑其犯罪动机、目的、情节、后果以及悔罪表现等，并结合其人身危险性再犯可能性，酌情予以从宽处罚。

《最高人民法院关于贯彻宽严相济刑事政策的若干意见》第21条。

### 5.对侵犯老年人的犯罪从严惩处的规定有哪些?

答：(1)盗窃孤寡老人或者丧失劳动能力老年人财物的，或者盗窃给老年人的优抚、救济款物的，只要盗窃数额达到"数额较大"的起点的50%，就可以追究刑事责任。(2)诈骗给老年人的优抚、救济、医疗款物的，或者诈骗老年人财物的，诈骗数额达到"数额较大""数额巨大""数额特别巨大"标准的，可以依照《刑法》第266条的规定酌情从严惩处。(3)对于犯罪对象为老年人的，综合考虑犯罪的性质、犯罪的严重程度等情况，可以增加基准刑的20%以下量刑。

《最高人民法院、最高人民检察院关于办理盗窃刑事案件适用法律若干问题的解释》第2条，《最高人民法院、最高人民检察院关于办理诈骗刑事案件具体应用法律若干问题的解释》第2条，《最高人民法院关于常见犯罪的量刑指导意见》第三部分"常见量刑情节的适用"之第13条。

# 第十章　民事法律的其他规定

## 1.遗产的范围有哪些?

答：遗产是公民死亡时遗留的个人合法财产，包括：（1）公民的收入；（2）公民的房屋、储蓄和生活用品；（3）公民的林木、牲畜和家禽；（4）公民的文物、图书资料；（5）法律允许公民所有的生产资料；（6）公民的著作权、专利权中的财产权利；（7）公民的其他合法财产。

夫妻在婚姻关系存续期间所得的共同所有的财产，除有约定的以外，如果分割遗产，应当先将共同所有的财产的一半分出为配偶所有，其余的为被继承人的遗产；遗产在家庭共有财产之中的，遗产分割时，应当先分出他人的财产。

《继承法》第3条、第26条。

## 2.对老年人多尽赡养或扶养义务的，是否可以多继承遗产?

答：尽管赡养或扶养为法定义务，尽孝道也是世代相传的美德，本应当主动履行，不计回报。但是，法律仍然为主动多尽孝道或者多尽扶养义务的人规定了可以多分遗产，对不尽义务的人规定不分或者少分遗产。

（1）丧偶儿媳、丧偶女婿可能成为第一顺序继承人继承遗产。继承开始后，依法由第一顺序继承人继承，第二顺序继承人和其他人不继承；没有第一顺序继承人继承的，才由第二顺序继承人继承。第一顺序继承人为：配偶、子女、父母。但是，丧偶儿媳对公、婆，丧偶女婿对岳父、岳母，尽了主要赡养义务的，作为第一顺序继承人依法继承遗产。即使丧偶儿媳、丧偶女婿再婚，仍可以作为第一顺序继承人继承，且不影响其子女代位继承。

119

（2）多分遗产的情形。同一顺序继承人继承遗产的份额，一般应当均等。但是，对被继承人尽了主要扶养义务或者与被继承人共同生活的继承人，分配遗产时，可以多分；代位继承人对被继承人尽过主要赡养义务的，分配遗产时，可以多分；继承人丧失继承权的，其晚辈直系血亲不得代位继承，但如果该代位继承人对被继承人尽赡养义务较多的，可适当分给遗产。

（3）不尽义务的继承人不分或者少分遗产。有赡养或扶养能力和条件的继承人，不尽赡养或扶养义务的，分配遗产时，应当不分或者少分。

（4）承人以外的对被继承人扶养较多的人，可以分给他们适当的遗产。

《继承法》第10条、第12条、第13条、第14条，《最高人民法院关于贯彻执行<中华人民共和国继承法>若干问题的意见》第27条、第28条、第29条。

### 3.对老年人有不法行为的继承人如何剥夺其继承权？

答：对老年人有不法行为的继承人，可以依法剥夺其全部或者部分继承权。

（1）故意杀害被继承人的，丧失继承权。继承人故意杀害被继承人的，不论是既遂还是未遂，均应确认其丧失继承权。

（2）为争夺遗产而杀害其他继承人的，丧失继承权。

（3）遗弃被继承人的，或者虐待被继承人情节严重的，丧失继承权。继承人虐待被继承人情节是否严重，可以从实施虐待行为的时间、手段、后果和社会影响等方面认定。虐待被继承人情节严重的，不论是否追究刑事责任，均可确认其丧失继承权。

（4）伪造、篡改或者销毁遗嘱，情节严重的。继承人伪造、篡改或者销毁遗嘱，侵害了缺乏劳动能力又无生活来源的继承人的利益，并造成其生活困难的，应认定其行为情节严重。

（5）有扶养能力和有扶养条件的继承人，不尽扶养义务的，分配遗产时，应当不分或者少分。这里包含两个条件：首先，被继承人经济上或生活上有困难，需要继承人扶助；其次，继承人有条件和能力，却不扶养被继承人。两者需要同时具备。如果被继承人不需要扶助，或者继承人没有能力和条件尽扶养义务，都不适用该规定。

（6）继承人虐待被继承人情节严重的，或者遗弃被继承人的，如以后确有悔改表现，而且被虐待人、被遗弃人生前又表示宽恕，可不确认其丧失继承权。

《继承法》第7条、第13条，《最高人民法院关于贯彻执行<中华人民共和国继承法>若干问题的意见》第10条、第11条、第13条、第14条。

## 4.什么是遗嘱？法律特征有哪些？

答：所谓遗嘱，是指遗嘱人生前在法律允许的范围内，按照法律规定的方式对其遗产或其他事务所作的个人处分，并于遗嘱人死亡时发生效力的法律行为。公民可以立遗嘱将个人财产指定由法定继承人的一人或者数人继承；也可以立遗嘱将个人财产赠给国家、集体或者法定继承人以外的人。

遗嘱的法律特征：（1）遗嘱是单方法律行为。即遗嘱是基于遗嘱人单方面的意思表示即可发生预期法律后果的法律行为。（2）遗嘱人必须具备完全民事行为能力。限制行为能力人和无民事行为能力人不具有遗嘱能力，不能设立遗嘱。（3）遗嘱的内容必须是遗嘱人的真实意思表示，应由遗嘱人本人亲自作出，如是代书遗嘱，也必须由本人在遗嘱上签名。（4）只有在紧急情况下，才能采用口头形式，而且要求有两个以上的见证人在场见证，危急情况解除后，遗嘱人能够以书面形式或录音形式立遗嘱的，所立口头遗嘱因此失效。（5）遗嘱是遗嘱人死亡时才发生法律效力的行为。因为是对其死亡后的财产归属问题所作的处分，死亡前还可以加以变更、撤销。

遗嘱执行效力启动时间：（1）遗嘱人一旦生理死亡，他所设立的遗嘱即具有执行效力，由继承人按照遗嘱的内容继承遗产。（2）如果遗嘱人没有事实死亡，而是在具备相关的法律条件下，经有关利害关系人的申请，由人民法院宣告死亡后，遗嘱也发生法律效力，利害关系人可以处分遗嘱当事人的财产。被撤销死亡宣告的人请求返还财产，其原物已被第三人合法取得的，第三人可不予以返还。但依继承法取得原物的公民或者组织，应当返还原物或者给予返还补偿。

《继承法》第16条、第17条、第20条、第22条，《最高人民法院关于贯彻执行〈中华人民共和国继承法〉若干问题的意见》第1条，《最高人民法院关于贯彻执行〈中华人民共和国民法通则〉若干问题的意见（试行）》——公民之（三）关于宣告失踪、宣告死亡之问题。

### 5.遗嘱种类有哪些？效力层次关系是如何规定的？

答：根据《继承法》的规定，遗嘱的形式有如下5种：

（1）公证遗嘱。公证遗嘱由遗嘱人经公证机关办理。办理遗嘱公证需要遗嘱人亲自到遗嘱人住所地或遗嘱行为发生地的公证机关申请办理，不能委托他人代理。如果遗嘱人因病或其他特殊原因不能亲自到公证机关办理遗嘱公证时，可要求公证机关派公证员前往遗嘱人所在地办理。值得注意的是，遗嘱人如果要变更或撤销原公证遗嘱，也必须由原公证机关办理。

（2）自书遗嘱。自书遗嘱必须由遗嘱人全文亲笔书写、签名，注明制作的年、月、日。自书遗嘱不需要见证人在场见证即具有法律效力。如不同书面遗嘱内容相矛盾时，应以时间在后的书面遗嘱为准。自书遗嘱中如需涂改、增删，应当在涂改、增删内容的旁边注明涂改、增删的字数，且应在涂改、增删处另行签名。公民在遗书中涉及死后个人财产处分的内容，法院查明确为死者真实意思表示，有本人签名并注明了年、月、日，又无相反证据的，可按自书遗嘱对待。

（3）代书遗嘱。是指因遗嘱人不能书写而委托他人代为书写的遗嘱。代书遗嘱应当有两个以上见证人在场见证，由其中一人代书，注明年、月、日，并由代书人、其他见证人和遗嘱人签名。

（4）录音遗嘱。是指遗嘱人用录音的形式制作的自己口述的遗嘱。为防止录音遗嘱被人篡改或录制假遗嘱弊端的发生，以录音形式设立的遗嘱，应当有两个以上的见证人在场见证。见证的方法可以采取书面或录音的形式。录音遗嘱制作完毕后，应当场将录音遗嘱封存，并由见证人签名，注明年、月、日。

（5）口头遗嘱。遗嘱人在危急情况下，可以立口头遗嘱。口头遗嘱应当有两个以上见证人在场见证。危急情况解除后，遗嘱人能够用书面或者录音形式立遗嘱的，所立的口头遗嘱无效。

关于见证人的资格，法律目前未作正面规定，但从反面规定，下列人员不能作为遗嘱见证人：①无行为能力人、限制行为能力人；②继承人、受遗赠人；③与继承人、受遗赠人有利害关系的人。

遗嘱人立有数份遗嘱，内容相抵触的，以最后的遗嘱为准。遗嘱人以不同形式立有数份内容相抵触的遗嘱，其中有公证遗嘱的，以最后所立公证遗嘱为准；没有公正遗嘱的，以最后所立的遗嘱为准。

《继承法》第17条、第18条、第20条，《最高人民法院关于贯彻执行〈中华人民共和国继承法〉若干问题的意见》第40条、第42条，《遗嘱公证细则》第4条、第5条、第22条。

## 6.什么是遗嘱执行人？其权利有哪些?

答：根据《继承法》规定，遗嘱人可以指定遗嘱执行人，负责执行遗嘱。也就是说，遗嘱一般由遗嘱继承人来执行，也可以是法定继承人以外的遗嘱执行人。

为什么《继承法》要规定法定继承人以外的人可以作为遗嘱执行人？这是因为直接让遗嘱继承人、利害关系人执行遗嘱难免会有偏向从而引起纠纷，尤其是当遗嘱继承人有数人，或者遗嘱的内容涉及财产遗赠给国家、集体和其他公民时，由法定继承人或利害关系人自己去处理，容易产生弊端。为了妥善解决这一问题，保护遗嘱人利益和遗嘱继承人、受遗赠人及其他利害关系人的利益，我国《继承法》规定了遗嘱执行人制度。遗嘱执行人一般以公正、有威信的亲友担任为宜。

遗嘱执行人有权负责保管遗产，并有权提起关于排除妨害继承的诉讼以及参与有关的诉讼活动。如果遗嘱人生前没有指定遗嘱执行人，或者执行人拒绝接受，或者执行人不称职，则可以由全体继承人参加执行遗嘱；也可以由利害关系人申请，由人民法院指定或撤销遗嘱执行人。

《继承法》第16条。

## 7.什么样的遗嘱无效?

答：遗嘱无效，是指遗嘱因不符合法律的规定而不发生法律效力。主要是下述几种遗嘱无效：

（1）无行为能力人或者限制行为能力人所立的遗嘱无效。无民事行为能力人、限制民事行为能力人属于无遗嘱能力的人，不具有以遗嘱处分其财产的资格。完全民事行为能力人于设立遗嘱后变为无民事行为能力人或限制民事行为能力人的，其原设立的遗嘱仍可有效。无民事行为能力人或限制民事行为能力人对原设立遗嘱变更或撤回的，遗嘱的变更或撤回行为无效。

（2）受胁迫、欺骗所立的遗嘱无效。所谓受胁迫所立的遗嘱，是指遗嘱人受到他人非法的威胁、要挟，为避免自己或亲人的财产或生命健康遭受侵害违心地作出与自己的真实意思相反的遗嘱。所谓受欺骗所立的遗嘱，是指遗嘱人因受他人故意歪曲的虚假的行为或者言词的错误导向而产生错误的认识，作出了与自己的真实意愿不相符合的意思表示。胁迫、欺骗遗嘱人的人，既可以是继承人，也可以是继承人以外的人；既可以是因遗嘱人受胁迫、受欺骗所立的遗嘱得到利益的人，也可以是不会从遗嘱人的遗嘱中得到任何利益的人。

（3）没有为缺乏劳动能力又没有生活来源的继承人留有份额的遗嘱无效。遗嘱应当对缺乏劳动能力又没有生活来源的继承人保留必要的遗产份额，这是为了保护弱势人群的强行性规定。遗嘱人处理遗产时，应当为缺乏劳动能力又没有生活来源的继承人留下必要的遗产，所剩余的部分，才可参照遗嘱确定的分配原则处理。

（4）遗嘱人以遗嘱处分了属于国家、集体或他人所有的财产，遗嘱的这部分，应认定无效。

《继承法》第19条、第22条，《最高人民法院关于贯彻执行〈中华人民共和国继承法〉若干问题的意见》第37条、第38条、第44条。

## 8.订立遗嘱时，立遗嘱人盖章和按手印是否能够代替自己的签名？不会书写自己名字的老年人如何订立遗嘱？

答：盖章和按手印作为传统的一种"画押"形式，现在许多地方仍被认可。但是，如果老年人订立遗嘱时也使用了这种方式，就可能面临遗嘱无效的法律风险。

根据《继承法》规定，公证遗嘱、自书遗嘱、代书遗嘱，以及可以按遗嘱对待的遗书都应当由遗嘱人在其上亲笔书写自己的名字，并注明年、月、日。盖章和按手印都不属于签名。况且，名章既可能由他人刻制，也可能由他人控制，不一定由本人亲自加盖，与签名的效力明显不同；按手印虽然也是立遗嘱人亲为，但其不易为外人所明辨，一旦立遗嘱人去世，就很难确定遗嘱上手印的真伪。因此，在遗嘱上盖章和按手印都不符合遗嘱的形式要件，以盖章和按手印的方式代替签名的遗嘱一般无效。

不会书写自己名字的老年人若想订立遗嘱，最好采取录音遗嘱的方式进行。

《继承法》第17条，《最高人民法院关于贯彻执行<中华人民共和国继承法>若干问题的意见》第40条。

## 9.继承财产要还债吗？

答：继承遗产应当清偿被继承人依法应当缴纳的税款和债务，缴纳税款和清偿债务以他的遗产实际价值为限。超过遗产实际价值部分，继承人自愿清偿的不在此限。

遗产已被分割而未清偿债务时，如有法定继承又有遗嘱继承和遗赠的，首先由法定继承人用其所得遗产清偿债务；不足清偿时，剩余的债务由遗嘱继承人和受遗赠人按比例用所得遗产偿还；如果只有遗嘱继承和遗赠的，由遗嘱继承人和受遗赠人按比例用所得遗产偿还。

《继承法》第33条，《最高人民法院关于贯彻执行〈中华人民共和国继承法〉若干问题的意见》第62条。

## 10.什么是以房养老?

答：以房养老，就是依据拥有资源在自己一生最优化配置的理论，利用住房寿命周期和老年住户生存余命的差异，对广大老年人拥有的巨大房产资源，尤其是人们死亡后住房尚余存的价值，通过一定的金融或非金融机制的融会以提前套现变现，实现价值上的流动，为老年人在其余存生命期间，建立起一笔长期、持续、稳定乃至延续终生的现金流入。2010年，在全国社会养老服务体系建设推进会上，民政部部长李立国说，城乡老人家庭中，"空巢"家庭超过50%，部分大中城市达70%。民政部推动以房养老试点。民政部副部长窦玉沛指出，要积极引导企业开发老年食品、老年住宅、以房养老等服务市场。

以房养老的操作模式可分为金融行为和非金融行为，前者包括倒按揭、售房养老和房产养老寿险等；后者包括遗赠扶养、房产置换、房产租换、售房入院、投房养老、售后回租、招徕房客、异地养老、养老基地等。

以房养老应当具备的条件：(1)自有住房并拥有完全产权。养老家庭必须对其居住的房屋拥有完全的产权，才有权也才有可能对该房屋做出售、出租或转让的处置。(2)独立住房。在以房养老模式中，只有老年父母与子女分开居住，该模式才有可能得以运作；否则，老人亡故后，子女便无处可居。(3)家境适中。当老年人的经济物质基础甚为雄厚时，就不会也不必考虑用房产养老；而老人的经济物质条件较差，或者没有自己独立的房屋，或者房屋的价值过低，也很难指望将其作为自己养老的资本。(4)地价较高。老人身居城市或城郊，尤其是欣欣向荣、经济快速增长的城市或城郊，住房的价值很高，且在不断增值之中，住房的变现转让也较为容易，适合房屋反向抵押贷款养老。但如果住房地处农村，或经济发展缓慢、增值幅度不大的不发达地区，因价值低、不易变现等，很难适用这一模式。需要强调的是，房屋反向抵押贷款养老方式尤其适合有独立产权房的、没有直接继承人的、中低收入水平的城市老人。

中国保监会发布《关于开展老年人住房反向抵押养老保险试点的指导意见》，于2014年7月1日起至2016年6月30日，在北京、上海、广州、武汉开展住房反向抵押养老保险试点。这意味着，以房养老政策正式落地。意见规定，申请试点资格的保险公司应开业满5年，注册资本不少于20亿元；满足保险公司偿付能力管理规定，申请试点时上一年度末及最近季度末的偿付能力充足率不低于120%；具备开展反向抵押养老保险所必须的专业技术、管理能力和各类专业人员等。凡是符合相关规定的老年人均可根据个人意愿和养老需求自主决定是否投保，要有至少30天的犹豫期。投保人群应为60周岁以上拥有房屋完全独立产权的老年人。同时，按照保险公司是否参与分享房产增值收益分为参与型产品、非参与型产品。建议老年人由家属或律师陪同签署保险合同。

《关于加快发展养老服务业的若干意见》第三部分"政策措施"之（一），《关于开展老年人住房反向抵押养老保险试点的指导意见》。

## 11.美国倒按揭的以房养老模式是怎样的？

答：倒按揭是20世纪80年代中期美国新泽西州劳瑞山的一家银行创立的。如今，倒按揭在美国日趋兴旺，常说的倒按揭模式也是以美国模式为蓝本的。美国的倒按揭贷款放贷对象是62岁以上的老年人。主要有形式：（1）联邦住房管理局有保险的住房倒按揭贷款，此种形式是指用户尽可能长时间生活在自己住房内，并在一定期限内按月分期获得贷款；（2）联邦住房管理局无保险的倒按揭贷款；（3）放贷者有保险的倒按揭贷款。主要特点：住房资产高则可贷款数额高；年纪大的住户贷款数额高，这是由于其预期寿命短，即意味着还贷周期短决定性；夫妻健在住户比单身者可贷款数额低，因其组合预期寿命大于单身者；预期住房价值增值高可贷款数额高。

### 12.新加坡的以房养老模式是怎样的?

答：新加坡的以房养老也很发达，主要有三种方式选择：第一种，允许符合条件的组屋拥有者，出租全部或者部分居室来换取养老收入。第二种，对于一些居住在原来较大面积的已退休的夫妇来说，如果子女长大成人并且已经搬到他处居住，老年夫妇可以将现有住房置换成面积较小的住房，以大换小后获得的净收入用作老年日常开支，或者投资一些风险小的产品来获得收益。新加坡允许当事人根据经济状况选择一次性或者分步地完成住房的以大换小。比如，卖掉私人住宅后换取5房式的组屋，然后再换取3房式的组屋，依次类推。第三种，就是平常所说的倒按揭。60岁以上的老年人把房子抵押给有政府背景的公益性机构或金融机构，由这些机构一次性或分期支付养老金。老人仍居住在自己的住房内，当其死亡后，产权由这些机构处置，抵押变现并结算利息，剩余价值交给其继承人。在新加坡，只有私人建造的商品住房，才能参加倒按揭操作。这里需要说明的是，组屋是由新加坡政府出资，大致相当于我国的经济适用房，这类房产不能选择倒按揭。

### 13.什么是单独二孩政策? 是否可以缓解老龄化社会难题?

答：单独二孩政策，是指只要一方为独生子女的夫妇，可以生育第二个孩子。一般地讲，独生子女是指本人没有同父同母、同父异母或同母异父的兄弟姐妹。

单独二孩政策不等于单独二胎政策。单独二孩，顾名思义就是指有两个孩子，计划生育针对的是孩子的数量，而不是胎次的数量，如果是两胎的话，则有可能出现三个孩子或者更多孩子的情况，这样便不符合单独二孩的政策。如果单独家庭第一胎生的是双胞胎或多胞胎的话，那么该家庭就不能再享受单独二孩政策，更不能再生第二胎。如果单独家庭第一胎只有一个孩子，则可以享受单独二孩政策。

这次计划生育政策调整，是为了促进家庭幸福与社会和谐。近些年来，我国家庭人口形势已经发生了重大变化，家庭规模从1982年的4.43人缩减至2010年的3.10人，独生子女家庭超过1.5亿户，生育率持续低于更替水平，人口老龄化加速发展，劳动力长期供给呈现短缺趋势，出生性别比失衡，这些导致家庭养老功能和抵御风险能力有所降低。许多独生子女面对沉重的养老负担，常感到有心无力、独木难支，而老人"失独"不仅是家庭灾难，也是社会之殇。单独二孩政策实施后：一是可在一定程度上有效缓解老龄化程度（约降低3%）和推迟老龄化进程，为中国应对老龄化挑战赢得更多的时间和胜算；二是能够改善劳动力老化的结构，改善未来劳动力数量供给平衡；三是改善家庭的结构，提高家庭抵御风险的能力；四是顺应了群众的生育意愿。

党的十八届三中全会提出，"坚持计划生育的基本国策，启动实施一方是独生子女的夫妇可生育两个孩子的政策，逐步调整完善生育政策，促进人口长期均衡发展。"《人口与计划生育法》规定：国家稳定现行生育政策，鼓励公民晚婚晚育，提倡一对夫妻生育一个子女；符合法律、法规规定条件的，可以要求安排生育第二个子女。

单独二孩政策能缓解老龄化程度和过程，但无法改变中国老龄化的趋势。应对老龄化根本之策是建立和完善社会保障制度和养老服务体系。

《人口与计划生育法》第18条。

# 第十一章　行政法方面的其他规定

**1.机关事业单位工作人员养老保险制度是何时建立的？内容是什么？**

答：机关事业单位工作人员养老保险制度自2014年10月1日起实施。

2015年1月，国务院印发《国务院关于机关事业单位工作人员养老保险制度改革的决定》，改革的目标是：坚持全覆盖、保基本、多层次、可持续方针，以增强公平性、适应流动性、保证可持续性为重点，改革现行机关事业单位工作人员退休保障制度，逐步建立独立于机关事业单位之外、资金来源多渠道、保障方式多层次、管理服务社会化的养老保险体系。改革适用于按照公务员法管理的单位、参照公务员法管理的机关（单位）、事业单位及其编制内的工作人员。

缴费：实行社会统筹与个人账户相结合的基本养老保险制度。基本养老保险费由单位和个人共同负担。单位缴纳基本养老保险费（以下简称单位缴费）的比例为本单位工资总额的20%，个人缴纳基本养老保险费（以下简称个人缴费）的比例为本人缴费工资的8%，由单位代扣。按本人缴费工资8%的数额建立基本养老保险个人账户，全部由个人缴费形成。个人工资超过当地上年度在岗职工平均工资300%以上的部分，不计入个人缴费工资基数；低于当地上年度在岗职工平均工资60%的，按当地在岗职工平均工资的60%计算个人缴费工资基数。

计发办法：（1）决定实施后参加工作、个人缴费年限累计满15年的人员，退休后按月发给基本养老金。基本养老金由基础养老金和个人账户养老金组成。退休时的基础养老金月标准以当地上年度在岗职工月平均工资和本人指数化月平均缴费工资的平均值为基数，缴费每满1年发给1%。个人账户养老金月标准为个人账户储存额除以计发月数，计发月数根据本人退休时城镇人口平均预期寿命、本人退休年龄、利息等因素确定。（2）决定实施前参加工作、实施后退休且缴费年限（含视同缴费年限，下同）累计满15年的人员，按照合理衔接、平稳过渡的原则，在发给基础养老金和个人账户养老金的基础上，再依据视同缴费年限长短发给过渡性养老金。（3）决定实施后达到退休年龄但个人缴费年限累计不满15年的人员，其基本养老保险关系处理和基本养老金计发比照《实施〈中华人民共和国社会保险法〉若干规定》（人力资源社会保障部令第13号）执行。（4）决定实施前已经退休的人员，继续按照国家规定的原待遇标准发放基本养老金，同时执行基本养老金调整办法。（5）机关事业单位离休人员仍按照国家统一规定发给离休费，并调整相关待遇。

实行职业年金制度。机关事业单位在参加基本养老保险的基础上，应当为其工作人员建立职业年金。单位按本单位工资总额的8%缴费，个人按本人缴费工资的4%缴费。工作人员退休后，按月领取职业年金待遇。

《国务院关于机关事业单位工作人员养老保险制度改革的决定》第一部分"改革的目标和基本原则"、第二部分"改革的范围"、第三部分"实行社会统筹与个人账户相结合的基本养老保险制度"、第四部分"改革基本养老金计发办法"、第八部分"建立职业年金制度"。

## 2.城乡养老保险制度衔接的意义是什么？内容有哪些?

答：做好城乡养老保险制度衔接工作，有利于促进劳动力的合理流动，保障广大城乡参保人员的权益，对于健全和完善城乡统筹的社会保障体系具有重要意义。

参加城镇职工养老保险和城乡居民养老保险人员，达到城镇职工养老保险法定退休年龄后，城镇职工养老保险缴费年限满15年(含延长缴费至15年)的，可以申请从城乡居民养老保险转入城镇职工养老保险，按照城镇职工养老保险办法计发相应待遇；城镇职工养老保险缴费年限不足15年的，可以申请从城镇职工养老保险转入城乡居民养老保险，待达到城乡居民养老保险规定的领取条件时，按照城乡居民养老保险办法计发相应待遇。

参保人员需办理城镇职工养老保险和城乡居民养老保险制度衔接手续的，先按城镇职工养老保险有关规定确定待遇领取地，并将城镇职工养老保险的养老保险关系归集至待遇领取地，再办理制度衔接手续。

申请程序：参保人员申请办理制度衔接手续时，从城乡居民养老保险转入城镇职工养老保险的，在城镇职工养老保险待遇领取地提出申请办理；从城镇职工养老保险转入城乡居民养老保险的，在转入城乡居民养老保险待遇领取地提出申请办理。（1）由参保人员本人向待遇领取地社会保险经办机构提出养老保险制度衔接的书面申请。（2）待遇领取地社会保险经办机构受理并审核参保人员书面申请，对符合《城乡养老保险制度衔接暂行办法》规定条件的，在15个工作日内，向参保人员原城镇职工养老保险、城乡居民养老保险关系所在地社会保险经办机构发出联系函，并提供相关信息；对不符合上述办法规定条件的，向申请人作出说明。（3）参保人员原城镇职工养老保险、城乡居民养老保险关系所在地社会保险经办机构在接到联系函的15个工作日内，完成制度衔接的参保缴费信息传递和基金划转手续。（4）待遇领取地社会保险经办机构收到参保人员原城镇职工养老保险、城乡居民养老保险关系所在地社会保险经办机构转移的资金后，应在15个工作日内办结有关手续，并将情况及时通知申请人。

缴费年限的折算：参保人员从城乡居民养老保险转入城镇职工养老保险的，城乡居民养老保险个人账户全部储存额并入城镇职工养老保险个人账户，城乡居民养老保险缴费年限不合并计算或折算为城镇职工养老保险缴费年限；参保人员从城镇职工养老保险转入城乡居民养老保险的，城镇职工养老保险个人账户全部储存额并入城乡居民养老保险个人账户，参加城镇职工养老保险的缴费年限合并计算为城乡居民养老保险的缴费年限；参保人员若在同一年度内同时参加城镇职工养老保险和城乡居民养老保险的，其重复缴费时段(按月计算，下同)只计算城镇职工养老保险缴费年限，并将城乡居民养老保险重复缴费时段相应个人缴费和集体补助退还本人。

《城乡养老保险制度衔接暂行办法》第3条、第4条、第5条、第6条、第

7条、第9条。

### 3.70周岁以上老年人不执行行政拘留处罚是怎么规定的?

答：70周岁以上的违反治安管理的行为人，根据《治安管理处罚法》应当给予行政拘留处罚的，不执行行政拘留处罚。

《治安管理处罚法》第21条。

### 4.殴打或故意伤害老年人的如何加重处罚?

答：殴打他人或者故意伤害他人身体构成违反治安管理行为的，处5日以上10日以下拘留，并处200元以上500元以下罚款；情节较轻的，处5日以下拘留或者500元以下罚款。可是，如果同样不法行为侵害的对象是60周岁以上的老年人，要依法对行为人处以10日以上15日以下拘留，并处500元以上1000元以下罚款。

《治安管理处罚法》第43条。

### 5.国家是如何保障老年人参加文艺体育活动的?

答：（1）全社会应当关心、支持老年人参加体育活动。各级人民政府应当采取措施，为老年人参加体育活动提供方便。（2）严格执行《无障碍环境建设条例》《社区老年人日间照料中心建设标准》和《养老设施建筑设计规范》等建设标准，重点做好居住区、城市道路、商业网点、文化体育场馆、旅游景点等场所的无障碍设施建设，优先推进坡道、电梯等与老年人日常生活密切相关的公共设施改造，适当配备老年人出行辅助器具，为老年人提供安全、便利、舒适的生活和出行环境。（3）公共文化体育部门应对老年人优惠开放，免费为老年人提供影视放映、文艺演出、体育赛事、图片展览、科技宣传等公益性流动文化体育服务。关注农村老年人文化体育需求，适当安排面向农村老年人的专题专场公益性文化体育服务。（4）公共文化体育场所应为老年人健身活动提供方便和优惠服务，安排一定时段向老年人减免费用开放，有条件的可适当增加面向老年人的特色文化体育服务项目。提倡体育机构每年为老年人进行体质测定，为老年人体育健身提供咨询、服务和指导，提高老年人科学健身水平。（5）提倡经营性文化体育单位对老年人提供优待。鼓励影剧院、体育场馆为老年人提供优惠票价，为老年文艺体育团体优惠提供场地。

《体育法》第16条、第46条，《关于进一步加强老年人优待工作的意见》第二部分"优待项目和范围"之22、28、29、30。

## 6.国家对养老设施和老年人生活必需品免除国防征用义务是如何规定的?

答：国家决定实施国防动员后，储备物资无法及时满足动员需要的，县级以上人民政府可以依法对民用资源进行征用。民用资源，是指组织和个人所有或者使用的用于社会生产、服务和生活的设施、设备、场所和其他物资。任何组织和个人都有接受依法征用民用资源的义务。但是，个人和家庭生活必需的物品和居住场所，养老院、救助站等社会福利机构保障老年人和救助对象生活必需的物品和居住场所等民用资源免予征用。

《国防动员法》第54条、第54条、第56条。

## 7.与老年人有关的哪些收入免征或者减征个人所得税?

答：按照国家统一规定发给的补贴、津贴；福利费、抚恤金、救济金；保险赔款；按照国家统一规定发给干部、职工的安家费、退职费、退休工资、离休工资、离休生活补助费等项个人所得，免纳个人所得税。孤老人员经批准可以减征个人所得税。

《个人所得税法》第4条、第5条。

## 8.住宅建设用地使用权期满（如70年使用权）后如何续期？是否会影响到以房养老？

答：以普遍的70年使用期为例，70年后续期是否需要交钱？如果交钱，交多少？怎么交？这些具体问题都没有明确的规定，这让不少人担忧，更让有以房养老想法的人心存顾虑。《物权法》对住宅建设用地使用期期满后怎么办，明确规定"自动续期"。由此规定看，续期不会影响以房养老。

《物权法》第149条。

## 9.政府购买养老服务的要求是什么？

答：政府购买服务，是指通过发挥市场机制作用，把政府直接提供的一部分公共服务事项以及政府履职所需服务事项，按照一定的方式和程序，交由具备条件的社会力量和事业单位承担，并由政府根据合同约定向其支付费用。

政府购买养老服务的主体，是指承担养老服务的各级行政机关和参照公务员法管理、具有行政管理职能的事业单位。纳入行政编制管理且经费由财政负担的群团组织，也可根据实际需要，通过购买服务方式提供养老服务。

承接政府购买养老服务的主体，包括在登记管理部门登记或经国务院批准免予登记的社会组织、按事业单位分类改革应划入公益二类或转为企业的事业单位，依法在工商管理或行业主管部门登记成立的企业、机构等社会力量。承接主体应当具备以下条件：（1）依法设立，具有独立承担民事责任的能力；（2）治理结构健全，内部管理和监督制度完善；（3）具有独立、健全的财务管理、会计核算和资产管理制度；（4）具备提供养老服务所必需的设施、人员和专业技术能力；（5）具有依法缴纳税收和社会保障资金的良好记录；（6）前三年内无重大违法记录，通过年检或按要求履行年度报告公示义务，信用状况良好，未被列入经营异常名录或者严重违法企业名单；（7）符合国家有关政事分开、政社分开、政企分开的要求；（8）法律、法规规定以及购买具体养老服务项目要求的其他条件。

政府购买养老服务的内容，应突出公共性和公益性，按照量力而行、尽力而为、可持续的原则确定。各地要全面梳理现行由财政支出安排的各类养老服务项目，凡适合市场化方式提供、社会力量能够承担的，应按照转变政府职能要求，通过政府购买服务方式提供方便可及、价格合理的养老服务。要根据养老服务的性质、对象、特点和地方实际情况，重点选取生活照料、康复护理和养老服务人员培养等方面开展政府购买服务工作。在购买居家养老服务方面，主要包括为符合政府资助条件的老年人购买助餐、助浴、助洁、助急、助医、护理等上门服务，以及养老服务网络信息建设；在购买社区养老服务方面，主要包括为老年人购买社区日间照料、老年康复文体活动等服务；在购买机构养老服务方面，主要为"三无"(无劳动能力，无生活来源，无赡养人和扶养人或者其赡养人和扶养人确无赡养和扶养能力)老人、低收入老人、经济困难的失能半失能老人购买机构供养、护理服务；在购买养老服务人员培养方面，主要包括为养老护理人员购买职业培训、职业教育和继续教育等；在养老评估方面，主要包括老年人能力评估和服务需求评估的组织实施、养老服务评价等。

各地要根据养老服务的项目范围，结合本地经济社会发展水平、财政承受能力和老年人基本服务需求，制定政府购买养老服务的指导性目录，明确服务种类、性质和内容，细化目录清单，并根据实际情况变化，及时进行动态调整。对不属于政府职责范围内的服务项目，政府不得向社会力量购买。

《老年人权益保障法》第37条、第39条，《政府购买服务管理办法（暂行）》第2条、第6条、第7条，《关于做好政府购买养老服务工作的通知》第三部分"积极有序地开展政府购买养老服务工作"。

### 10.对养老和医疗机构行政事业性收费减免是怎样规定的?

答：从2015年1月1日起，对非营利性养老和医疗机构建设实行全额免征行政事业性收费，对营利性养老和医疗机构建设减半收取行政事业性收费。

具体免征或减半收取的行政事业性收费项目包括：（1）国土资源部门收取的土地复垦费、土地闲置费、耕地开垦费、土地登记费；（2）住房和城乡建设部门收取的房屋登记费、白蚁防治费；（3）人防部门收取的防空地下室易地建设费；（4）各省、自治区、直辖市人民政府及其财政、价格主管部门按照管理权限批准设立（简称省级设立）的涉及养老和医疗机构建设的行政事业性收费。

各省、自治区、直辖市财政、价格主管部门要公布减免省级设立的涉及养老和医疗机构建设的行政事业性收费项目，对养老机构提供养老服务也应适当减免行政事业性收费，同时对本地区出台涉及养老和医疗机构的行政事业性收费进行全面清理，坚决取消违规设立的各类收费。

《关于减免养老和医疗机构行政事业性收费有关问题的通知》第1条、第2条、第3条、第5条。

## 11.何谓养老服务设施用地？享受哪些政策？

答：专门为老年人提供生活照料、康复护理、托管等服务的房屋和场地设施占用土地，可确定为养老服务设施用地。老年酒店、宾馆、会所、商场、俱乐部等商业性设施占用土地，不属于《养老服务设施用地指导意见》中的养老服务设施用地。养老服务设施用地以出让方式供应的，建设用地使用权出让年限按最高不超过50年确定。以租赁方式供应的，租赁年限在合同中约定，最长租赁期限不得超过同类用途土地出让最高年期。

养老服务设施用地在办理供地手续和土地登记时，土地用途应确定为医卫慈善用地。依据《土地利用现状分类》(GB/T 21010—2007)，规划为公共管理用地、公共服务用地中的医卫慈善用地，可布局和安排养老服务设施用地，其他用地中只能配套建设养老服务设施用房并分摊相应的土地面积。

享受的优先、优惠政策包括：（1）对闲置土地依法处置后由政府收回的，规划用途符合要求的，可优先用于养老服务设施用地，一并纳入国有建设用地供应计划。（2）经养老主管部门认定的非营利性养老服务机构的，其养老服务设施用地可采取划拨方式供地。(3)营利性养老服务设施用地,应当以租赁、出让等有偿方式供应,原则上以租赁方式为主。土地出让(租赁)计划公布后,同一宗养老服务设施用地有两个或者两个以上意向用地者的,应当以招标、拍卖或者挂牌方式供地。以招标、拍卖或者挂牌方式供应养老服务设施用地时,不得设置要求竞买人具备相应资质、资格等影响公平公正竞争的限制条件。房地产用地中配套建设养老服务设施的,可将养老服务设施的建设要求作为出让条件,但不得将养老服务机构的资格或资信等级等作为出让条件。(4)为降低营利性养老服务机构的建设成本,各地可制订养老服务设施用地以出租或先租后让供应的鼓励政策和租金标准,明确相应的权利和义务,向社会公开后执行。(5)新建养老服务机构项目用地涉及新增建设用地,符合土地利用总体规划和城乡规划的,应当在土地利用年度计划指标中优先予以安排。(6)对营利性养老服务机构利用存量建设用地从事养老设施建设,涉及划拨建设用地使用权出让(租赁)或转让的,在原土地用途符合规划的前提下,可不改变土地用途,允许补缴土地出让金(租金),办理协议出让或租赁手续。(7)在符合规划的前提下,在已建成的住宅小区内增加非营利性养老服务设施建筑面积的,可不增收土地价款。若后续调整为营利性养老服务设施的,应补缴相应土地价款。(8)企事业单位、个人对城镇现有空闲的厂房、学校、社区用房等进行改造和利用,兴办养老服务机构,经规划批准临时改变建筑使用功能从事非营利性养老服务且连续经营一年以上的,五年内可不增收土地年租金或土地收益差价,土地使用性质也可暂不作变更。(9)民间资本举办的非营利性养老机构与政府举办的养老机构可以依法使用农民集体所有的土地。

《养老服务设施用地指导意见》第1条、第2条、第4条、第8条、第9条。

### 12.老年机动车驾驶人的身体检查的特殊规定是什么?

答:老年机动车驾驶人,应当每年进行一次身体检查,在记分周期结束后30日内，提交县级或者部队团级以上医疗机构出具的有关身体条件的证明。

不满60周岁的机动车驾驶人，持有非大型客车、牵引车、城市公交车、中型客车、大型货车准驾车型驾驶证的驾驶人，平时无需审验驾驶证。但是，发生交通事故造成人员死亡承担同等以上责任未被吊销机动车驾驶证的，应当在本记分周期结束后30日内到公安机关交通管理部门接受审验。

不满60周岁的机动车驾驶人，持有大型客车、牵引车、城市公交车、中型客车、大型货车驾驶证的驾驶人，在一个记分周期内没有记分记录的，免予本记分周期审验。有违章记录的，应当在每个记分周期结束后30日内到公安机关交通管理部门接受审验。

老年机动车驾驶人应当被注销机动车驾驶证的情形：(1)在一个记分周期结束后1年内未提交身体条件证明的；(2)所持机动车驾驶证只具有无轨电车或者有轨电车准驾车型，或者年龄在70周岁以上，所持机动车驾驶证只具有低速载货汽车、三轮汽车、轮式自行机械车准驾车型的。

《机动车驾驶证申领和使用规定》第60条、第62条、67条。

## 13.老年人机动车驾驶证申请的特殊规定有哪些？

答：70周岁以下老年人没有机动车驾驶证的，只可以申请小型汽车、小型自动挡汽车、残疾人专用小型自动挡载客汽车、轻便摩托车准驾车型。

老年人不得驾驶大型客车、牵引车、城市公交车、中型客车、大型货车、无轨电车和有轨电车；持有大型客车、牵引车、城市公交车、中型客车、大型货车驾驶证的，应当到机动车驾驶证核发地车辆管理所换领准驾车型为小型汽车或者小型自动挡汽车的机动车驾驶证。

年龄在70周岁以上的老年人，还不得驾驶低速载货汽车、三轮汽车、普通三轮摩托车、普通二轮摩托车和轮式自行机械车；持有普通三轮摩托车、普通二轮摩托车驾驶证的，应当到机动车驾驶证核发地车辆管理所换领准驾车型为轻便摩托车的机动车驾驶证。

老年人不得驾驶校车。

《机动车驾驶证申领和使用规定》第11条、第50条、第72条。

## 14.老年人是否能够与用工单位成立劳动关系？

答：根据《劳动合同法》规定，劳动者开始依法享受基本养老保险待遇的，劳动合同终止。所以，从目前法律制度来看，老年人从享受基本养老保险待遇开始，就不再与用人单位成立劳动关系了。《最高人民法院关于审理劳动争议案件适用法律若干问题的解释（三）》还规定，用人单位与其招用的已经依法享受养老保险待遇或领取退休金的人员发生用工争议，向人民法院提起诉讼的，人民法院应当按劳务关系处理。进一步表明，享受养老保险待遇是确定劳动者与单位是否为劳动关系的依据，如果达到退休年龄，但并没有享受基本养老保险待遇的，老年人与用人单位仍然可以成立劳动关系。

对于退休年龄，《国务院关于工人退休、退职的暂行办法》和《国务院关于安置老弱病残干部的暂行办法》做了规定，但是该办法适用的主体为全民所有制企业、事业单位和党政机关、群众团体的工人，并不适用于所有工人。因而，从法律的角度讲，我国并未规定所有老年人的退休年龄，在身体允许的情况下他们可以一直劳动，并可以与用人单位建立劳动关系。

《劳动合同法》第44条，《最高人民法院关于审理劳动争议案件适用法律若干问题的解释（三）》第7条，《最高人民法院行政审判庭关于超过法定退休年龄的进城务工农民因工伤亡的，应否适用<工伤保险条例>请示的答复》〔（2010）行他字第10号〕。

## 15.哪些已有设施可能转变成养老机构？

答：2015年2月25日，国家十部委联合发文，决定支持机关、企事业单位将所属的度假村、培训中心、招待所、疗养院等转型为养老机构，支持民间资本对企业厂房、商业设施及其他可利用的社会资源进行整合和改造，用于养老服务。这些有形资源，具有一定数量和规模，很适合养老的设施，一旦批量转为养老机构，必将促进养老事业的发展。

民政部、国家发展改革委等10部门以民发〔2015〕33号联合印发《关于鼓励民间资本参与养老服务业发展的实施意见》"鼓励民间资本参与机构养老服务"。

# 16.什么是医养融合？

答：医养融合，是指医疗卫生与养老服务相结合的一种模式。这种模式通过先进的健康管理系统，融合现代通讯技术，为居家老人提供统一规范的标准化、专业化、亲情化的健康检测、分析、评估，并据此为居家老人提供健康评估和四季养生建议，以便于及时对疾病进行早期筛查、早期干预、早期治疗的动态监控，时刻管理，让居家老人自己随时掌握自身身体状况，进行有针对性的改善和调理，减少患病风险和医疗开支，有效提高生存质量和家庭幸福指数。

医养融合模式，尤其适合服务对象是需要提供医疗服务的慢性病老人、易复发病老人、大病恢复期老人、残障老人以及绝症晚期老人等，提供健康体检、健康管理、一般医疗服务、医疗康复服务和临终关怀服务等。

2015年2月，国家十部委联合发文，再次明确推进医养融合发展，支持有条件的养老机构内设医疗机构或与医疗卫生机构签订协议，为老年人提供优质便捷的医疗卫生服务；加强对养老机构中医师、执业护士、管理人员等的培训，强化医养融合发展的人才保障。

2015年2月11日，国家卫计委副主任马晓伟在国务院政策例行吹风会上透露，下一步将重点发展医养结合的社区居家养老模式。

《国务院关于加快发展养老服务业的若干意见》第二部分"主要任务"之(六)"积极推进医疗卫生与养老服务相结合"，民政部、国家发展改革委等10部门以民发〔2015〕33号联合印发《关于鼓励民间资本参与养老服务业发展的实施意见》第四部分"推进医养融合发展"。

### 17.什么是福利彩票？它与发展养老服务业的关系是怎样的？

答：彩票，是指国家为筹集社会公益资金，促进社会公益事业发展而特许发行、依法销售，自然人自愿购买，并按照特定规则获得中奖机会的凭证。国务院特许发行两种彩票，即福利彩票和体育彩票。

开办社会福利有奖募捐的目的是：团结各界热心社会福利事业的人士，发扬社会主义人道主义精神，筹集社会福利资金，兴办残疾人、老年人、孤儿等福利事业和帮助有困难的人。福利彩票具有鲜明的公益性和社会性。

福利彩票资金包括彩票奖金、彩票发行费和彩票公益金。福彩机构筹集的福利彩票公益金按规定分别上交中央财政和地方财政。福利彩票公益金专项用于社会福利公益事业，不用于平衡财政一般预算。按照财政部《彩票公益金管理办法》，福利彩票公益金纳入政府性基金预算管理，其分配、使用和管理属于政府财政、民政等有关部门的职责。

民政部本级彩票公益金和地方各级政府用于社会福利事业的彩票公益金，要将50%以上的资金用于支持发展养老服务业，并随老年人口的增加逐步提高投入比例。其中，支持民办养老服务发展的资金不得低于30%。

《彩票管理条例》第2条、第3条、第28条、第33条，民政部、国家发展改革委等10部门以民发〔2015〕33号联合印发《关于鼓励民间资本参与养老服务业发展的实施意见》第五部分"完善投融资政策"。

# 第十二章 军休老年人及遗属权益

## 1.何谓军休干部?

答：所谓军休干部，就是军队离休退休干部的简称，是指移交政府安置的由民政部门服务管理的中国人民解放军和中国人民武装警察部队的离休退休干部。

《军队离休退休干部服务管理办法》第1条。

## 2.何谓军休干部服务管理机构?

答：军休干部服务管理机构，主要包括军休干部服务管理中心、军休干部休养所（站），是各级政府直接服务和管理军休干部的专设机构，承担军休干部服务管理的具体工作。其主要任务是，按照国家有关政策规定，落实军休干部政治待遇、生活待遇，维护军休干部合法权益，实现军休干部"老有所养、老有所医、老有所教、老有所学、老有所为、老有所乐"目标。

《军队离休退休干部服务管理办法》对军休干部服务管理工作作出了全面规范。

一是明确了军休干部服务管理职能定位。即：从维护军休干部的合法权益出发，贯彻执行国家关于军休干部的法律法规和政策，完善军休干部服务保障和教育管理机制，落实军休干部政治待遇和生活待遇。

二是确立了军休干部服务管理体制。即：政府领导、民政部门主管、服务管理机构组织实施。从民政部门职责角度，要加强对军休干部服务管理的指导，及时研究解决军休干部服务管理工作中的重大问题；从军休服务管理机构角度，明确其是服务和管理军休干部的专设机构，承担军休干部服务管理具体工作。

三是规范了军休干部服务管理内容。即：民政部门应当按照要求组织军休干部参加重大庆典和重大政治活动，在建军节、春节等重大节日时协调走访慰问军休干部；民政部门和服务管理机构应按照规定落实军休干部相应政治待遇，组织军休干部阅读有关文件，听取党和政府重要会议精神传达；军休服务管理机构应按规定落实具体职责内容。

四是拓展了军休干部服务管理方式。提出军休服务管理机构要建立健全工作制度，为军休干部六个"老有"创造条件。在日常方式上，要求军休服务管理机构全时值班、定期联系、定人包户，确保服务保障不间断；在重点保障上，要求对身边无子女、生活不能自理的军休干部重点照顾并提供必要帮助；在资源引入上，要求拓展社会化服务，引入社会服务项目，鼓励社会力量为军休干部提供服务；在自我管理上，要求设有军休干部管理委员会的军休服务管理机构，发挥军休干部管理委员会的作用，听取情况汇报，研究解决其反映的问题。

五是提出了军休服务管理机构建设要求。要求民政部门根据安置管理工作需要，按照统筹规划、合理布局、精干高效、便于服务的原则设置、调整服务管理机构；明确军休服务管理机构实行法定代表人负责制，对重大问题实行民主决策。

六是完善了加强军休服务管理工作人员队伍建设的措施。

《军队离休退休干部服务管理办法》第2条、第3条、第4条、第6条、第7条、第8条、第12条、第13条、第14条、第15条、第16条、第19条、第20条、第21条、第26条、第27条。

## 3.何谓军休干部管理委员会?

答：军休干部管理委员会，是指在服务管理机构内军休干部自我教育、自我管理、自我服务的群众性组织。军休干部管理委员会成员由民主选举产生。其主要职能是：协助服务管理机构和党组织搞好养老机构建设，发挥参谋、协调、监督作用；反映军休干部的合理意见，维护军休干部的合法权益。

服务管理机构内设有军休干部管理委员会的，服务管理机构应当加强对军休干部管理委员会的指导，按照有关规定组织开展活动，发挥军休干部管理委员会的作用，定期听取军休干部管理委员会工作情况报告，研究解决其反映的问题。

《军队离休退休干部服务管理办法》第19条。

## 4.何谓军休干部六个"老有"？

答：军休干部的六个"老有"，是指老有所养、老有所医、老有所教、老有所学、老有所为、老有所乐。

老有所养，是指人们进入老年后，在不能自己解决生活问题的情况下，能够得到家庭、社会的赡养，顺利度过晚年。

老有所医，是指满足老年人看病和治病的需求。当人们步入老年期后，各种机能开始减退，抵抗疾病的能力也开始减弱，因此随之而来的就是疾病的增多。老年人要减少疾病的折磨，应当有病及时看、及时治，使其早日康复。从现实来看，主要采取以下办法实现老有所医：一是举办老年健康讲座，普及老年保健知识，开展老年保健活动，增强老年人的保健能力；二是有条件的地方，对老年人定期进行体检，建立老年人健康档案，使广大老年人能够及时发现疾病，能够及时得到治疗；三是有计划地改善老年人的医疗条件，充实和加强老年病门诊和老年病科室，有条件的地方可以建设老年人康复医院，解决老年人看病、治病的困难；四是改进对老年人的医疗服务，组织医疗巡回服务队，为老年人上门送医送药，还可以为老年病人设立家庭病床，为老年人就医提供方便；五是采取措施解决城镇离休退休老年人按规定及时报销医药费，避免因医药费不能按时报销，而影响老年人疾病及时治疗；六是在农村进一步完善合作医疗制度，实现老年人"看病不出村，大病能够得到治疗"的目标，对那些无力治病的老年人，当地人民政府应给予适当的帮助。

老有所教，是指让老年人受到适合年龄时代特点的教育。不能把老有所教理解成让老年人发挥余热去教育人的意思。政府应当创新老年教育体制机制，探索老年教育新模式，丰富教学内容。加大对老年大学（学校）建设的财政投入，积极支持社会力量参与发展老年教育，扩大各级各类老年大学办学规模。充分发挥党支部、基层自治组织和老年群众组织的作用，做好新形势下老年思想教育工作。老年教育的内容是多方面的：法律法规、文化知识、艺术、养老保健，还有退休后老人"角色"的转变等，能者为师，教与学是互动的。而老有所教与老有所学是交集关系，前者属有组织、有计划的系统性老年教育，后者则更宽泛和随意。

老有所学，是指老年人根据社会的需要和本人的爱好，学习掌握一些新知识和新技能，既能从中陶冶情操，又能学到"老有所为"的新本领。老有所学，并不是为了得到一个新学历或新学位，而是为实现老年人"以学促为"和"学为结合"的目的。

老有所为，也称积极养老，是指老年人退出劳动岗位后，愿意用自己长年积累的知识、技能和经验，继续为我国社会主义物质文明和精神文明建设作出新的贡献。相对应的概念是消极养老，是指老年人退出劳动岗位后，只求居家安闲度日，无需再为国家和社会操劳。这种养老方式，又被称作"享受清福"。

老有所乐，是指开展适合老年人特点的文化、体育活动，丰富老年人的文体活动，使他们幸福地安度晚年。老有所乐已开始引起全社会的重视。许多地方在城市规划和居民住房建设时，都考虑到老年人活动中心和老年人活动站（室）的建设，全国大部分城镇，都建立了老年人活动中心，有的农村也办起了老年人活动室，为活跃老年人的生活提供了场所。

《老年人权益保障法》第4条，《军队离休退休干部服务管理办法》第12条，《中国老龄事业发展"十二五"规划》第三部分"主要任务"第七项"老年人精神文化生活"之"加强老年教育工作"。

### 5.对军休干部服务管理机构的硬件建设的要求有哪些?

答：服务管理机构的基础设施建设应当：（1）设置会议室、活动室、阅览室、荣誉室等场所；（2）建立必要的室外文化体育活动场地，创造良好休养环境；（3）服务管理机构应当全时值班，并采取定期联系、定人包户等方式，为军休干部提供及时、方便的日常服务保障；（4）对身边无子女、生活不能自理的军休干部，应当重点照顾并提供必要帮助；（5）根据需要引进邮政、银行、生活服务等社会服务项目，提高服务管理的质量和效益；（6）建立军休干部服务管理信息系统，配备必要的技术设备，提高服务管理信息化水平。

《军队离休退休干部服务管理办法》第13条、第14条、第15条、第17条、第23条。

### 6.军队士官退休的条件是什么?

答：士官，是指中国人民解放军和中国人民武装警察部队志愿兵役制士兵。我军现役士兵包括义务兵役制士兵和志愿兵役制士兵，义务兵役制士兵称义务兵，志愿兵役制士兵称士官。义务兵服现役的期限为2年，服现役期满，根据军队需要和本人自愿，经团级以上单位批准，可以改为士官；根据军队需要，可以直接从非军事部门具有专业技能的公民中招收士官。士官服现役的期限，从改为志愿兵之日算起，至少3年，一般不超过30年，年龄不超过55周岁。

退休士官，是指士官服现役满30年或者年满55周岁的，作退休安置。士官在服现役期间因战、因公、因病致残丧失工作能力的，按照国家有关规定安置。

中国人民解放军和中国人民武装警察部队移交政府安置的退休士官的服务管理参照《军队离休退休干部服务管理办法》执行。

《兵役法》第18条、第19条、第20条，第61条，《军队离休退休干部服务管理办法》第29条。

### 7.军队干部离休条件是什么?

答:军队现役干部,凡1949年9月30日以前参加中国共产党所领导的革命军队的,或者建国以后入伍、建国前在解放区参加革命工作并脱产享受供给制待遇的,或建国后入伍、建国前在敌占区从事地下革命工作的,达到军队干部离休年龄,师职以下干部年满55周岁,军职干部年满60周岁,兵团职和大军区职干部年满65周岁,均可离职休养;1948年底以前在解放区享受当地人民政府制定的薪金待遇的,也可享受离休待遇。

《关于军队干部离职休养的暂行规定》第1条。

### 8.军队干部退休条件是什么?

答:现役军官和文职干部,男年满55周岁、女年满50周岁,或因战、因公致残,积劳成疾,基本丧失工作能力的,可办理退休。

《关于军队干部退休的暂行规定》第1条。

### 9.确定军队离退休干部安置去向的原则是什么?

答:对符合移交地方政府安置条件的军休干部,根据个人不同情况,一般可以在部队驻地,本人原籍或入伍地,配偶、子女、父母居住地安置。安置去向已经审定的不再改变。

军休干部的独生子女或子女都是军队现役军官或现役文职干部的,且生活基础在当地的,军休干部可以到子女所在地安置。

军休干部不能到其子女上学的地方安置。

在边远艰苦地区工作满10年且在该地区离休退休的或者从事飞行、航艇工作满10年的,或者因战因公被评为二等乙级(现行6级)以上伤残的,师级的军休干部可以到安置地所在省的省会城市安置,团级以下的可以到安置地地级市安置。在西藏自治区、青海省、新疆维吾尔自治区工作,离休退休时自愿留在该省、自治区安置的,师、团级的可以在省会(首府)城市安置，营级以下的可以在本地地级市安置。

《关于军队干部退休的暂行规定》第5条。

## 10.哪些人可以享受住房补贴？如何计算个人的住房补贴？由谁负担？

答：凡未按成本价、标准价、安居工程房价购买住房或未参加集资建房的军官、文职干部、士官以及离退休人员，在其退出军队公寓住房、按经济适用住房价格或市场价格购买住房时，可以享受住房补贴。已经租住安置住房的，不能申请住房补贴。

住房补贴主要依据补贴比例、个人基本工资、服役年限和职级补贴面积4项因素计算。计算公式：1999年以前一次计算的基本补贴额=1999年12月份基本工资（基本退休费）×住房补贴系数40.94%×1999年12月以前的军（工）龄月数+每平方米每年8元×1992年6月以前的军（工）龄年数×职级购房补贴建筑面积标准。2000年以后按月计算的基本补贴额=月基本工资×住房补贴系数40.94%。

移交政府安置的军休干部住房补贴经费，按现行财政管理体制分别由中央和地方财政解决，中央和地方财政实行分税制以后，北京、河北、江苏、安徽、湖南五省（市）1986年12月31日以前安置的军休干部由地方财政解决，1987年1月1日以后安置的军休干部由中央财政负担；其他省、自治区、直辖市、计划单列市1983年12月31日以前安置的军休干部由地方财政解决，1984年1月1日以后安置的军休干部由中央财政负担。

## 11.一次性抚恤金如何发放？

答：现役军人死亡，根据其死亡性质和死亡时的月工资标准，由县级人民政府民政部门发给其遗属一次性抚恤金。

发放标准是：（1）烈士和因公牺牲的，为上一年度全国城镇居民人均可支配收入的20倍加本人40个月的工资。（2）病故的，为上一年度全国城镇居民人均可支配收入的2倍加本人40个月的工资。月工资或者津贴低于排职少尉军官工资标准的，按照排职少尉军官工资标准计算。（3）获得荣誉称号或者立功的烈士、因公牺牲军人、病故军人，其遗属在应当享受的一次性抚恤金的基础上，由县级人民政府民政部门按照下列比例增发一次性抚恤金：①获得中央军事委员会授予荣誉称号的，增发35%；②获得军队军区级单位授予荣誉称号的，增发30%；③立一等功的，增发25%；④立二等功的，增发15%；⑤立三等功的，增发5%；多次获得荣誉称号或者立功的烈士、因公牺牲军人、病故军人，其遗属由县级人民政府民政部门按照其中最高等级奖励的增发比例，增发一次性抚恤金。（4）对生前作出特殊贡献的烈士、因公牺牲军人、病故军人，除按照以上规定发给其遗属一次性抚恤金外，军队可以按照有关规定发给其遗属一次性特别抚恤金。

发放顺序是：（1）烈士、因公牺牲军人、病故军人的父母（抚养人）、配偶、子女；（2）没有父母（抚养人）、配偶、子女的，发给未满18周岁的兄弟姐妹和已满18周岁但无生活费来源且由该军人生前供养的兄弟姐妹；（3）无上述亲属的，不发。

烈士，现役军人死亡被批准为烈士的情形有：（1）对敌作战死亡，或者对敌作战负伤在医疗终结前因伤死亡的；（2）因执行任务遭敌人或者犯罪分子杀害，或者被俘、被捕后不屈遭敌人杀害或者被折磨致死的；（3）为抢救和保护国家财产、人民生命财产或者执行反恐怖任务和处置突发事件死亡的；（4）因执行军事演习、战备航行飞行、空降和导弹发射训练、试航试飞任务以及参加武器装备科研试验死亡的；（5）在执行外交任务或者国家派遣的对外援助、维持国际和平任务中牺牲的；（6）其他死难情节特别突出，堪为楷模的；（7）现役军人在执行对敌作战、边海防执勤或者抢险救灾任务中失踪，经法定程序宣告死亡的，按照烈士对待。

因公牺牲，现役军人死亡被确认为因公牺牲的情形有：（1）在执行任务中或者在上下班途中，由于意外事件死亡的；（2）被认定为因战、因公致残后因旧伤复发死亡的；（3）因患职业病死亡的；（4）在执行任务中或者在工作岗位上因病猝然死亡，或者因医疗事故死亡的；（5）其他因公死亡的；

（6）现役军人在执行对敌作战、边海防执勤或者抢险救灾以外的其他任务中失踪，经法定程序宣告死亡的，按照因公牺牲对待。

《军人抚恤优待条例》第8条、第9条、第13条、第14条、第15条。

## 12.定期抚恤金如何发放？

答：发给定期抚恤金的烈士遗属、因公牺牲军人遗属、病故军人遗属包括：（1）父母（抚养人）、配偶无劳动能力、无生活费来源，或者收入水平低于当地居民平均生活水平的；（2）子女未满18周岁或者已满18周岁但因上学或者残疾无生活费来源的；（3）兄弟姐妹未满18周岁或者已满18周岁但因上学无生活费来源且由该军人生前供养的。

定期抚恤金标准，应当参照全国城乡居民家庭人均收入水平确定。2014年10月1日：（1）居住在城镇的烈士遗属定期抚恤金标准提高到每人每年16630元；居住在农村的烈士遗属提高到每人每年11160元。（2）居住在城镇的因公牺牲军人遗属定期抚恤金标准提高到每人每年14270元；居住在农村的因公牺牲军人遗属提高到每人每年10650元。（3）居住在城镇的病故军人遗属定期抚恤金标准提高到每人每年13430元；居住在农村的病故军人遗属提高到每人每年10210元。（4）在乡退伍红军老战士及在乡西路军红军老战士和红军失散人员生活补助标准，分别提高到每人每年36300元、36300元和16380元。

县级以上地方人民政府对依靠定期抚恤金生活仍有困难的烈士遗属、因公牺牲军人遗属、病故军人遗属，可以增发抚恤金或者采取其他方式予以补助，保障其生活不低于当地的平均生活水平。

享受定期抚恤金的烈士遗属、因公牺牲军人遗属、病故军人遗属死亡的，增发6个月其原享受的定期抚恤金，作为丧葬补助费，同时注销其领取定期抚恤金的证件。

《军人抚恤优待条例》第16条、第17条、第18条、第19条。

### 13.军休干部遗属的定期生活补助如何发放？

答：自2012年1月1日起，军休干部无固定工资收入遗属的定期生活补助费标准调整为：（1）军休干部（含士官）生前职务级别为团职（含享受同等工资待遇的专业技术干部，下同）以下的生活补助费调整为每人每月1300元；师职的生活补助费调整为每人每月1400元；军职的生活补助费调整为每人每月1500元。（2）遗孀有固定工资收入，其收入总额低于上述标准的，补足差额部分。（3）军休干部（含士官）未满16岁或已满16岁仍在校读书或因残疾丧失劳动能力的子女，经批准投靠军休干部生活的无固定收入且丧失劳动能力的父母，其生活补助费标准调整为每人每月1000元。

下篇　常用法律文书范本

# 第十三章　老年人常用法律文书

## 1.遗赠书（声明）

遗赠书（声明）

遗赠人：(写明姓名、性别、民族、出生年月日、职业、身份证号码、现住址、联系电话等)。

本人×××，现在头脑清醒、思维清晰，我决定将我所有的××××（写明遗赠财产的基本情况，如房产、机动车、存款、其他财产等），在死亡后赠送给××所有（受遗赠人应为法定继承人以外的人）。上述遗赠财产的所有权转移手续均在我去世之后办理，不需办理财产所有权转移手续的，自转移××占有即视为已取得遗赠财产。

恐后无凭，立此字为据。

所有权的证明为：(写明证明遗赠人拥有所有权的证据名称。如果赠与房屋，应注意写明权属证书号及房产地址、面积等详情；其他财产应写明财产详情)。

遗赠人：(签字并捺印)

年　月　日

## 2.遗赠扶养协议

### 遗赠扶养协议

甲方（遗赠人、被扶养人）：(写明姓名、性别、民族、出生年月日、职业、身份证号码、现住址、联系电话等)。

乙方（受赠人、扶养人）：(写明姓名、性别、民族、出生年月日、职业、身份证号码、现住址、联系电话等，或名称、住所地、法定代表人、联系电话等)。

甲方愿意将本协议第一条中本人所有的个人财产遗赠给乙方，并由乙方承担扶养甲方和送终义务；乙方愿意承担扶养甲方义务，并愿意接受甲方遗赠的财产。为此，就遗赠扶养相关事宜，在双方平等自愿基础上，经过协商一致，达成如下协议，双方共同遵守：

**第一条 甲方所有的如下个人财产在甲方去世后赠与乙方**

1.房产：＿＿＿＿＿＿＿＿＿＿。

2.机动车：＿＿＿＿＿＿＿＿＿。

3.存款：＿＿＿＿＿＿＿＿＿＿。

4.其他财产：＿＿＿＿＿＿＿＿。

**第二条 乙方的扶养义务**

乙方负责甲方的吃、穿、住、行、医疗、养老等扶养义务。

扶养义务是指在生活上给予照顾，经济上给予帮助，精神上给予慰藉。具体为：

1.饮食安排：乙方负责甲方一日三餐，饮食上应照顾甲方年纪和习惯。

2.生活安排：乙方保证甲方四季穿衣保障，衣物、被褥整洁、常洗常换。同时乙方应于每月１０日前给付甲方生活费＿＿＿＿元。

3.医疗安排：乙方保证为甲方安排每年一次全面身体检查，甲方生病时及时安排治疗，住院等医疗费用由乙方承担。同时乙方应于每月１０日前给付甲方医疗补助费＿＿＿＿元。

4.其他安排：

### 第三条 遗赠财产所有权的转移

乙方在甲方生前不得转移、处置甲方个人财产。乙方应在甲方去世之后30日内办理遗赠财产的所有权转移手续。不需办理财产所有权转移手续的，乙方占有即视为已取得遗赠财产。

### 第四条 遗赠财产的保管、管理和维护责任

甲方负责对财赠遗产的保管和维护责任，不得单方处置上述第一条列明的遗赠财产（包括但不限于赠与、买卖、出租、设置抵押等）。遗赠财产的损坏或者甲方单方处置给第三方，乙方有权要求甲方修理、更换或收回；甲方拒不修理、更换或收回的，乙方有权终止协议。

因管理遗赠财产发生的费用以及遗赠的财产确需维修的，首先从甲方财产中支付，甲方财产不足于支付上述费用的，由乙方承担。

### 第五条 丧葬事务办理及费用承担

甲方过世后的丧葬事务由乙方负责，乙方应当按照当地政策和风俗办妥甲方丧葬事务。办理甲方丧葬事务的费用首先由甲方去世后留下的资产支付，不足部分由乙方承担。

### 第六条 遗赠扶养协议的执行

甲乙双方一致同意指定_____村民委员会（居民委员会）负责监督本协议书的履行。

### 第七条 本协议的解除

1.双方协商一致可以解除本协议。

2.一方当事人无正当理由拒绝履行协议内容，另一方有权单方解除本协议。

3.如果乙方在甲方生前未经其同意处置（包括但不限于赠与、买卖、出租、设置抵押等）甲方的个人财产，甲方有权解除该协议。

### 第八条 违约责任

1.甲方单方处置遗赠的财产导致本协议解除，乙方有权要求甲方退还已支付的扶养费并赔偿损失。

2.乙方无故不履行扶养义务导致本协议解除，不得享有受遗赠的财产，

已支付的扶养费也不予退回。

**第九条 协议生效**

本协议自签订之日成立，自见证（公证）之日起生效。

**第十条 法律生效**

本协议一式三份，具有同等法律效力；甲乙双方各执一份，村民委员会（居民委员会）（或公证处）留存一份。

**第十一条 其他规定**

本协议其他未尽事宜，由双方协商解决。


甲方：（签字并捺印）　　　乙方：（签字并捺印）

签订日期：　年　月　日　　　签订日期：　年　月　日

见证人：（签字）

## 3.老年人指定监护人确认书

### 老年人指定监护人确认书[1]

申请人（甲方）：<u>（写明姓名、性别、民族、出生年月日、职业、身份证号码、现住址、联系电话等）</u>。

监护人[2]（乙方）：<u>（写明姓名、性别、民族、出生年月日、职业、身份证号码、现住址、联系电话、名称、住所地、法定代表人、联系电话等）</u>。

根据《老年人权益保障法》和《民法通则》的规定，甲方与乙方通过协商，达成确定监护人的协议，具体条款如下：

第一条 甲方为完全民事行为能力人，现自愿确定乙方为自己半失能或者失能后的监护人。

第二条 甲方与乙方系_____关系，乙方的身份符合法律关于监护人的规定。

第三条 乙方同意在第一条状况发生后担任甲方的监护人，履行约定以及法定的监护职责。

第四条 当甲方发生半失能或者失能状况时，乙方承担保护甲方的人身、财产及其他方面合法权益的责任，代理甲方参加各种民事活动，照顾甲方的生活，管理甲方的财产，履行监护职责。

第五条 乙方履行监护职责发生的合理费用，乙方有权从甲方资产中列支。

第六条 本确定书自甲、乙双方签字之日起生效。

第七条 本确定书一式三份，甲、乙方各持一份，_____单位存一份。

甲方：（签字并捺印）：　　　　乙方：（签字并捺印）：

　　年 月 日　　　　　　　　　年 月 日

见证人[3]：（签字）

---

[1]老年人事先选择监护人的制度也被称作"意定监护"，该项制度是《老年人权益保障法》的创新规定。如果老年人未事先确定监护人，其丧失或者部分丧失民事行为能力时，依照有关法律的规定确定监护人。

[2]可选择的监护人范围：近亲属，或者其他与自己关系密切、愿意承担监护责任的个人、组织中协商确定的监护人。

[3]可以没有见证人。如果有见证人的，见证人需要签字。

# 4.雇佣护工家政服务合同

## 雇佣护工家政服务合同

合同编号：

甲方（老年人）：<u>（写明姓名、性别、民族、出生年月日、职业、身份证号码、现住址、联系电话等）</u>。

乙方（经营者）：×××家政服务公司。

法定代表人：_____。

注册地址：_____。

联系电话：_____。

根据《合同法》《消费者权益保护法》《老年人权益保障法》等有关法律、法规的规定，甲、乙双方按照平等、自愿、公平、诚实信用的原则，就家政服务的有关事宜协商一致，签订本合同。

**第一条 服务内容**

乙方选派家政服务员人，以□居家/ □非居家/ □钟点工的服务方式为甲方提供下列第_____项服务。

1.一般家务；2.老人护理；3.家庭护理病人；4.医院护理病人；5. _____。

具体服务内容：_____。

**第二条 家政服务员的基本情况及技能**

性别_____；年龄_____；籍贯_____；学历_____。乙方家政服务员应具备的技能或其他条件：_____。

**第三条 服务场所**

_____。

**第四条 服务期限及工作时间**

1.服务期限为____年____月____日至____年____月____日。

2.非居家服务时间为上午____点至____点；下午____点至____点；晚上____点至____点。

3.钟点工类家政服务时间为：____午____点至____点。

**第五条 服务费用**

甲方应向乙方支付服务费共____元人民币/月。其中，乙方家政服务员工作报酬不少于____元人民币/月。支付时间为每月____日之前。

**第六条 甲方权利义务**

1.甲方权利：

（1）甲方有权合理选定、更换和辞退乙方家政服务员。

（2）甲方对乙方家政服务员健康状况有异议的，有权要求重新体检。如体检合格，体检费用由甲方承担；如体检不合格，体检费用由乙方承担。甲方如对体检项目有特别要求，可以要求增加，但应承担所增加项目的体检费用。

（3）甲方有权向乙方追究因乙方家政服务员故意或重大过失而给甲方造成的损失。

（4）有下列情形之一的，甲方有权要求调换家政服务员，因此给甲方造成损害的，甲方有权要求赔偿损失：

①乙方家政服务员有违法行为的；②乙方家政服务员患有传染病的；③乙方家政服务员未经甲方同意，以第三人代为提供服务的；④乙方家政服务员给甲方造成较大财产损失的；⑤乙方家政服务员工作消极懈怠或故意提供不合格服务的；⑥乙方家政服务员离职的；⑦乙方家政服务员拒绝甲方合理的体检要求的；⑧_____。

（5）有下列情形之一的，甲方有权要求解除合同，因此给甲方造成损害的，甲方有权要求赔偿损失：

①乙方家政服务员存在刁难、虐待甲方等严重影响甲方正常生活行为的；②符合调换条件，经甲方请求，乙方调换_____名同级别的家政服务员后仍不能达到合同要求或拒不调换的；③空岗日乙方未派替换人员到岗工作的。

2.甲方义务：

（1）甲方应在签订合同时出示有效身份证件，如实告知家庭住址、居住条件、联系电话、与乙方家政服务员健康安全有关的家庭情况（如家中是否有传染病人、精神病人等），以及对乙方家政服务员的具体要求。

（2）甲方应按合同约定向乙方支付服务费。

（3）甲方应尊重乙方家政服务员的人格尊严，不得歧视、虐待或性骚扰乙方家政服务员，不得侵犯乙方家政服务员的个人隐私。

（4）甲方应为乙方家政服务员提供安全的劳动条件、服务环境。甲方应安排乙方家政服务员每月_____天的休息时间。在双休日以外的国家法定假日确需乙方家政服务员正常工作的，应按照法律规定给予加班补助，或在征得乙方家政服务员同意的前提下安排补休。

（5）甲方应为乙方家政服务员办理相关证件提供必要的协助。

（6）甲方未经乙方同意，不得将家政服务员带往非约定场所工作，或要求其从事非约定工作，也不得要求乙方家政服务员为第三方服务。

（7）甲方应向乙方家政服务员提示与服务有关的安全事项。

（8）乙方家政服务员在服务过程中，因工作失误给甲方造成损失，甲方不得实施搜身、扣压钱物以及殴打、威逼等侵犯人格尊严和人身权利的行为，应依照有关法律、法规和约定妥善处理。

（9）服务期满，甲方续用乙方家政服务员的，应提前_____日与乙方续签合同。

**第七条 乙方权利义务**

1.乙方权利：

有下列情形之一的，乙方有权临时召回家政服务员或解除合同，因此给乙方造成损害的，乙方有权要求赔偿损失：

①甲方唆使家政服务员脱离乙方管理的；②甲方家庭成员中有传染病人或精神病人而未如实告知的；③甲方未按时支付有关费用，经乙方催告后在合理期限内仍未支付的；④约定的服务场所或服务内容发生变更而未取得乙方同意的；⑤甲方要求乙方家政服务员从事违法行为的；⑥甲方违反本合同第六条第二款第三项的。

2.乙方义务：

（1）乙方应向甲方出示家政服务员的身份证。

（2）乙方应为甲方委派体检合格并符合本合同第二条要求的家政服务员；乙方家政服务员应持有二级甲等以上医院在一年以内出具的体检合格证明。

（3）乙方收到甲方投诉后应在_____小时内答复；乙方是否接受甲方的调换请求，应在_____日内做出处理并告知甲方。

（4）乙方家政服务员如离职，乙方应提前通知甲方，并委派符合合同约定条件的家政服务员接替后，乙方原家政服务员方可终止服务。

（5）乙方应为家政服务员办理社会保险和人身意外伤害保险。

（6）乙方负责其家政服务员的岗前教育和管理工作，实行跟踪管理，监督指导。

（7）乙方家政服务员不得擅自外出，未经甲方同意不得带外人去甲方住处，不准私自翻动甲方物品，不得参与甲方家庭纠纷。未经甲方允许私自外出，甲方必须在_____小时内通知乙方备案，否则乙方不承担责任。

（8）乙方及其家政服务员应本着客户至上，诚信为本的宗旨，认真履行各项服务。

**第八条 合同的变更**

合同期内，合同内容如有变更，需经双方协商一致。

合同变更应采取书面形式。

**第九条 违约责任**

1.甲方逾期支付服务费的，应按每逾期一天支付应付服务费_____%的标准向乙方支付滞纳金。

2.甲方与乙方家政服务员在合同有效期内私下签订服务协议的，甲方应向乙方支付合同总服务费_____%的违约金。

3.甲方依据合同条款解除合同的，乙方应当向甲方退还未提供服务期间的服务费。

4.一方无正当理由提前终止合同，应向对方支付合同总服务费_____%的违约金。

5.一方违反合同的其他约定，另一方均有权要求其赔偿因违约造成的损失；双方另有约定的除外。

6.有关违约的其他约定：＿＿＿＿＿＿＿。

**第十条 合同争议的解决方法**

本合同项下发生的争议，由双方当事人协商解决或向有关部门申请调解解决；协商或调解解决不成的，按下列第＿＿＿＿＿＿种方式解决。

（1）依法向甲方所在地的人民法院起诉；

（2）提交＿＿＿＿＿＿仲裁委员会仲裁。

**第十一条 其他约定事项**

_____。

**第十二条 合同未尽事宜及生效**

双方可协商解除本合同。未尽事宜双方应另行以书面形式补充。

本合同一式两份，甲乙双方各执一份，具有同等法律效力，自双方签字或盖章之日起生效。

甲方：（签字并捺印）　　　　乙方：（签章）

　　年　　月　　日　　　　　年　　月　　日

# 5.入住养老院协议书

入住养老院协议书❶

甲方（养老院）：_____。

法定代表人：_____。

住所地：_____。

电话：_____。

乙方（入住老人）：(写明姓名、性别、民族、出生年月日、职业、身份证号码、现住址、联系电话等)。

丙方（亲属或本市其他担保人）：(写明姓名、性别、民族、出生年月日、职业、身份证号码、与乙方关系、现住址、联系电话、通讯地址或名称、住所地、法定代表人、联系电话等)。

为老年人乙方安度晚年，实现"老有所养、老有所医、老有所学、老有所为、老有所乐"，切实保障老年人的合法权益，依据《老年人权益保障法》《合同法》《民法通则》等法律、法规，本着诚实信用的原则，经过友好协商，甲、乙、丙三方就养老服务事宜，自愿达成以下协议条款，供各方遵照履行。

**第一条 签约及入住**

1.甲方对乙方已进行体检，可以为乙方提供约定服务，并接受本协议的约束。

2.乙方对甲方提供服务的宗旨、内容、性质、工作流程及责任已充分了解，自愿接受甲方提供约定的服务，自主签约并接受本协议的约束。

3.丙方对甲、乙双方已有充分的了解，丙方自愿与乙方承担连带责任。

三方对本协议均予以确认、对协议内容及各方情况已充分了解并理解己方的权利和义务。

**第二条 服务地点及服务设施**

1.甲方提供养老服务的地点为：_____。

---

❶各条款可以参考本书上部相关内容，最好咨询专业律师。

2.乙方选择入住的房间类型为：_____。

3.乙方选择的具体房间为：_____。

乙方基于正当理由要求调整房间的，甲方在条件许可的范围内应尽量满足。如涉及房间类别变化出现价格差异的，应由乙方、丙方书面确认是否调整。

4.甲方提供的服务设施，包括房间内设施及公共设施。具体明细为_____。

## 第三条 服务费用及缴纳方式

1.床位费每月_____元人民币。

2.伙食费每月_____元人民币。

3.押金_____元人民币。

4.其他约定的服务收费计_____元人民币。

5.床位及伙食费用，在每月____日前交纳，其他费用在发生的____日前交纳。如乙方原因不在院内住宿连续10天以上并不在养老院内就餐，餐费按天退还，床位费不予退还。

6.乙方使用甲方提供的医疗服务所产生的医药费用，按实际发生额随时收取。

## 第四条 甲方义务

1.配备合格的场所、人员及配套设施。

甲方应提供与资质等级相应的服务设施和活动场所。配备生活起居、文化娱乐、康复训练、医疗保健等服务配套设施。配备与服务规模相适应的具有专业知识、技能的医疗护理人员和服务人员。老人居室及文化娱乐活动场所的使用面积不低于_____规范标准》，为老人提供的生活设施和用品安全可靠。有完善的管理规章和服务流程，保障乙方舒适、洁净的生活环境。

2.生活照料的义务。

按照入住老人的身体状况（自理、介助、介护）提供相应的服务，根据老人的需要或遵医嘱合理配餐，对生活不能自理的乙方喂水喂饭，及时清理房间，保持室内洁净。定期帮助乙方洗澡、理发、修剪指甲、更换衣物、大小便护理。

3.医疗护理的义务。

对偶患疾病或常年卧床的老人要尽到诊治护理的义务，严格执行康复计划。老人突发疾病，须尽快通知其亲属或单位。需抢救的，要先行抢救。对介护老人制定护理方案并严格实行程序化个案护理。服务人员24小时值班，保障老人生命财产安全，防止老人意外伤害。对于潜在的危险和可能造成老人伤害的，养老机构有告知和警示的义务。

4.满足老人精神文化生活需求。

经常组织老人进行必要的情感交流和社会交往，开展文体活动，对老人进行保健知识教育，帮助老人树立健康向上的老年价值观。帮助老人进行心理调适和处理好老人之间的关系。

5.通知义务。

乙方出现病情加重或新发疾病，甲方应采取急救措施并及时通知丙方。

**第五条 乙方义务**

1.自觉遵守养老机构的规章制度，接受管理，爱护公物，外出要请假，与其他老人搞好团结。

2.医疗护理及康复训练的效果取决于双方的共同配合，因此入住老人须按要求配合接受医疗护理及康复训练，还应在患病治疗期间遵守医嘱，配合治疗。

3.对偶发性费用，如治疗、抢救费用等，应随时结清。

4.乙方自行或由丙方陪同外出均应在甲方设定的登记处进行登记。

5.乙方损坏甲方物品，应照价赔偿。

**第六条 丙方义务**

1.丙方在收到乙方病情加重或新发疾病通知后应及时赶到养老院与甲方接洽。

2.乙方入住前，丙方应向养老机构如实反映乙方情况，如脾气秉性、既往病史等。对乙方疾病及需要的护理内容的说明范围并不限于入院前查体的结果。

3.丙方应经常与老人沟通，应保证至少每星期探视乙方一次，满足老人的精神需求。

4.丙方如带乙方外出，应主动登记，并对外出期间乙方的一切病情及事故承担责任。

5.如丙方联系方式变更，应及时通知养老院。

**第七条　各方安全义务**

1.甲方在楼前设置门卫，外人入内及乙方外出均需登记。

2.甲方保持文体活动器材及路面状况良好，并在可能有危险性的区域设置警示标志。

3.乙方的房间属于私人空间，但为乙方及院方的安全，未经甲方同意，乙方不得擅自在房间内装置其他设备。

4.在丙方或乙方的其他亲属探视期间出现相互故意伤害造成的人身及财产损害，由乙方负责并由丙方承担连带责任。

5.甲方定期组织乙方体检，乙方拒不参加的，后果自负。

6.乙方已达到不能自理程度，丙方应及时联系转院或甲方协助联系转院。乙方仍坚持留在甲方处发生意外的，甲方不承担责任。

**第八条　下列费用或赔偿由乙方承担，丙方承担连带责任**

1.医疗费用；

2.丧葬费用；

3.违反乙方义务，造成自身或他人身伤害或财产损失。

**第九条　协议的解除**

1.发生以下情况之一的，甲方可以解除协议：

（1）乙方的病情发展超出了甲方的护理能力；

（2）乙方患传染性疾病或者精神病；

（3）乙方有过度暴力、自残、盗窃、诈骗情形或其他严重不良嗜好，并有多名老人投诉；

（4）乙方涉及刑事犯罪，或者严重损害社会公共利益；

（5）乙方未按时缴纳有关费用或赔偿金，经过催告仍然超过30日不缴纳的；

（6）乙方不遵守甲方规章，对甲方工作产生严重干扰的。

2.如甲方违反本协议中的甲方义务，拒不纠正的，乙方可以解除协议。

3.任何一方解除合同，须至少提前15天通知对方。

4.合同解除后，甲方应按规定退还尚未发生但已预交的费用，**但如乙方因其他原因解除合同，已交费用不予退还。**

5.**合同解除，并不影响甲方向乙方要求支付按协议约定的赔偿金。**

**第十条 违约责任**

除本协议已明确约定违约责任的条款以外，违约方应支付给对方违约金_____元，违约金不足以弥补给对方造成损失的，应按实际损失承担赔偿责任。

**第十一条 解决争议的办法**

各方在履行本协议过程中发生纠纷时，应友好协商解决，协商不成的，依法向_____所在地人民法院起诉。

**第十二条 其他规定**

1.本协议一式三份，甲、乙、丙三方各执一份，具有同等效力。

2.本协议未尽事宜，由各方协商，任何一方认为有必要，均可提议订立补充协议，补充协议经三方确认并签字后生效，并与本协议具有同等效力。

甲方：（盖章）

法定代表人：

委托人：

乙方：（入住老人本人签名并捺印）

丙方：（亲属或其他担保人签名并捺印）

协议签订时间： 年 月 日

## 6.收养协议

收养协议

甲方（收养人）●：(写明姓名、性别、民族、出生年月日、职业、身份证号码、现住址、联系电话等)。

乙方（送养人）：(写明姓名、性别、民族、出生年月日、职业、身份证号码、现住址、联系电话或名称、住所地、法定代表人、联系电话等)。

甲、乙双方就收养＿＿＿＿＿（被收养人姓名），根据《收养法》达成协议如下：

第一条 被收养人的基本情况：(写明：被收养人的姓名、性别、年龄、健康状况、现住址)。

第二条 甲方是＿＿＿＿＿单位的＿＿＿＿＿（职务），现年＿＿＿＿＿岁，住＿＿＿＿＿市＿＿＿＿＿区（县）＿＿＿＿＿街＿＿＿＿＿号。

第三条 甲方的基本情况：(写明收养人的健康状况、财产情况等收养法规定的条件)；符合收养的条件。

第四条 乙方的基本情况：(写明送养人的姓名或者名称，送养的理由)。

第五条 甲方保证在收养关系存续期间，尽抚养被收养人之义务。

第六条 甲、乙双方在本协议签订后5日内，到民政局办理收养登记手续。

第七条 本收养协议自公证机关公证之日起生效。

第八条 自民政机关办理收养登记之日起，甲方和被收养人之间的收养关系成立。


甲方：(签字)　　　乙方：(签字或盖章)

　年　月　日　　　　　年　月　日

_____

●已婚的，收养方为夫妻双方。

# 第十四章 养老机构常用法律文书

## 1.养老服务合同

### 养老服务合同

服务合同（ ）字第＿＿＿＿＿＿＿＿号

甲方（养老服务机构）：＿＿＿＿＿＿＿＿。

法定代表人：＿＿＿＿＿＿＿＿。

地址：＿＿＿＿＿＿＿＿。

电话：＿＿＿＿＿＿＿＿。邮编：＿＿＿＿＿＿＿＿。

乙方（入住老年人）：（写明姓名、性别、民族、出生年月日、职业、身份证号码、现住址、联系电话等）。

丙方（担保人）[1]：（写明姓名、性别、民族、出生年月日、职业、身份证号码、与乙方关系、现住址、联系电话、通讯地址或名称、法定代表人、通讯地址、邮政编码、联系人、手机号码、办公电话等）。

甲方是＿＿＿＿＿＿＿市/区人民政府或（某民政局）投资兴办的养老服务机构，隶属于＿＿＿＿＿＿＿市/区民政局。

乙方经实地考察甲方，自愿申请入住甲方，接受甲方提供的专业养老服务。乙方符合甲方接收条件并愿意按甲方规定支付相应费用。

丙方具有完全民事行为能力，同意作为乙方履行本合同项下付款义务的连带责任保证人，保证期限为主债务履行期满之日起＿＿＿＿＿＿＿年，保证期间不因任何事由发生中断、中止、延长的法律后果。

乙方指定丙方为紧急情况下自己的代理人，代理处理乙方在本合同项下

---

[1]乙方以自己资产提供担保的不适用本合同，因以自己资产担保的养老服务合同条款内容与本合同多有相同或相似，本书不再单列，使用时应对有关条款做相应修改。

的相关事务，丙方对此表示同意。

甲、乙、丙三方经过友好协商，自愿达成以下协议：

**第一条 甲方接收乙方入住的条件及程序**

1.接收条件

乙方为60岁以上，无精神病症状（包括经由精神专科诊断的精神类疾病或妨碍他人的一系列精神类症候群），无传染性疾病，无易引起播散或群发性感染性疾病，能够适应集体生活的休养员。

2.入住程序

（1）乙方接受甲方的入院体检和入院评估，根据评估结果，确定乙方为：_____（在以下三种情况中选择一种）。

①生活能自理；②生活半自理；③生活完全不能自理。

（2）乙方、丙方对上述评估结果表示认可后，填写《入住登记表》及《入住人员基本情况登记表》。

（3）乙方在甲方的试住观察期为_____个月，观察期满，经甲方医生评估合格，乙方正式入住。乙、丙方出现下列任何一项或多项情况，视为不适宜在甲方入住，丙方无条件将乙方接回。

①乙方病情发展超出了甲方的医疗护理能力，或者乙方的要求超出了甲方所能提供的服务范围；

②乙方出现精神病症状，如自伤、走失、轻生意向等；

③乙方出现大喊大叫等情形，影响他人正常休息，甚至打骂他人明显不适宜群体生活；

④乙方或丙方拒绝配合甲方治疗、私自用药或未经许可外出就医；

⑤送养人或担保人不履行送养、担保义务；

⑥乙方故意破坏或恶意浪费公共财物；

⑦乙方系邪教信仰者。

（4）试住观察期满，乙方不适宜在甲方入住的，丙方应在接到甲方通知日内将乙方接出，甲方退还乙方尚未发生的、已预交的押金，双方所签服务合同即行解除。

## 第二条 服务地点及服务设施

1.养老服务地点

_____。

2.入住房间类型

_____。

3.入住区域

_____。

4.服务设施

_____。

## 第三条 服务项目及质量标准

甲方为乙方提供的服务的质量标准应符合国家（或省部级或市级）相关规范要求，在本合同履行期间国家或地方规范有强制要求的，按照强制标准执行。本合同另有符合国家和地方规定的服务质量标准约定的，按照合同约定执行。

## 第四条 收费标准

1.养老服务费用

（1）床位费用标准为_____元人民币/天。

（2）伙食费用标准为_____元人民币/天。

（3）床位及伙食费用缴纳的时间为每月_____日至_____日。

（4）所有相关费用由乙方或丙方支付，甲方应向乙方开具收据。

2.押金（如甲方不要求，则无需填写）

（1）乙方应于签约时向甲方支付押金人民币_____元，用于支付延付的床位费、违约金、赔偿金以及乙方突发疾病的救治等相关费用。

（2）合同期限内，乙、丙方应遵守合同约定，及时、足额缴纳相关费用，如押金不足_____元，乙、丙方有义务自行查询并及时补足，或在接到甲方电话或书面通知之日起_____日内补足。

## 第五条 甲方的权利、义务

1.甲方的权利

（1）按照本合同约定收取相关费用；

（2）按照甲方的管理制度对乙方进行管理；

（3）制订、修改管理制度，但须通知乙、丙方；

（4）根据乙方的病情、生活自理情况及相关评估结果，调整乙方入住的服务区或房间，但须告知乙、丙方；

（5）为了乙方的健康和安全，在乙方出现紧急情况时，有权在通知丙方的同时采取紧急措施。

2.甲方的义务

（1）按合同约定向乙方提供符合服务质量标准的养老服务；

（2）按合同约定提供各项服务设施，确保养老服务场所、设施符合行业标准规定和正常运行；

（3）配备有资质的各类服务人员提供养老服务；

（4）在提供服务的过程中，尊重乙方，保障乙方的安全；

（5）当乙方发生紧急情况时及时通知丙方或其他约定的联系人；

（6）为乙方建立个人档案，将包括乙方的入住登记表、体检报告等健康资料完整保存；除依法供乙方、丙方和其他有权部门查阅、复制外，不得对外透露；

（7）允许丙方及经乙方许可的亲属和其他人员探视乙方并提供方便；

**第六条　乙方的权利、义务**

1.乙方的权利

（1）按照约定的服务项目获得甲方提供的符合服务标准的养老服务；

（2）对甲方的服务有提出批评和意见的权利；

（3）对自身的健康状况、费用支出、入院记录等有知情权，有权查阅、复印甲方为其建立的个人档案中的相关部分；

（4）有权了解提供服务的人员是否具备相应资质；

（5）在入住期间依法享有人身自由；

（6）享有隐私权，人格尊严和人身、财产安全不受侵害；

（7）有权提前10日通知甲方解除本合同；

（8）在突发急病的情况下有权获得及时医疗救助（仅限甲方现有条件下的急救）。

2.乙方的义务

（1）入住前要如实向甲方反映本人的情况，如脾气秉性、家庭成员、既往病史等；

（2）入住后要自觉遵守养老机构的相关制度，接受管理，爱护甲方提供的各项服务设施；

（3）言行举止文明，与其他入住老人搞好团结；

（4）在接受甲方提供的养老服务期间，因疾病出现诊疗情形，应在治疗期间遵守医嘱和护理要求，配合诊断治疗和治疗护理；

（5）按照合同规定的时间和金额支付各项费用，对偶发性费用如治疗、急救费用等应随时结清；

（6）根据病情、生活自理情况及相关评估结果，服从甲方调整服务区或房间及床位的安排，并根据相应收费标准支付相关费用；

（7）配合甲方工作人员完成相关照料、医疗、护理及外事接待任务。

**第七条 丙方的权利、义务**

1.丙方的权利

（1）对乙方的身体健康和享受服务的情况等有知情权；

（2）有权查阅、复制乙方在甲方的档案资料中的相关部分；

（3）遇紧急情况（包括但不限于乙方走失、身体健康状况出现紧急情况时）有权从甲方得到相关信息；

（4）对乙方有探视权；

（5）经乙方同意，在乙方的权益受到损害时有权代理乙方向甲方主张权利。

2.丙方的义务

（1）入住前如实向甲方陈述其知悉的乙方的脾气秉性、家庭成员、既往病史等可能影响服务和群居生活的情况。

（2）乙方在试住观察期被甲方视为不适宜入住的，应在____日内无条件将乙方接回。

（3）应保证经常和乙方进行沟通，保持联络，满足乙方的精神需求；并主动与甲方联系，获得乙方信息，至少每月探视乙方1~2次，因故长期不能来探视的，应及时通知甲方。

（4）乙、丙方的家庭及单位地址、联系方式变更时，应及时（48小时内）通知甲方。

（5）应及时协助并配合甲方处理乙方出现的紧急情况，在接到甲方要求来院的通知后应立即到院。

（6）按照本合同约定，自愿就乙方入住甲方期间发生的全部费用承担连带责任。

（7）乙方入住期间被查出患有传染性疾病或精神病症状时，丙方接到甲方通知后应立即为乙方办理出院手续，传染性病症不超过24小时，精神病症状最迟不超过72小时。如丙方接到通知后超过3天仍未为乙方办理出院手续，甲方可将乙方送至丙方处，并由乙方及丙方承担相应费用。期间，乙方发生坠楼、摔伤、走失、打人、毁物等情况，责任由乙方及丙方承担。甲方因采取保护措施发生的费用由乙方承担，丙方承担连带清偿责任。

（8）乙方入住期间，发生甲方尚无有效治疗手段的疾病时，丙方在接到甲方通知后，应立即与甲方主管医师协商，确定治疗意见。甲方要求办理转院手续时，丙方应迅速办理。因丙方原因延误乙方治疗时机的，后果由丙方承担。

**第八条 特别约定**

**1.乙方入住期间发生费用的承担**

（1）乙方试住观察期间，丙方接到甲方"不适宜入住甲方"的通知，逾期或拒绝将乙方接出的，甲方将终止对乙方的各项服务，并通知有关机构将乙方送回丙方，往返车费、护送费及一切实际发生的费用或不可预见的一切责任由乙、丙方承担。

（2）正式入住期间，丙方收到甲方缴费通知，超期不为乙方办理资费手续且乙方在甲方留存押金不足　　元时，甲方有权终止本合同，停止对乙方的各项服务。期间发生意外，后果由乙、丙方承担。甲方亦可将乙方送回丙方处，往返车费/护送费用及一切实际发生的费用、中途发生意外/后果等，由乙方及丙方承担。

2.出现疾病或事故等紧急事件的处理

（1）如乙方在入住期间突发危重病或身体伤害事件，甲方应及时通知丙方并告知治疗措施，征求丙方意见，同时尽自身所能立即采取必要救助措施；丙方接到通知后，须根据甲方要求来院处理及陪同到外院治疗。如果丙方不能来院，须确定的其他联系人及时到院处理相关事宜。

（2）由于疾病或事故等紧急事件发生的一切费用，包括但不限于急救费用、治疗费用、住院押金等，均由乙方负担，丙方承担连带责任。

（3）乙方出现发热或感染性疾病须到外院就诊。

（4）乙方出现病情变化且需到养护区或医疗区留观时，在没有养老护理员的情况下，应由家属24小时陪同，若不能陪同则须转到外院治疗。

3.丙方与甲方中断联系的约定

（1）因丙方提供的联系地址、方式不准确或不详细或变更后未及时通知甲方，或其他原因致使甲方无法与丙方及时联系，此种情况连续达一个月则视为联系中断。如果联系中断的情形持续两个月，甲方与乙方协商后，有权重新确定联系人，但不免除丙方应承担的义务。

（2）如果在丙方联系中断的情况下出现丙方应承担保证责任的情形，则甲方有权起诉丙方，丙方应负担由此产生的一切费用，包括但不限于乙方拖欠的养老服务费、违约金、赔偿金、诉讼费用、甲方聘请律师实际支付的律师费及为挽回损失所支付的一切费用。

4.特殊情形责任的负担

（1）乙方不服从甲方管理、不听从甲方劝阻或不接受甲方服务，食用在外自购食品或探视亲友送来的食品等原因造成的损害，责任由乙方承担。遇上述情况，甲方应及时通知丙方。

（2）本合同有效期内，乙方因自身身体原因病危的，甲方应在所提供服务和自身能力的范围内积极救治，但对乙方的疾病或死亡不承担责任。

（3）因不可抗力致乙方受到伤害，后果由乙、丙方承担。

**第九条 法定赡养义务不免除**

本合同关于乙、丙方权利义务的约定，并不免除对乙方有法定赡养义务的其他人员的法定责任。

**第十条 合同的变更和解除**

1.合同的变更

（1）根据乙方健康状况的变化，甲方可以提出变更服务项目方案的建议，并以书面形式通知乙方及丙方，乙方和丙方应对新的方案和收费金额进行确认，如有异议应以书面形式回复。如乙方或丙方收到甲方变更护理方案的书面通知后既不确认又不提出异议，甲方有权根据乙方的健康状况调整服务项目或提出解除合同。若乙方接受甲方调整后的养老服务，乙方和丙方有义务支付调整后的养老服务费用。乙方和丙方拒绝根据调整后的服务项目支付养老服务费用的，甲方有权解除合同并对已提供的服务按照调整后的收费标准收取服务费。

（2）当与甲方日常管理、服务直接相关的食品或人工的市场价格上涨时，甲方有权在该上涨幅度内适当调整收费标准，并将价格调整的通知在调价前15日以书面形式通知乙方及丙方。

乙方或丙方对价格调整有异议的，可在收到通知后15日内以书面形式提出解除合同；乙方或丙方虽有异议但要求继续按照原收费标准履行合同的，甲方有权提出解除合同。这两种情况下解除合同，甲方及乙方、丙方互不承担违约责任。

如果乙方或丙方收到通知后15日内不以书面形式提出异议，但拒绝根据调整后的价格支付相关费用的，甲方有权解除合同并按照原收费标准收取已提供服务的费用。

2.合同的解除

在下列情况下，可以解除本合同：

（1）甲方提供的服务不符合合同约定，或因甲方或甲方工作人员的过错造成乙方人身、财产损害的，乙方有权提出解除合同。

（2）如果乙方无故拖欠各项费用超过两个月，甲方有权解除合同，书面通知乙方出院。如果乙方在甲方发出解除合同通知后7日内仍不出院，甲方有权提起诉讼，请求民、法院确认合同解除。此种情况下解除合同，乙方除应支付拖欠的服务费用、诉讼期间的养老服务费用，还应当支付相当于一个月服务费的违约金，并负担由此产生的诉讼费用，包括但不限于诉讼费、甲方聘请律师的实际支出等。丙方承担连带责任。

（3）乙方严重违反甲方规章制度，经甲方书面告知，乙方仍不改正的，甲方有权解除本合同。

（4）发生不可抗力或甲方破产等情况，致甲方不能履行合同，甲方在通知丙方后应将乙方转至其他养老院或送回乙方或丙方住所。

（5）乙方因疾病住医院治疗，甲方应当主动询问乙方是否与甲方解除合同，此种情况下，乙方可解除本合同，无需承担提前解除合同的违约责任。如果乙方不提出解除本合同而要求保留床位或房间的，应照常向甲方交纳相关费用。

（6）因甲方提出调整养老服务项目和（或）收费的方案，三方无法达成一致的，乙方可以提出解除合同。

（7）乙方不适应居住或管理环境，提前10日可以提出解除合同，无须承担违约责任。甲方应在10日内结清款项，退回押金（如有）。

**第十一条 违约责任**

（1）因甲方或甲方工作人员过错造成乙方人身或财产损失的，应由甲方承担赔偿责任。

（2）乙方不按约定时间交纳费用未达两个月的，除应尽快补足所拖欠的费用外，还应承担逾期付款的违约责任，每逾期1日承担3‰的违约金。

（3）乙方违反甲方制定的规章制度，包括但不限于违反禁止房内吸烟的规定、不服从甲方管理、扰乱他人正常生活、打架斗殴、故意伤害他人，或因其他违法、犯罪行为等造成自身伤害的，由乙方自行承担全部责任；由此造成甲方或第三人（包括但不限于其他入院老人或亲属、甲方职工、来访人员等）人身或财产损失的，由乙方承担法律责任，丙方对此承担连带责任。

**第十二条 免责条款**

因不可抗力导致甲方无法履行本合同，甲方应在发生不可抗力事件后及时通知乙、丙方，本合同自动解除，各方不承担解除合同的责任。甲方、丙方应积极协调，根据乙方的意愿转至其他养老院或送回乙方或丙方住所。

**第十三条 合同期限**

经甲、乙、丙三方协商，确定本合同期限为＿＿＿＿年。从＿＿＿＿年＿＿＿＿月＿＿＿＿日起至＿＿＿＿年＿＿＿＿月＿＿＿＿日。

**第十四条 合同期满的处理**

（1）合同期满前＿＿＿＿天，乙方可申请续订合同。

（2）如果乙方在合同期满前不提出续订合同的申请，乙方应于合同到期＿＿＿＿日搬出甲方，办理出院手续并结清所有费用。

（3）合同期满后乙方既不提出续订合同又不搬出甲方，则本合同变更为无固定期限的合同；甲、乙、丙三方仍按原本合同约定内容履行。

若乙方或者丙方拒不按照原合同履行，甲方有权书面通知乙方、丙方解除合同，要求丙方将乙方从养老院接出。如果丙方在甲方发出解除合同通知后7日内仍不接出，按照本合同第十条规定的第2款合同的解除程序办理。

**第十五条 通知**

在本合同中所标明的甲方、乙方和丙方的地址和联系方式为各方各自有效的通讯地址和联系方式。一方变更通讯地址和联络方式应及时通知其他各方当事人。

因一方变更通讯地址未及时通知其他各方，导致未被通知的一方发出的文件无法送达，则视为文件已经送达。

一方发往另一方通讯地址的挂号信、特快专递、电报，如果以地址不详或查无此人或收件人拒收的理由被退回，则视为该文件已经送达。

乙方入住甲方期间，有关本合同的履行事宜甲方应直接将书面通知交付乙方才视为通知或送达了乙方。

**第十六条 纠纷的解决方式及管辖**

本合同未尽事宜，甲、乙、丙三方可签订补充协议。补充协议为本合同书不可分割之部分，与本合同具有同等法律效力。

凡因执行本合同所发生的或与本合同有关的一切争议，甲、乙、丙三方应尽量通过协商解决，协商解决不成，应提交甲方所在地人民法院裁决。

**第十七条 合同附件**

（1）《入住登记表》；

（2）《入住人员基本情况登记表》；

（3）乙方、丙方（个人）身份证及乙方户口本复印件；

（4）房间设施表。

**第十八条 合同生效**

本合同一式三份，甲、乙、丙方各持一份，具有同等法律效力。自乙方、丙方签字或盖章以及甲方盖章和授权代表签字之日起生效。

甲方：（公章）

法定代表人：（签字）

日期：

乙方：（签字并捺印）

日期：

丙方：（书写：**我已认真阅读本合同所有条款及附件，自愿在乙方无力支付入院费用时承担连带责任。**）（签字或者盖章并捺印）

日期：

附：房间设施及公共设施清单（略）

## 2.失能老人养老服务合同

### 失能老人养老服务合同❶

服务合同（　）字第＿＿＿号

甲方（养老服务机构）：＿＿＿＿＿＿＿。

法定代表人：＿＿＿＿＿＿。

地址：＿＿＿＿＿＿＿。

电话：＿＿＿＿＿＿。邮编：＿＿＿＿＿＿。

乙方（入住老年人）：(写明姓名、性别、民族、出生年月日、职业、身份证号码、现住址、联系电话等)。

丙方：(写明姓名、性别、民族、出生年月日、职业、身份证号码、与乙方关系、现住址、联系电话、通讯地址等，或名称、法定代表人、通讯地址、邮政编码、联系人、手机号码、办公室电话等)。

甲方是＿＿＿＿＿市/＿＿＿＿＿区政府或(某民政局)投资兴办的养老服务机构，隶属于＿＿＿＿＿市/＿＿＿＿＿区民政局。

鉴于：

1.甲方是依法成立的养老服务机构，能够提供居住、生活照料、膳食、心理/精神支持服务等一系列养老服务；

2.乙方被依法确认为不具有完全民事行为能力人（或无民事行为能力人）；

3.丙方及乙方的监护人经实地考察，自愿决定送乙方入住甲方，接受甲方提供的专业养老服务并愿意向甲方支付相应费用；

4.丙方自愿负担乙方在入住期间发生的一切费用。

为营造温馨、舒适、安全的生活环境，满足老年人"老有所养、老有所乐"的需要，切实保障老年人的合法权益，明确各自的权利义务，依据《老年人权益保障法》《合同法》《＿＿＿＿＿（地方）老年人权益保障条例》等法

---

❶本合同适用于患阿尔茨海默症、属于限制行为能力人或者无民事行为能力人的入住老年人，不适用于患其他精神疾病的入住老年人。此种情况下，丙方是本合同的付款义务人，同时也可能是入住老年人的监护人。

181

律规定、行业及地方规范，本着诚实信用的原则，甲、乙、丙三方经过友好协商，就养老服务事宜，自愿达成以下协议条款，供各方遵守履行。

**第一条 甲方接收乙方入住的条件及程序**

1.接收条件：<u>乙方无精神病、无传染性疾病</u>。

2.入住程序：

（1）乙方的监护人向甲方提供乙方的《健康状况陈述书》作为本合同附件4。该陈述书应包括乙方既往病史情况、目前是否患有疾病、心理和精神状况、自理能力等内容。

（2）乙方的监护人应向甲方提供乙方在本合同签署前1个月内在本市二级甲等以上医院进行体检的《体检报告》。（体检项目包括精神健康状况、传染性疾病等）。

该《体检报告》作为本合同附件3，由甲方作为乙方入院的健康档案进行保管。

（3）甲方根据乙方监护人提供的《健康状况陈述书》《体检报告》及对乙方的身体状况进行的综合测评，确定乙方为（在以下两种情况中选择一种）：_____。

①生活半自理的老人②生活完全不能自理的老人

乙方监护人及丙方对甲方所作的自理能力测评结果表示认可。

（4）填写《入住登记表》（见本合同附件4）。

**第二条 服务地点及服务设施**

1.甲方提供养老服务的地点为：_____（明确到养老院的具体门牌号）。

2.乙方监护人为乙方选择的房间类型为（在以下几种情况中选择一种）：_____。

①单间②双人间③三人间④多人间（四人以上，含四人）

3.乙方监护人为乙方选择的具体房间为：_____。

乙方的监护人基于正当理由要求调整乙方房间的，不涉及房间类型变化的，甲方在条件许可的范围内应尽量满足。涉及房间类型变化，由此增加费用负担的，应由丙方书面确认是否调整。

4.甲方提供的服务设施包括房间内设施及公共设施，具体明细见本合同附件6、7。

**第三条 服务项目及质量标准**

1.甲方按照民政部和本省（自治区、直辖市）的规范要求，可以提供个人生活照料、膳食、心理/精神支持、安全保护、环境卫生等服务。具体服务范围详见本合同附件8。

2.根据乙方实际情况，甲方、乙方的监护人及丙方同意为乙方选择服务项目，具体内容见本合同附件9。

3.如为乙方选择其他服务项目，或因乙方的情况发生变化需要变更服务项目，由甲方、丙方及乙方监护人另行协商并签署补充合同确定。

4.甲方向乙方提供服务的质量标准应符合国家或_____省（自治区、直辖市）的要求，在本合同履行期间国家或地方规范新增强制要求的，按照强制标准执行。本合同另有符合国家和地方规定的服务质量标准约定的，按照合同约定执行。

**第四条 体检**

甲方每年组织乙方进行_____次体检，并将体检结果告知丙方。体检费用由丙方负担。

如果经体检，医生建议乙方做特殊检查的，甲方应及时通知乙方监护人和丙方，征得丙方同意后，安排针对乙方的特殊检查，相关费用由丙方承担。

乙方监护人应配合甲方安排的体检。

**第五条 收费**

1.养老服务费用

（1）甲方提供各项养老服务项目的收费标准见本合同附件11。

（2）根据本合同第三条所选择的服务项目，乙方的养老服务费标准为每月_____元人民币，计每年_____元人民币。该费用包括_____费（根据服务项目列举每个项目的收费）。

（3）如根据第三条第3项乙方接受了其他项目的服务，甲方应根据本条公布的收费标准或根据达成的补充合同收取费用。对此，甲方每月向丙方及乙方的监护人提供《个人费用明细表》，丙方及乙方的监护人应签字确认乙方在甲方接受服务的费用明细，如有异议，可在收到《个人费用明细表》后7日内提出，甲方应作出书面说明。

（4）所有相关费用由丙方支付，甲方应向丙方开具收据。

（5）上述养老服务费的支付时间为_____。

2.押金（包括入住押金和医疗备用金）（如甲方不要求，则无需填写）：

（1）丙方应于签约时交纳相当于_____个月养老服务费的费用，计_____元人民币作为入住押金，作为延付养老服务费用、违约金、赔偿金等的担保。

（2）丙方应于签约之日向甲方支付医疗备用金_____元人民币，用于乙方突发疾病的救治、交付给医院的押金及支付相关费用。

（3）合同期限内押金不足_____元人民币，甲方应书面通知丙方，丙方应在接到通知之日起10日内补足。

（4）入住押金和医疗备用金不计利息（若计息则注明计息标准），甲方不得挪作他用，在合同到期或合同提前终止时，扣除相关费用后应于合同终止的同时返还丙方。

第六条 甲方的权利、义务

1.甲方的权利：

（1）按照本合同约定收取相关费用；

（2）按照公示的管理制度对乙方进行管理；

（3）在征询乙方监护人及丙方的意见后，制订、修改管理制度；

（4）为了乙方的健康和安全，有权根据乙方所需服务项目的变化情况调整乙方入住的房间；

（5）为了乙方的健康和安全，在乙方出现紧急情况时，有权在通知乙方监护人、丙方的同时采取紧急措施。

2.甲方的义务：

（1）按合同约定向乙方提供符合服务质量标准的养老服务；

（2）按合同约定提供各项服务设施，确保养老服务场所、设施符合行业标准规定和正常运行；

（3）按照规定配备符合比例要求的有资质的各类服务人员提供养老服务；

（4）在提供服务的过程中，尊重乙方，保障乙方的人格尊严和人身、财产安全；

（5）在条件许可的情况下尽量满足乙方调整居住房间的要求；

（6）当乙方发生紧急情况时及时通知乙方监护人和丙方或其他约定的联系人；

（7）为乙方建立个人档案，将包括乙方的《入住登记表》《体检报告》等健康资料以及日常经费开支情况等个人信息归入其中，完整保存；除向乙方监护人、丙方和其他有权部门（公安局、检察院、法院、养老服务行业主管机关因办案、监督、检查需要）提供查询和复制外，不得对外透露；

（8）允许乙方监护人、丙方及经乙方监护人许可的亲属和其他人员探视乙方并提供方便；

（9）在丙方无力支付养老服务费用时，依法妥善安置乙方；

（10）接受乙方监护人和 丙方对甲方的合理建议和监督。

第七条 乙方的权利

1.按照约定的服务项目获得甲方提供的符合服务标准的养老服务；

2.通过监护人，对甲方的服务有批评建议的权利；

3.通过监护人对自身的健康状况、费用支出、入院记录等有知情权，有权查阅、复印甲方为其建立的个人档案；

4.通过监护人有权了解提供服务的人员是否经过专业培训，是否具备相应资质，对未经专业培训或不具备相应资质或提供服务不合格的人员有权要求甲方更换；

5.通过监护人，在甲方条件许可的情况下有权要求调整房间，甲方应尽量满足；

6.在监护人的监护下有参加社会活动的自由和权利；

7.享有隐私权，人格尊严和人身、财产安全不受侵害；

8.通过监护人，有权提前10日提出解除本合同；

9.在突发疾病的情况下有权获得及时医疗救助的权利。

**第八条 丙方的权利、义务**

1.丙方的权利：

（1）对乙方的健康状况、费用支出、入院记录等有知情权，有权查阅、复印甲方为其建立的个人档案；

（2）有权了解提供服务的人员是否经过专业培训，是否具备相应资质，对未经专业培训或不具备相应资质或提供服务不合格的人员有权要求甲方更换；

（3）在甲方条件许可的情况下有权要求调整乙方房间，甲方应尽量满足；

（4）对甲方的服务有批评建议的权利；

（5）遇紧急情况，包括但不限于乙方走失、身体健康状况出现紧急情况时，有权第一时间从甲方得到相关信息；

（6）对乙方有探视权；

（7）在乙方的权益受到损害时有权直接向甲方主张权利。

2.丙方的义务：

（1）入住前要如实向甲方陈述乙方的脾气秉性、家庭成员、既往病史等可能影响服务的情况；

（2）应经常与乙方进行沟通，保持联络，满足老人的精神需求。至少每月探视入住老人_____，因故长期不能来探视的，应及时通知甲方；

（3）家庭及单位地址、联系方式变更时，应及时通知甲方；

（4）应及时协助甲方处理乙方出现的紧急情况；

（5）按照本合同约定，支付乙方在甲方入住期间发生的全部费用。

**第九条 特别约定**

1.出现疾病或事故等紧急事件的处理。

（1）如乙方在入住期间突发疾病或发生身体伤害事故，甲方应及时通知乙方的监护人及丙方，并尽自身所能立即采取必要救助措施，及时联系120或999急救车辆；如需到医疗机构急救，甲方应派人陪同。不能及时联系上乙方监护人和丙方的，应尽早与本合同确定的其他联系人取得联系，通报情况。

（2）由此发生的一切费用（包括但不限于急救费用、治疗费用、住院押金等）均由丙方负担。

2.乙方去世的善后服务及相关费用。

（1）本合同有效期内，如乙方去世，甲方应及时与乙方监护人和丙方取得联系，乙方监护人和丙方负责善后工作，并承担相关费用（或由甲方直接从押金中扣除）。

（2）甲方负责办理死亡证明，负责与殡仪馆联系的，丙方负责承担（或由甲方直接从押金中扣除）善后服务费_____元人民币。

（3）发生本款约定的情况，如甲方自发出书面通知之日起3日内仍无法与乙方监护人和丙方取得联系，或者虽然取得联系但丙方在甲方发出书面通知之日起3日内仍不来协同处理相关事宜的，乙方监护人和丙方在此授权甲方本着合理善意、符合公序良俗的原则进行善后处理，包括但不限于遗体火化、骨灰寄存等，发生的一切费用由丙方承担（或由甲方直接从押金中扣除）。

3.甲方与乙方监护人及丙方中断联系。

因乙方监护人和丙方提供的联系地址、方式不准确或不详细或变更后未及时通知甲方，或其他原因致使甲方无法与乙方监护人和丙方及时联系，此种情况连续达1个月则视为联系中断。如果联系中断的情形持续2个月，且拖欠服务费达到2个月，甲方有权解除本合同。

如果乙方有法定赡养义务人，甲方可以通知法定赡养义务人，如法定赡养义务人同意，可作为新的联系人和负担服务费用的一方，替代丙方，承受本合同约定的丙方的权利义务。

4.特殊情形责任的承担。

（1）在入住期间，乙方食用探视亲友送来的食品等原因造成的损害，由乙方监护人及丙方承担相应后果。遇上述情况，甲方应及时通知乙方监护人及丙方。

（2）本合同有效期内，乙方因自身身体原因患病或去世的，甲方应在所提供服务和自身能力的范围内积极救治，但对乙方的疾病或死亡不承担责任。

（3）因不可抗力致乙方受到伤害，后果由乙方、乙方监护人及丙方承担。

5.本合同关于甲方、丙方权利义务的约定，并不免除对乙方有法定赡养义务、监护义务的其他人员的法定责任。

**第十条 合同的变更和解除**

1.合同的变更：

（1）根据乙方健康状况的变化，甲方可以提出变更服务项目的建议，并以书面形式通知乙方监护人及丙方，乙方监护人及丙方应对新的服务项目和收费金额进行书面确认，如有异议可在收到通知后15日内以书面形式提出解除合同。如乙方监护人及丙方收到甲方变更服务项目的书面通知后既不确认又不提出异议，甲方有权选择根据乙方的健康状况调整服务项目或提出解除合同。若甲方选择根据调整后的服务项目继续提供养老服务的，丙方有义务支付调整服务项目后的养老服务费用。丙方拒绝根据调整后的服务项目支付养老服务费用的，甲方有权解除合同并对已提供的服务收取服务费。

（2）当与甲方日常管理、服务直接相关的食品或人工的市场价格上涨时（以国家统计局公布的数据为准，食品价格同比上涨超过____%，居民消费价格指数CPI同比上涨超过____%），甲方有权在该上涨幅度内适当调整收费标准，并将价格调整的通知在调价前30日以书面形式通知丙方。

丙方对价格调整有异议的，可在收到通知后15日内以书面形式提出解除合同；丙方虽有异议但要求继续按照原收费标准履行合同的，甲方有权提出解除合同。这两种情况下解除合同，甲方及乙方、丙方互不承担违约责任。

如果丙方收到通知后15日内不以书面形式提出异议，但拒绝根据调整后的价格支付相关费用的，甲方有权解除合同并按照原收费标准收取已提供服务的费用。

2.合同的解除：

（1）甲方提供的服务不符合合同约定，或因甲方或甲方工作人员的过错造成乙方人身、财产损害的，乙方监护人及丙方有权提出解除合同。

（2）如果丙方无故拖欠各项费用超过2个月，经甲方催告后10日内仍不缴纳的，甲方有权解除合同，书面通知乙方监护人及丙方接乙方出院。如果乙方监护人及丙方在甲方发出解除合同通知后7日内仍不将乙方接出养老院，甲方有权提起诉讼，请求法院确认合同解除。此种情况下解除合同，丙方除应支付拖欠的服务费用、诉讼期间的养老服务费用，还应当支付相当于1个月服务费的违约金，并负担由此产生的一切诉讼费用，包括但不限于诉讼费、甲方聘请律师的实际支出等。

（3）发生不可抗力或甲方破产等情况，致甲方不能履行合同，甲方在通知乙方监护人及丙方后应会同乙方监护人及丙方将乙方转至其他养老院或送回乙方监护人住所。

（4）乙方因疾病住医院治疗，甲方应当主动询问乙方监护人及丙方是否与甲方解除合同，此种情况下，乙方监护人及丙方可解除本合同，且无需承担提前解除合同的违约责任。如果乙方监护人及丙方不提出解除本合同而要求保留床位或房间的，应照常向甲方交纳_____等费用。

（5）因甲方提出调整养老服务项目和（或）收费的方案，三方无法达成一致的，乙方监护人及丙方可以提出解除合同。

（6）乙方不适应居住或管理环境，乙方监护人及丙方提前10日可以提出解除合同，无须承担违约责任。甲方应在10日内结清款项，退回押金（如有）。

**第十一条 违约责任**

1.因甲方或甲方工作人员过错造成乙方人身或财产损失的，应由甲方承担赔偿责任。

2.甲方没有按约定提供服务，应相应降低收取养老服务费用；由此造成乙方人身或财产损失的，还应当赔偿乙方实际损失。

3.甲方服务人员资质不合格或提供的服务不合格，经乙方监护人或丙方提出，甲方不及时更换或改进服务达到合格的，乙方监护人或丙方有权解除合同，并要求甲方减少不合格服务部分的收费，由此造成乙方人身或财产损失的，还应承担赔偿责任。

4.甲方或其工作人员侵犯乙方隐私权或人格尊严造成乙方精神损害的，应承担赔偿责任。

5.甲方或其工作人员侵害乙方监护人及丙方对甲方提供的养老服务的知情权的，乙方监护人及丙方有权要求甲方改正，甲方并应承担乙方监护人及丙方因行使知情权发生的所有费用。

6.丙方不按约定时间缴纳费用，除应尽快补足所拖欠的费用外，还应承担逾期付款的违约责任，具体为：每逾期1日承担_____%的违约金。

7.除因不可抗力、丙方过错或本合同另有约定外，甲方提出解除合同，应向乙方支付违约金，违约金的具体标准为：_____。

8.甲方需要停业、转让的，需提前3个月通知乙方监护人及丙方，并依法妥善安置乙方。

**第十二条 免责条款**

**因不可抗力导致甲方无法履行本合同，甲方应在发生不可抗力事件后及时通知乙方监护人及丙方，本合同自动解除，各方互不承担违约责任。甲方、乙方监护人及丙方应积极协调，妥善安置乙方：协助乙方转至其他养老院或送回乙方监护人住所。**

**第十三条 合同期限**

经协商，确定本合同期限为____年（月），从____年____月____日起至____年____月____日。

**第十四条 合同期满的处理**

1.合同期满前30天，丙方可申请续订合同。

2.如果丙方在合同期满前不提出续订合同的申请，乙方监护人应于合同到期日将乙方接出养老院，办理出院手续，由丙方结清所有费用。

除乙方监护人及经其书面授权者外，乙方的任何亲友无权带乙方离院。

3.合同期满后丙方既不提出续订合同，乙方监护人又不将乙方接出养老院的，本合同变更为无固定期限的合同；甲、乙、丙三方仍按原本合同约定内容履行。

若丙方拒不按照原合同履行，甲方有权解除合同，书面通知丙方，要求乙方监护人将乙方从养老院接出。如果在甲方发出解除合同通知后7日内仍不接出的，按照本合同第十条第2款之第（2）项办理。

**第十五条　通知**

在本合同中所标明的甲、乙、丙三方的地址和联系方式为各方各自有效的通讯地址和联系方式。一方变更通讯地址和联络方式应及时通知其他各方当事人。

因一方变更通讯地址未及时通知其他各方，导致未被通知的一方发出的文件无法送达，则视为文件已经送达。

一方发往另一方通讯地址的挂号信、特快专递、电报，如果以地址不详或查无此人或收件人拒收的理由被退回，邮寄方无过错的，则视为该文件已经送达。

乙方入住期间，有关本合同的履行事宜甲方应直接将书面通知交付乙方监护人才视为通知或送达乙方。

**第十六条　纠纷的解决方式及管辖**

因本合同引发的纠纷应尽量协商解决，协商解决不成的，由甲方所在地人民法院管辖。

**第十七条　合同附件**

附件1.加盖甲方公章的甲方合法注册登记文件复印件；

附件2.乙方、丙方（个人）身份证及户口本复印件（丙方是单位的，提交加盖公章的丙方合法注册登记文件复印件）；

附件3.二级甲等以上医院出具的《体检报告》（体检时间在1个月以内）；

附件4.丙方签字的乙方的《健康状况陈述书》及《入住登记表》；

附件5.甲方出具的、经丙方签字认可的《自理能力测评报告》；

附件6.《房间设备表》；

附件7.《公共设施设备表》；

附件8.甲方《服务范围表》（甲方应根据《养老服务机构服务质量规范》，填写具体服务项目，如个人生活照料服务包括协助洗脸、刷牙、理发等）；

附件9.丙方选择的服务项目；

附件10.《养老服务机构服务质量规范》；

附件11.甲方提供养老服务的各种服务项目的收费标准；

附件12.《_____养老院入住须知》及甲方制定的规章制度并由乙方、丙方亲自标注"乙方、丙方收到并已认真阅读前述文件并自愿遵守"并签字捺印；

附件13.甲、乙、丙三方签字盖章的《补充协议》；

附件14.乙方为无民事行为能力人或限制行为能力人的相关证明；

附件15.丙方为乙方监护人的合法证明。

**第十八条 生效**

本合同一式三份，甲、乙、丙方各一份，具有同等法律效力，自各方签字或盖章后生效。

甲方：（盖章）

法定代表人：（签字）

日期：

乙方：（签字并捺印）

日期：

丙方：（签字、盖章或者捺印）

日期：

附件：（略）

## 3.养老设备购销合同

养老设备购销合同

合同编号：（＿）第＿＿＿＿＿＿＿＿号

买方（甲方）：×××福利院（养老院）。

卖方（乙方）：＿＿＿＿＿＿＿＿＿＿。

甲、乙双方本着诚实信用原则，经充分友好协商，就本合同项下的设备买卖事宜达成一致，并根据《合同法》《老年人权益保障法》等相关法律法规签订本合同，以资信守。

**第一条 合同标的**

养老设备名称和规格：＿＿＿＿＿＿＿＿＿＿。

制造原产地：＿＿＿＿＿＿＿＿。

设备的配置清单见附件一。

**第二条 合同价款**

设备单价为：＿＿＿＿＿＿＿＿。

设备数量：＿＿＿＿＿＿＿＿。（台/套）

合同总价为：＿＿＿＿＿＿＿＿。

**第三条 付款日期**

合同签订后＿＿＿＿＿＿＿个工作日内，甲方支付总货款的＿＿＿＿＿＿＿％，计＿＿＿＿＿＿＿；设备安装调试验收合格后＿＿＿＿＿＿＿个工作日内，甲方支付＿＿＿＿＿＿＿％货款，计＿＿＿＿＿＿＿；剩余的＿＿＿＿＿＿＿％货款计，待后支付。

**第四条 交付条件**

乙方应在签订合同之日起的＿＿＿＿＿＿＿日内向甲方交付设备。如果交付期限的最后1天为休息日或法定节假日，则最后交付期限为该休息日或法定节假日之后的第1个工作日。

设备交付地点在甲方所在地或者甲方指定的地点。

乙方应在设备交付的同时交付能保证设备正常操作和使用的操作手册等必要的技术文件（见附件二）。

**第五条 交付方式**

在设备交付前_____日内，乙方联系人应通知甲方联系人做好接收准备。

设备交付时，甲方联系人和乙方联系人均应在场。

设备由乙方运输至交付地点，在甲方指定地点完成全部卸货后，即视为设备交付甲方。设备交付后，甲方联系人和乙方联系人应共同签署交付清单。

**第六条 检验**

甲方与乙方应在设备交付后_____个工作日内共同对设备进行拆包检验，以检验设备的品种、型号、规格、数量、外观、新旧程度、技术文件等（以上统称设备状况）是否符合合同约定，并根据检验情况分别作如下处理：

1.经检验，设备状况符合合同约定的，甲方联系人和乙方联系人应共同签署检验清单，并注明设备状况符合合同约定。

2.经检验，设备状况存在瑕疵，但瑕疵不影响设备安装调试和使用的，乙方应在设备安装调试合格前使设备状况和技术文件符合合同约定。设备瑕疵情况应由甲方联系人和乙方联系人在共同签署的检验清单中注明。

3.经检验，设备状况存在瑕疵，足以影响设备安装调试和正常使用的，乙方应在_____个工作日内使设备符合合同约定，并按照延期交付承担违约责任。设备瑕疵情况和补救措施应由甲方联系人和乙方联系人在共同签署的检验清单中注明。

**第七条 安装条件**

为保证设备在交付后可以正常安装、调试和使用，乙方应协助甲方使安装场地及供电等安装条件符合乙方安装要求。为此，甲方应在本合同生效后的_____个工作日内向乙方提供安装场所的建筑平面图。

**第八条 安装调试**

乙方在设备检验合格后的_____日内对设备进行安装调试，安装调试应最迟在_____日内完成。

设备的安装调试由设备生产厂家技术工程师免费负责；甲方负责配合、

协调工作；乙方应积极配合，提供必要的协助。

安装调试完成后，由设备生产厂家技术工程师和乙方联系人共同签发《安装调试证书》。甲方认为设备达到老年人临床使用要求的，甲方联系人应在《安装调试证书》上签字，确认安装调试合格。

《安装调试证书》一式三份，甲方、乙方和设备生产厂家各执一份。

### 第九条 保修期及质保责任

设备的保修期为设备安装调试合格后_____年。

设备的质量担保责任，本合同没有约定的，适用《合同法》的有关规定。

### 第十条 技术培训

乙方应协同生产厂家技术人员共同负责对甲方的相关人员进行为期_____日的免费技术培训。超过该期限仍需培训的，需缴纳培训费用。如果需要在乙方所在地进行培训，培训费用另行协商。

### 第十一条 违约责任

1.乙方逾期交付的，则每逾期1天，应按照合同总价款的_____%向甲方支付违约金；逾期_____天仍不能交付的，甲方有权解除合同。

设备不能在规定期限内安装调试合格的，则每逾期1天，乙方应按照合同总价款的_____%向甲方支付违约金；逾期_____天仍不能安装调试合格的，甲方有权解除合同。

乙方违反约定解除合同，或者因乙方违约导致甲方解除合同的，乙方应按照合同总价款的_____%向甲方支付违约金。

2.甲方违反约定延期付款的，每延期1日，按照合同总价款的_____%向乙方支付违约金。

甲方违反约定解除合同的，应按照合同总价款的_____%向乙方支付违约金。

非因乙方违约而甲方无故拒绝接收的，则每逾期1天，甲方应按照合同总价款的_____%向乙方支付违约金；逾期_____天，甲方仍拒绝接收设备的，乙方有权解除合同。

### 第十二条 不可抗力

因不可抗力不能履行合同的，根据不可抗力的影响，可部分或全部免除责任，但法律另有规定的除外。一方迟延履行合同期间发生不可抗力的，不能免除责任。

本合同所指不可抗力，是指不能预见、不能避免并不能克服的客观情况，包括地震、火灾、战争、法律变更、紧急公共卫生事件等。

### 第十三条 争议的解决

因履行本合同所发生的争议，双方应首先友好协商解决。协商无法达成一致的，任何一方均有权向甲方所在地的法院提起诉讼。

### 第十四条 其他约定

本合同附件共两个，是本合同不可分割的组成部分，具有同等法律效力。

### 第十五条 合同生效

本合同经双方法定代表人或授权代表签字、加盖公章后生效。

买方：（盖章）　　　　　　　　　卖方：（盖章）：

法定代表人或委托人：（签字）　　法定代表人或委托人：（签字）

　　年　　月　　日　　　　　　　　年　　月　　日

附件一　设备配置清单（略）

附件二　技术文件清单（略）

## 4.文印保密协议

文印保密协议

工作合同（　）字第＿＿＿号

甲方：　×××社会福利院（敬老院）。

法定代表人（负责人）或委托代理人：＿＿＿＿＿＿＿。

注册地址：＿＿＿＿＿＿＿。

乙方：　×××印刷厂＿＿＿＿＿＿＿。

法定代表人（负责人）或委托代理人：＿＿＿＿＿＿＿。

注册地址：＿＿＿＿＿＿＿。

鉴于甲、乙双方存在常年文印业务关系，为了确保甲方文件资料的安全保密，经双方友好协商，达成以下协议，以资共同遵守：

第一条 甲方提供给乙方印刷的所有文件材料（包括书面介质和非书面介质），都具有确保安全保密的要求。乙方承诺对甲方交付印刷的所有文件资料承担保密义务。

第二条 乙方未经甲方书面同意，不得以泄露、告知、公布、发布、出版、传授、转载、展示、转让或者以其他任何方式使任何第三方知悉甲方交付印刷的文件资料内容，也不得在合作过程中不正当使用或者在合作过程之外使用或许可、帮助他人使用甲方交付印刷的文件资料。

上述保密义务不适用于以下情况：

1.应司法机关或政府机构的有效命令而披露的信息，但仅限于该命令所限制的范围和目的；

2.经甲方书面许可。

第三条 乙方与甲方的合作结束后，无论因为何种原因导致合作结束的，乙方仍应按照本协议的规定对其在合作期间接触、知悉的甲方交付印刷的文件资料承担保密义务，该保密义务直至上述文件资料由甲方向社会公开时止。

第四条 乙方应将甲方交付印刷的文件资料的接触范围限制在指定范围

内，尽可能缩小知悉、了解甲方文件资料的雇员的范围。

因为乙方之雇员的原因导致甲方的文件资料被泄露或不正当使用的，视为乙方违反本协议。

第五条 乙方的保密义务应由严格的内控制度加以保证。乙方负责对印刷员工进行安全保密意识教育，对甲方提供的所有印刷材料都必须做到安全保密。同时，乙方保证在印刷完工后：

1.电脑工作人员及时将电子文档删除；

2.印刷工负责将印版销毁；

3.装订工人负责把废页销毁。

第六条 如乙方违反本协议之规定的，应承担违约责任。其赔偿数额应足以弥补因其违约给甲方造成的经济损失或不良后果。

乙方违反本协议之规定，甲方有权终止与乙方之合作，并有权选择根据本协议要求乙方承担违约责任或者侵权责任。

第七条 在本协议履行过程中产生的一切争议应经双方友好协商解决，协商不成任何一方均有权向_____人民法院提起诉讼。

第八条 本协议经双方签字盖章后生效。

第九条 本协议生效后如需修改或补充，应经过双方协商一致并签署书面补充协议，补充协议与本协议具有同等法律效力。

第十条 本协议一式二份，甲、乙方各执一份。

甲方：（盖章）：　　　　　　　　　　乙方：（盖章）

法定代表人或委托人：（签字）　　　　法定代表人或委托人：（签字）

　　年　　月　　日　　　　　　　　　年　月　日

## 5.劳动合同

### 劳动合同

劳动合同（　）字第　号

甲方：　×××社会福利院（敬老院）。

法定代表人（负责人）或委托代理人：＿＿＿＿。

注册地址：＿＿＿＿。

乙方：（写明姓名、性别、民族、出生年月日、专业背景、身份证号码、现住址、联系电话等）。

根据《劳动法》《劳动合同法》和有关法律、法规，甲、乙双方平等自愿，经协商一致签订本合同，共同遵守本合同所列条款。

**第一条 本合同为固定期限劳动合同。**

本合同于＿＿＿年＿＿＿月＿＿＿日生效，于＿＿＿年＿＿＿月＿＿＿日终止。

**第二条 工作内容**

乙方同意根据甲方工作需要，按照甲方安排，担任＿＿＿＿的工作。

**第三条 工作地点**

根据甲方的岗位（工种）作业特点，乙方的工作区域或工作地点为＿＿＿＿和相关场所。

**第四条 工作标准**

乙方工作应达到的工作标准：＿＿＿＿＿＿＿＿＿＿＿＿＿。

**第五条 工作时间和休息休假**

甲方安排乙方执行标准工时制度。

甲方对乙方实行年休假制度，按国家有关规定执行。

**第六条 劳动报酬**

甲方每月以货币形式支付乙方工资，按月结算（每月＿＿＿号前发薪）。具体结算办法见本合同附件。

**第七条 社会保险及其他保险福利待遇**

甲、乙双方按国家和＿＿＿省（自治区、直辖市）的规定参加养老、失业、工伤、医疗和生育五项社会保险（按照社保机构缴费规定执行），社会保险缴纳基数根据____省（自治区、直辖市）社保机构每年核定的基数进行调整。甲方为乙方办理有关社会保险手续，并承担相应社会保险义务。

乙方患病或非因工负伤的医疗待遇按国家、____省（自治区、直辖市）有关规定执行。

乙方患职业病或因工负伤的待遇按国家和____省（自治区、直辖市）的有关规定执行。

**第八条 劳动保护、劳动条件和职业危害防护**

甲方根据生产岗位的需要，按照国家有关劳动安全、卫生的规定为乙方配备必要的安全防护措施，发放必要的劳动保护用品。

甲方根据国家有关法律、法规，建立安全生产制度；乙方应当严格遵守甲方的劳动安全制度，严禁违章作业，防止劳动过程中的事故，减少职业危害。

甲方应当建立、健全职业病防治责任制度，加强对职业病防治的管理，提高职业病防治水平。

**第九条 劳动合同的解除、终止和经济补偿**

甲、乙双方解除、终止、续订劳动合同应当依照《劳动合同法》和国家及____省（自治区、直辖市）有关规定执行。

甲方应当在解除或者终止本合同时，为乙方出具解除或者终止劳动合同的证明，并在15日内为乙方办理档案和社会保险关系转移手续。

乙方应当按照双方约定，办理工作交接。应当支付经济补偿的，在办结工作交接时支付。

**第十条 当事人约定的其他内容**

乙方提前终止本合同需提前30日书面通知甲方。

乙方因故意违反操作规程或工作失职致甲方损失的，由乙方全额赔偿。

乙方无故提前终止本合同需全额退赔甲方支付的培训费。

乙方被行政拘留或因涉嫌犯罪被司法机关立案追查的，甲方有权终止本合同。

### 第十一条 劳动争议处理

甲、乙双方因履行本合同发生争议，任何一方可以向甲方劳动争议调解委员会申请调解；调解不成的，任何一方可以向劳动争议仲裁委员会申请仲裁。

甲、乙双方也可以直接向劳动争议仲裁委员会申请仲裁。

### 第十二条 其他规定

本合同未尽事宜或与今后国家、＿＿＿省（自治区、直辖市）有关规定相悖的，按有关规定执行。

本合同一式二份，甲、乙双方各执一份。


甲方：（公章）　　　　　　乙方：（签字）

法定代表人（负责人）或

委托代理人：（签字）

签订日期：＿＿＿年＿＿＿月＿＿＿日

附件：

＿＿＿＿＿＿＿社会福利院（敬老院）《外聘员工工资表》

单位：元

| 姓名 | 出勤天数 | 工资标准 | 工资额 | 带薪加班天数 | 带薪加班工资 | 带薪休息天数 | 带薪休息工资 | 医疗补助 | 讲课费特岗津贴 | 伙食补贴 | 奖励 | 应发合计（税前） | 扣缴伙食费 | 代扣保险 | 代扣税款 | 实发工资 | 签字 |
|---|---|---|---|---|---|---|---|---|---|---|---|---|---|---|---|---|---|
|  |  |  |  |  |  |  |  |  |  |  |  |  |  |  |  |  |  |

备注：

①当月全勤时（不考虑每月实际工作日天数）均按表内工资标准和工资额计发；

②当月缺勤时，工资按每日＿＿＿元扣除；安排加班时，按每日＿＿＿元计算；

③五项社会保险的缴纳基数根据＿＿＿省（自治区、直辖市）社保机构每年核定的基数进行调整和代缴。

# 6.养老机构协作顾问合同

## 养老机构协作顾问合同

工作合同（　　）字第＿＿＿号

甲方：　<u>×××社会福利院（敬老院）</u>。

法定代表人（负责人）或委托代理人：＿＿＿＿＿＿＿。

注册地址：＿＿＿＿＿＿＿＿＿＿＿＿＿＿＿＿＿＿。

乙方：　<u>×××敬老院（老年公寓）</u>。

法定代表人（负责人）或委托代理人：＿＿＿＿＿＿＿。

注册地址：＿＿＿＿＿＿＿＿＿＿＿＿＿＿＿＿＿＿。

为贯彻落实《国务院关于加快发展养老服务业若干意见》《民政部关于建立养老服务协作与对口支援机制的意见》等文件精神，以及＿＿＿省（自治区、直辖市）民政局对公办养老机构进一步发挥示范辐射、业务培训、品牌输出等方面功能的具体要求，本着促进养老事业发展，带动同行业服务管理水平提升的原则，甲、乙双方经过友好协商，甲方决定为乙方提供顾问咨询服务，乙方自愿聘请甲方为机构顾问。针对乙方在顾问服务方面需求迫切、范围较广的特点，特签订本合同。

**第一条 甲方的服务范围**

甲方的服务内容为涉及乙方正常运营所需解决的问题的协助和指导，具体包括：

1.顾问咨询。针对乙方正常运营中出现的服务与管理方面的问题给出合理化建议，包括环境及功能布局、基础性制度及工作流程的制定。

2.定期指导。定期与乙方相关工作人员沟通，有针对性地开展业务工作指导，包括人员选聘、膳食配餐、日常照顾服务的开展。

3.培训带教。定期派专业人员到乙方开展服务与管理培训；乙方人员可定期来甲方实习。

4.宣传推广。协助乙方在甲方接待室摆放宣传材料。

5.健康评估。乙方可将甲方作为定点体检的医院，甲方可以通过健康体检帮助评估老人的健康状况，提供健康评估及照护建议。

未经双方协商同意，甲方的服务范围不包括乙方控股、参股的子公司，乙方分支机构、其他关联单位，以及个人的顾问服务。

**第二条 甲方的义务**

1.甲方指派骨干人员作为顾问服务团队的成员，团队成员应当尽责地完成顾问服务工作；

2.甲方指定_____为顾问服务计划项目的联系人，甲方更换联系人应当通知乙方；

3.甲方顾问服务团队应当依据专业经验竭尽全力对乙方的运营提出合理化建议，维护乙方的最大利益；

4.甲方对其获知的乙方商业秘密负有保密责任，不得向任何第三方披露；

5.甲方对乙方的服务资料应当单独建档，保存完整的工作记录，妥善保管。

**第三条 乙方的义务**

1.乙方应当及时明确地向甲方提出合理的服务需求，并成立相对固定的运营管理团队与甲方对接；

2.乙方指定_____为顾问服务计划项目的联系人，负责转达甲方的建议和要求，乙方更换联系人应当通知甲方；

3.乙方应当按照甲方的指导和建议要求，及时完成相应的工作任务，并应甲方要求通报工作进程；

4.乙方有责任对运营事务做出独立的判断、决策；

5.乙方在接受甲方顾问服务期间，不得以甲方的任何名义对外开展宣传和营销，不得给甲方名誉造成不良影响。

**第四条 顾问服务费用**

甲方顾问费为每年_____万元人民币，自本合同生效后7个工作日内乙方向甲方支付。

甲方账户名称：_____；

开户行：_____；

账号：_____。

**第五条 争议的解决**

甲、乙双方如果发生争议，应当友好协商解决。如协商不成，任何一方均有权向_____。人民法院起诉。

**第六条 合同的生效**

本合同正本一式两份，甲、乙双方各执一份。由甲、乙双方委托代理人签字、并加盖公章，自____年____月____日之日起生效。

**第七条 合同的期限**

本合同的期限为1年。

合同期满前30日内，由甲、乙双方协商决定是否续签合同。合同期满后，甲方顾问服务工作延续进行的，乙方应当按第四条标准向甲方支付顾问费。

甲方：（盖章）　　　　　　乙方：（盖章）

委托代理人：（签字）　　　委托代理人：（签字）

　年　　月　　日　　　　　年　　月　　日

## 7.接受物资捐赠协议书

### 接受物资捐赠协议书

服务合同（　）字第____号

甲方（捐赠人）：（个人写明姓名、性别、民族、出生年月日、职业、身份证号码、现住址、联系电话等；单位写明名称、法定代表人或负责人、住所地、联系方式等）。

乙方（养老服务机构）：_____。

法定代表人：_____。

地址：_____。

电话：_____。邮编：_____。

为改善养老机构的宜居环境，提高老年人生活质量，甲方自愿向乙方捐赠使用设备。双方协商一致达成如下协议：

第一条 甲方自愿捐赠价值_____万元人民币的_____台设备给乙方。

详细名称、型号、数量及单价见捐赠设备清单。

第二条 赠与设备用途：_____。

第三条 赠与设备交付时间、地点及方式：

交付时间：____年____月____日。

交付地点：_____。

交付方式：现场赠与。

第四条 交接手续：

1.甲方在约定期限内将捐赠设备交付乙方，安装调试，并配合乙方办理相关交接手续。

2.乙方收到甲方赠与设备后，出具有效的财务接受凭证，并登记造册，妥善管理和使用。

第五条 甲方有权向乙方查询捐赠设备的使用、管理情况，并提出意见和建议。对于甲方的查询，乙方应当如实答复。

第六条 乙方有权按照本协议约定的用途合理使用捐赠设备，但不得擅自改变捐赠设备的用途。如果确需改变用途的，应当征得甲方的同意。

第七条 甲、乙双方的其他权利义务及责任承担适用《合同法》关于赠与合同的相关规定

第八条 其他约定事项：

1.甲方只一次性提供_____台设备，不负责其今后的维护和保养。

2._____。

第九条 本协议一式四份，甲、乙双方各执两份。

甲方：（盖章或签字捺印）　　　　乙方：（盖章或签字捺印）

法定代表人：（签字）　　　　　　法定代表人：（签字）

　　　　　　　　　　　　　　　签订时间：＿＿＿年＿＿月＿＿日

# 第十五章 政府、组织常用法律文书

## 1.照料服务合作协议

照料服务合作协议

甲方：<u>×××人民政府（或组织名称）</u>。

法定代表人（负责人）：_____。职务：_____。

住所地：_____。

乙方：<u>×××养老服务有限公司</u>。

法定代表人（负责人）：_____。

地址：_____。

甲方为_____社区养老责任单位（组织），本社区（或入住社区生活照料区）的老年人需聘用养老护理员协助完成部分日常生活照料服务。服务提供者为乙方选派的养老护理员。甲、乙双方现就养老护理员提供服务的合作事宜，经友好协商，达成如下协议并共同遵守。

**第一条 合作期限**

双方合作期限自____年____月____日起至____年____月____日止。合作期满，经双方协商同意，可以另行签订照料服务合作协议。

**第二条 合作主要工作内容**

甲方考核乙方提供的养老护理员的能力并参与养老护理员的管理工作；乙方提供养老护理员并负责养老护理员的管理与培训，使其满足甲方要求，且能够按照甲方提出的服务标准完成对生活照料区老年人的生活照料服务。

**第三条 甲方的权利和义务**

1.甲方有权要求乙方按照《_____照料服务项目及收费标准》以及《_____生活照料服务规范》，为老人提供优质服务。

2.甲方工作人员对乙方养老护理员进行安全、卫生、照料等相关工作指导，并有权提出合理化建议及改进方案。

3.甲方应协助乙方处理老人与养老护理员之间的突发纠纷，合理进行人员调配。

4.甲方与社区其他相关职能部门沟通，方便乙方更好地为该社区（或入住）老年人提供生活照料服务。

5.甲方对乙方养老护理员的工作考核与绩效挂钩。

6.甲方配合乙方完成养老护理员岗位继续教育，制定培训计划并组织施行。

7.甲方协助乙方催缴费用。

8.甲方根据工作需要，有权随时要求乙方增添养老护理员。

9.甲方有权对养老护理员的工作质量等事项进行评定，并要求乙方更换工作失职或不适宜的养老护理员。

10.甲方有权根据老年人需要提出增加新的服务项目或服务内容，经双方协商一致，增加补充条款后实施。

11.甲方社区医院护理部对双方管理工作的落实施行监管。

12.双方在履行协议期内，甲方应为乙方提供护理员宿舍。宿舍床位费：_____元人民币/人/月；水电及日常消耗费：_____元人民币/人/月；乙方工作人员及派遣护理员可在甲方食堂用餐，餐费：_____元人民币/人/月。

**第四条 乙方的权利和义务**

1.乙方应完善管理制度/工作流程，按照《_____生活照料服务规定》进行服务，确保照料服务质量。

2.乙方负责养老护理员的招聘、培训、体检、办理职业上岗证书、暂住证、签订劳动合同及办理相关社会保险及医疗保险、处理工伤等具体事宜；乙方保证提供合格护理员，做到及时增补。

3.乙方聘用的养老护理员要遵守甲方的管理规定，维护政府（或甲方）形象，保持服装统一、整洁、佩戴胸卡上岗。

4.乙方应做好护理员岗前培训：内容包括遵纪守法、《_____生活照料服务规范》、工作流程等，并做好护理员档案管理。

5.乙方管理者负责与老人及家属签订《生活照料服务协议》，按时收取照料费并应开具正式发票。

6.乙方负责养老护理员工作安排、考核、工资发放、福利待遇、食宿管理、工装等问题。

7.乙方应保障服务对象（老年人）的安全，工作期间造成老年人烫伤、跌倒、坠床、走失等意外，由乙方负责解决，并承担全部责任。

8.甲方根据其权利提出的合理要求，乙方应在48小时内予以办理或给予答复。

9.乙方每月10日向甲方结算上月费用如房租、水电费、餐费等，并向甲方交纳甲方工作人员协助乙方进行护理员培训及工作指导的劳务费用，按照收入照料费总数的_____%计算。

10.本协议无论因任何原因终止，如甲方未能及时找到护理人员接替工作，乙方应当按甲方要求，继续承担生活照料工作（最长不超过60天），直至工作顺利交接，此间的照料费用及服务继续按照《_____照料服务项目及收费标准》执行。

**第五条 协议的解除**

1.本协议有效期内，任何一方均有权解除本合同，但需提前1个月书面通知对方。

2.如乙方服务达不到老年人或家属合理要求，经改进仍不能让老年人或家属满意的，甲方有权解除本协议。

**第六条 保密义务**

双方对知悉的对方单位信息和业务信息负有保密的义务，一方违反约定泄露信息，给对方造成经济损失或声誉影响的，违约方需赔偿守约方的经济损失。

**第七条 违约责任**

乙方不按照甲方提出的用人条件、数量、时间提供照料服务，给甲方造成损失或影响的，甲方有权随时解除本协议，并由乙方赔偿甲方的损失。

**第八条 争议解决**

双方在本协议履行过程中发生争议，应首先友好协商；协商不成的，任何一方均可向甲方住所地人民法院提起诉讼。

**第九条 协议的修改**

本协议条款如需修改或补充，双方应协商签署书面修改或补充协议，该补充协议将作为本协议的一个组成部分。

**第十条 协议生效**

本协议经双方签字盖章后生效，一式贰份，甲、乙双方各持壹份，具有同等法律效力。

甲方：（盖章）　　　　　　　　乙方：（盖章）

法定代表人或授权代表：（签字）　　法定代表人或授权代表：（签字）

　　年　月　日　　　　　　　　　年　月　日

## 2.志愿者须知

志愿者须知❶

1.＿＿＿＿科（室）负责志愿服务的组织、协调、指导、监督、评估，做好志愿服务记录。

2.志愿服务活动应遵循自愿、合法、诚信、节俭和非营利性的原则，志愿者与服务对象之间应保持自愿、平等、非牟利的服务与被服务关系。

3.志愿者在从事服务期间应佩戴＿＿＿＿科（室）统一发放的志愿服务证件、服装。

4.志愿者进行捐赠活动时应告知＿＿＿＿科（室），由＿＿＿＿科（室）统一安排发放给老年人。

5.志愿服务团体应提供团体志愿者的名单及相关信息，填写《团体志愿者名单》，对入社区（福利院、养老院）服务的志愿者负责，且有相应的志愿服务管理制度。

6.志愿服务计划应符合老年人的需求，并交由＿＿＿＿科（室）的社会工作者审定；志愿者对老年人提出的合理化建议应给予采纳。

7.志愿服务实行签到制度，若服务不能如期开展，志愿者应提前至少一天通知＿＿＿＿科（室）。

8.凡以公益的名义、标志和有关资料进行违法活动的，利用志愿服务从事营利性或封建迷信活动的，＿＿＿＿科（室）将取消其志愿服务资格，相关志愿服务个人或团体应承担相应法律责任。

我已了解并接受以上《志愿者须知》，签字确认。

<br>

志愿者：（签字）
负责人：（签字）
年　　　月　　　日

---

❶养老机构、社会组织的志愿者须知均可参照本文本。

# 3.委托第三方代管捐助款协议书

## 委托第三方代管捐助款协议书

甲方（委托方）："　×××养老公益"项目（或主管该项目的政府部门）。

法定代表人（负责人）：＿＿＿＿＿＿＿＿。

地址：＿＿＿＿＿＿＿＿＿＿＿＿＿＿＿。

乙方（受托方）：＿＿＿＿＿＿＿。

法定代表人（负责人）：＿＿＿＿＿＿＿。

地址：＿＿＿＿＿＿＿＿＿＿＿＿＿＿。

根据国家及当地政策的有关规定，甲、乙双方在平等、自愿、公平和诚信的基础上，经协商一致，就甲方委托乙方作为第三方代管由"＿＿＿＿＿养老公益"网友捐赠的用于＿＿＿＿＿省（自治区、直辖市）"＿＿＿＿＿养老公益"项目的资助款的相关事宜，订立本协议。

**第一条 "＿＿＿＿＿养老公益"项目资助款情况**

1.甲方计划开展"＿＿＿＿＿养老公益"资助活动，资助人完成认捐即表示同意授权"＿＿＿＿＿养老公益"项目代为管理和监督资助款的使用（仅限于资助人认捐的项目，如有变动需经过资助人同意），因此，甲方虽然不具有资助款的所有权，但具有授权管理此项资助款的资格。

现甲方欲委托乙方代管由"＿＿＿＿＿养老公益"网友捐赠的用于＿＿＿＿＿省（自治区、直辖市）"＿＿＿＿＿养老公益"项目的资助款，同时约定该资助款均不属于甲方和乙方所有，也不归属于任何个人，且不能改变资金的用途，只能用于"＿＿＿＿＿养老公益"项目的专用、单一用途账户。如项目终止，乙方代管账户内的全部余款均应按甲方要求退还给捐助资助人或交付指定的用途。

2.甲方承诺：乙方为甲方唯一指定的资助款代管方，并保证资助款来源的合法性。在本协议签订前，甲方明确向乙方告知＿＿＿＿＿省（自治区、直辖市）"＿＿＿＿＿养老公益"项目资助款是由"＿＿＿＿＿养老公益"网友捐赠所得，并不存在非法来源。

3.该养老公益项目资助款的使用范围、条件和要求等将于本协议中加以列明。

**第二条 代管期限**

1.该养老公益项目资助款代管期限，自代管起算日始，终止日不做具体约定，原则上直到该养老公益项目结束时止。

2.代管期间，甲方或乙方若要提前终止协议，需提前30日通知对方，并按甲、乙双方约定的要求完成交接手续，本协议终止。

3.代管期间内，如项目遇不可抗力因素终止或自然终止，乙方应将其代管账户内的全部余款按甲方要求退还给捐款资助人或交付其他指定用途，本协议终止。

**第三条 委托代管的方式**

1.代管方式：乙方代管由资助人直接汇入其指定账户的资助款，指定账户包含银行账户和支付宝账户，由甲方指定具有授权资格的人员授权乙方支付使用，并监督资助款的使用情况。

经甲、乙双方确定的代管账户：

①银行账户：

开户银行：_____（要求详细列明开户银行名称）；

收款人：_____（乙方）；

银行卡帐号：_____；

网银查询密码：_____；

电话银行查询密码：_____。

②支付宝账户：

支付宝账号：_____；

该账号绑定邮箱地址：_____。

2.费用支付：乙方承诺免费代管_____省（自治区、直辖市）"_____养老公益"项目资助款，甲方授权乙方把资助款支付给指定的账户，但代收、代支资助款时所产生的手续费，乙方不予承担。

3.人员组成：由甲方或义工资助人协商指定相关人员进行具体的资助款

授权并通知第三方拨付。

**第四条　甲方的权利及义务**

1.甲方确保乙方代管的养老公益项目资助款来源合法，确保资助项目运作透明公开，且保证将把与资助项目有关的所有信息公示于众，并接受乙方和社会监督；乙方对于由资助人直接汇入其指定账户的资助款的非法来源不负任何法律责任。

2.在协议有效期内，甲乙双方属于合作关系，具体工作均由项目义工组完成，甲方保证不得以任何理由不经过具有授权资格的人员妨碍乙方的正常工作，在乙方没有违反协议约定的情况下，不得擅自终止协议。

3.甲方若需变更授权通知人员应及时通知乙方，如因甲方变更授权通知人员未能及时通知乙方而导致乙方无法如期按甲方要求授权支付、使用其代管的资助款，乙方不承担由此产生的任何后果。

4.乙方负责按照甲方具有授权通知资格的人员的授权支付其代管的资助款给指定的账户或以现金形式发放给受助方，可按甲方要求保留相关单据，包含银行卡取款单、转款单据、受助方领款签字单等。甲方负责组织动员"＿＿＿＿养老公益"网友的捐赠，并由具有授权通知资格的人员授权通知乙方支付、使用乙方代管的资助款。甲、乙双方应共同承担资金使用的监督责任，有义务在必要时共同向资助人提供证据并解释说明资助款捐助、使用全过程。

**第五条　乙方的权利及义务**

1.乙方承诺在合作期间为甲方免费代管由"＿＿＿＿养老公益"网友捐赠的养老公益项目资助款。乙方承诺甲方可在指定位置或公益项目书中公开其个人基本信息（姓名、工作单位、身份证号码、可靠电话、个人基本说明，或名称、法定代表人、住所、联系电话、基本说明），接受资助人查证核实。乙方有权就养老公益项目的运作过程提出质疑，有权要求甲方指定实施人员在指定的位置公示资助项目运行的所有细节。

2.乙方应及时按照甲方具有授权资格人员的授权通知支付发放其代管的养老公益项目资助款，向甲方如实通报其代管资助款的使用情况，并提供相应资料（包含银行卡取款单、转款单据、受助方领款签字单等），提供甲方其代管资金账户收支明细的进行网上银行和电话银行查询、支付宝账户在线查询的查询级密码和信息。乙方不得在未通知甲方授权人员的情况下变动查询密码等信息。乙方对通知授权支付使用的资助款款项如有疑问，可向甲方提出质疑，甲方负有解释的义务，甲、乙双方就乙方提出的问题共同协商解决，必要时向资助人共同说明。在甲方没有违反协议约定的情况下，乙方不得擅自停止支付发放。

3.如乙方知道并有确凿的证据证明发生以下情况之一的，乙方在知会甲方后可自行暂停按甲方通知授权支付发放资助款，并在指定专帖公示说明暂停支付的原因及提交足够的证据：

（1）资助款被甲方义工或负责人私下挪作他用；

（2）项目义工组人员在项目款项支付或采购中串通，谋取私利；

（3）项目义工组实施人员故意隐瞒、提供虚假的项目实施数据或单据；

（4）正常情况下出现严重项目问题（如严重违反养老公益项目原有要求的问题）；

（5）养老公益项目实施中出现违法或危害社会或受助方的情况。

4.合作期间，捐款资助人无论以何种支付方式将资助款存入乙方指定代管账户，对于依照甲方具有通知授权资格的人员的通知授权支付使用资助款时所产生的一切费用，乙方均不承担。期间所发生收款、转款、取款手续费由资助款或项目义工组协商承担。

5.合作期间，乙方应配合甲方指定通知授权人员工作按照通知授权及时支付、发放资助款，确保养老公益项目的正常运行。如乙方由于特殊原因，不能及时按照甲方指定通知授权人员的通知授权支付、使用资助款的，乙方可临时委托、指定其他人员代为办理。但临时受委托的人员不能是此项目义工组成员，乙方需按要求在项目指定网站公示说明此次临时委托的原因，并对此委托的后果负责。

6.合作期间，乙方不得以任何理由私自挪用、借用资助款。

7.合作期内，如因银行卡遗失导致资助款损失，乙方承担全部责任，按照损失全额赔偿。

8.合作期内，乙方不得在不提前通知甲方的情况下自行终止协议。若乙方有意停止代管协议，应提前30日通知甲方，由甲方指定授权人员核实其代管账户的资助款余额，并按协议约定完成相应的交接手续后，协议终止。

9.协议期满，乙方应按甲方要求完成交接工作后，方能撤销其代管资金的账户。

**第六条 协议解除及违约责任**

1.甲、乙双方同意在合作期内，因不可抗力导致养老公益项目无法继续执行的，协议终止，双方互不承担责任。但协议终止前，乙方需按甲方要求清算其代管资金账户内的资金余额，并完成交接工作，向资助人做出说明并安排退款给资助人。

2.甲、乙任何一方如有违反本协议各条款规定，除了按协议有关条款履行以外，守约方有权单方终止协议。

**第七条 附则**

1.甲、乙双方在签署本协议时，对各自的权利、义务清楚明白，并愿按协议规定严格执行。

2.甲、乙双方就履行协议发生纠纷的，应通过协商解决；协商解决不成的，可依法向当地人民法院起诉。

3.本协议未尽事宜，双方可协商补充。在此之前签订的一切协议如与本协议有矛盾之处，均以本协议为准。之后所签订的补充协议及相关规定与本协议具有同等法律效力。

4.本协议经双方签字后生效。协议连同附件一式二份，具有同等法律效力。甲、乙双方各执一份。

委托方（甲方）：　　　　　　受托方（乙方）：

工作单位：

电话：

　　　　　签约日期：　年　月　日

附件：

1._____省（自治区、直辖市）"_____养老公益"项目方案复印件；

2.乙方代管资金账户复印件；

3.义工组代表人及受托代管方的身份证复印件。

## 4.敬老捐赠协议

敬老捐赠协议

甲方（捐赠方）：_____。

地址：_____。

乙方（接收方）：_____。

地址：_____。

甲、乙双方本着回报社会和发展_____市（县、区）老龄事业，经友好协商，双方一致同意达成如下协议：

**第一条 捐赠内容**

甲方自愿将人民币_____万元捐赠给乙方，用于_____市（县、区）敬老救助事业。

乙方的银行账号为：

开户银行：_____。

开户名称：_____。

银行账号：_____。

**第二条 甲方的权利与义务**

1.甲方负责将捐赠款项支付到乙方指定账户，甲方有权取得相应的捐赠收据。

2.甲方有权向乙方查询捐赠款项的使用、管理情况，并可就相关工作的改进、完善提出意见和建议。

3.甲方有权就捐赠款项相关企业所得税或个人所得税税额扣除事宜，要求乙方给予有关协助。

4.因乙方未按照甲方要求及乙方相关规定使用捐赠款项的，甲方有权单方解除本协议，并追回全部甲方捐赠款项。

**第三条 乙方的权利与义务**

1.乙方有权根据甲方要求及国家和乙方相关规定使用捐赠款项。

2.乙方应在收到甲方捐赠款项后5日内向甲方颁发捐赠证书，并出具财政部监制的公益捐赠收据。乙方并应协助甲方办理相关税额抵扣事宜。

3.乙方就捐赠款项的使用和管理应接受甲方的监督，对于甲方的查询，应当给予积极配合，并应及时给予客观全面的说明。

4.乙方应确保捐赠款项全额使用于老龄事业，不得从捐赠款项中提取任何管理费。

**第四条 违约责任**

甲方在本合同项下的捐赠义务为不可撤销之义务，甲方如无法按照其承诺的数额及期限向乙方移交相关捐赠款项，甲方应承担该捐赠义务20%的违约责任。乙方在收到甲方公益捐赠后，因乙方未按照协议约定用途使用捐赠款项的，甲方除了有权行使本协议第二条第4项约定的权利外，乙方亦应承担捐款义务20%的违约责任。

**第五条 不可抗力**

如本协议在履行中遭遇不可抗力之因素（如战争、水灾、火灾、地震等）导致迟延履行本协议或无法履行本协议时，遭遇不可抗力一方不负法律责任，但应在客观条件允许的情况下尽快将有关不可抗力因素通知对方，并应依据客观条件及时出具相应证明资料。

**第六条 未尽事宜**

甲、乙双方可达成其他补充协议，补充协议为本协议不可分割的一部分，并同本协议具有同等法律效力。

**第七条 合同规定**

本协议自甲、乙双方签字盖章后生效。

**第八条 其他事项**

本协议一式四份，甲、乙双方各执两份，每份均为正本。

甲方：（盖章）　　　　　　　乙方：（盖章或签名并捺印）

经办人：（签名）

　年　月　日　　　　　　　　年　月　日

# 5.政府购买养老服务项目合同

## 政府购买养老服务项目合同

购买服务合同（　）第　　号

甲方（购买方）：_____。

地址：_____。

电话：_____。

传真：_____。

电邮：_____。

乙方（服务方）：_____。

地址：_____。

电话：_____。

传真：_____。

电邮：_____。

丙方（见证方）：_____。

地址：_____。

电话：_____。

传真：_____。

电邮：_____。

根据《合同法》《老年人权益保障法》和_____人民政府《关于政府购买社会组织养老服务的实施意见（试行）》等有关规定，为保证所购的养老服务质量，明确双方的权利义务，甲、乙双方在平等、自愿、协商一致的基础上，就有关事宜达成如下协议：

**第一条 项目内容**

_____。

**第二条 服务项目及要求**

1.项目标准：_____。

2.量化指标：_____。

3.时间节点：_____。

4._____。

5._____。

**第三条 项目经费使用原则及支付方式**

项目经费确保专款专用，支付方式为：_____。

①分段划拨；②按月划拨；③按季划拨；④项目完成结算。

1.本合同购买养老服务价款总额为：元人民币。

2.第一次划拨时间：____年____月____日；金额_____元。

第二次划拨时间：____年____月____日；金额_____元。

第三次划拨时间：____年____月____日；金额_____元。

第四次划拨时间：____年____月____日；金额_____元。

合同预留价款金额：_____元。合同终止后根据绩效评估及对合同履行中因过错或过失责任造成经济损失的进行清算后支付。

**第四条 合同期限与终止**

1.合同期限为____年，自____年____月____日起至____年____月____日止。

2.合同的终止：

（1）合同期满，双方未续签的；

（2）乙方服务能力丧失，致使服务无法正常进行的；

（3）在履行合同过程中，发现乙方不符合_____人民政府《关于政府购买社会组织养老服务的实施意见（试行）》中规定的服务供应方应具备的条件，造成合同无法履行的。

**第五条 项目绩效评估**

乙方承接服务项目后，由丙方和有关部门对项目实施情况进行全程跟踪和监督。项目完成后，丙方会同相关部门和社会评估机构对项目的工作绩效、老年人受益情况、公众满意度等进行评估，并对资金使用情况进行审计。

**第六条 双方权利和义务**

1.甲方权利义务：

（1）甲方每季度了解掌握项目工作进度及资金运作情况，每半年对乙方资金的使用情况进行审核 1 次.

（2）协助乙方在提供服务过程中所需要的许可。。

（3）为开展绩效评估，甲方应对乙方制定具体的考评意见。

2.乙方权利义务：

（1）乙方可要求甲方按本合同的规定按时足额拨付项目经费。

（2）乙方承接甲方的养老服务项目的资金，其溢出部分主要应用于乙方的再发展，不得挪作他用。

（3）乙方在履行合同过程中，不得将养老服务项目委托给第三人，应按本合同如实报告项目进展情况，按时、按标准完成项目任务。如乙方未能在合同期内完成全部项目的服务内容，合同结束后，应将相应款项返还甲方。

**第七条 违约责任**

在合同履行过程中，双方因违约或重大过失造成对方经济损失的应当赔偿。

**第八条 协议解决**

本合同在履行过程中发生争议，由甲、乙双方协商解决，协商不成的，可以向有管辖权的人民法院提起诉讼。

**第九条 合同生效**

本协议一式三份，甲方、乙方、丙方各执一份。在丙方见证下，经甲、乙方盖章签字之日起生效。

甲方：（盖章）　　　　　乙方：（盖章）

委托代理人：　　　　　　委托代理人：

签约日期：　年　月　日

丙方：（盖章）

委托代理人：

签约日期：　年　月　日

附件：（签订具体合同时，若有附件应注明，并注明附件名称）

1.＿＿＿＿＿＿＿＿＿＿＿＿＿＿＿＿＿＿＿＿＿＿＿＿＿＿＿＿。

2.＿＿＿＿＿＿＿＿＿＿＿＿＿＿＿＿＿＿＿＿＿＿＿＿＿＿＿＿。

# 6.政府采购养老设施项目标书

## 政府采购养老设施项目标书

**第一部分 投标邀请**

_____人民政府采购中心拟对_____养老设施政府采购项目进行邀请招标。

1.招标文件编号：_____。

2.招标项目内容及要求：_____。

3.招标文件可在_____人民政府采购中心领取。

领取时间：____年____月____日____时至____时。

领取地点：_____。

电话：_____。

传真：_____。

联系人：_____。

4.投标地点：_____人民政府采购中心。

5.投标截止时间：____年____月____日上午____时(北京时间)，逾期收到或不符合规定的投标文件恕不接受。

6.开标时间：____年____月____日____时。

7.开标地点：___×××人民政府采购中心。

8.对本次招标的询问，请在____年____月____日前与政府采购中心联系(技术方面询问请采用信函或传真形式)。

9.联系单位：_____人民政府采购中心。

地址：_____。

电话：_____。

传真：_____。

联系人：_____。

**第二部分 投标人须知**

**一、总则**

1.适用范围：本招标文件仅适用于本投标邀请中所叙述项目。

2.要求：

（1）投标人应仔细阅读招标文件的所有内容，按招标文件的要求提供投标设计方案，并保证所提供的全部材料的真实性，以确保投标对招标文件做出实质性响应。

（2）如投标人对招标文件提出澄清，应在投标截止时间前按招标邀请中载明的邮政地址以书面形式(包括信函、电传、电报或传真，下同)通知招标方，投标截止时间前招标方收到招标人任何澄清要求时将以书面形式予以答复，如有必要将以不标明查询来源的书面形式答复已购买招标文件的每一个投标人。

3.招标方在签订合同时有权对招标文件中规定的货物数量和服务予以增加或减少。

4.如果投标人投标标价及产品均不能满足招标方的标底，招标方有权拒绝全部投标，重新组织招标。

**二、投标书的编制**

1.投标人编制投标书，应按照招标文件所规定的格式、内容、逐项填写齐全，并提交全部资格证明文件，否则投标无效。

2.投标书应按照规定填写，一式六份(分别标以正本一份，副本五份)，正本和副本如有差别，以正本为准。文字大写的数据与数字表示有差别，以大写为准；单价与总价如有出入，以单价为准。投标标书应装入同一档案袋内，密封后加盖公章和法定代表人印章。

3.投标人必须按招标文件要求对养老设施项目进行投标，并附必要的文字说明。

4.投标人对所投设备只能提出一个不变价格，招标方不接受任何选择价。

5.投标书需打印，且应字迹清楚、内容齐全、表达准确，不应有涂改增删处，如修改时，修改处须加盖法定代表人印章。

6.投标人在技术培训、质量保证措施、售前售后服务等方面给养老机构提供优惠条件的，应在文件中说明。

7.投标人应提供投标设备总报价2%的投标保证金：可以采取现金、保兑支票或汇票形式。

如发生下列情况之一，投标保证金将作为违约金不予返还：

（1）投标人在有效期内自行撤销投标书；

（2）中标后不按规定签订合同。

8.投标有效期为开标之日后30天。

### 三、资格证明文件

1.投标人企业法人营业执照、税务登记证；

2.法定代表人授权书；

3.产品代理证明；

4.产品样本、说明书等技术资料。

### 四、投标书的递交

1.投标人应把投标书装入档案袋内加以密封，并在封签处加盖单位公章。投标书档案袋上应写明：_____。

（1）项目名称；（2）招标设备名称；（3）招标文件编号；（4）投标人名称。

2.投标人必须在____年____月____日____时前，将投标书送达_____人民政府采购中心，逾期投标将不予受理。

3.投标人送达投标书以后，要求对投标书进行修改或撤回时，必须在投标截止时间前以书面形式送交招标方，修改标书仍需按第1款规定进行。

4.有下列情况之一的，其投标书无效（废标）：

（1）投标书未按规定密封；

（2）投标书未加盖单位公章和无法定代表人印章；

（3）投标书未按招标文件规定要求和格式编制填写，或内容不全、字迹模糊、难以辨认的；

（4）投标书逾期送达；

（5）投标人法定代表人或指定代表（以法定代表人授权书为准）未参加开标会议，或虽参加会议但参加者无证件或授权书；

（6）扰乱会场秩序，经劝阻仍无理取闹的；

（7）未缴纳投标保证金的；

（8）投标单位与被邀请单位不相符的。

**五、开标与评标**

1.招标方于＿＿年＿＿月＿＿日＿＿时，在＿＿＿＿＿＿＿人民政府采购中心进行公开开标。

2.为利于投标审查，招标方在开标后可随时请投标人对投标书进行澄清解答，解答时不得对投标书中实质性内容加以修改，且重要澄清答复应是书面的。

**六、评标原则**

根据下述条件择优选择中标人：

1.投标书完整无缺，符合招标文件规定的要求和格式。

2.满足招标设备的技术要求、保证质量、保证交货期、价格合理。

3.能提供最佳售后服务。

4.能提供备品备件和易损件。

5.评标组认为其能认真地履行合同义务。

6.其他要求。

**七、中标通知**

1.评标结束后，招标方将以书面形式发出《中标通知书》，《中标通知书》一经发出即发生法律效力。

2.招标方在发出《中标通知书》的同时将向落标的投标人发出《落标通知书》并退还其投标保证金，但不解释落标原因。

3.《中标通知书》将是合同的一个组成部分。

**八、签订合同**

1.中标人收到《中标通知书》，按通知书规定的时间签订设备供货合同。在合同中具体明确购置设备的价款支付方式、交货方式、交货期及相应的违约条款，以及可提供的售后服务/验收方式等。

2.中标人的投标保证金，在合同全部履行完毕后，由招标方无息退还给中标人。

### 第三部分　　　　　养老设施项目招标要求

#### 一、设备清单

| 序号 | 名称 | 主要技术规格、性能要求 | 数量 | 备注 |
|---|---|---|---|---|
| 1 | | | | |
| 2 | | | | |
| 3 | | | | |
| 4 | | | | |

#### 二、质量要求

1.所有产品均需符合国家产品的有关质量标准，是有品牌的整机产品。

2.符合产品厂家的出厂标准，并能提供原厂质保书、合格证、文档资料等有关文件。

#### 三、交货地点

中标后，中标人在政府采购中心规定的时间内，须将产品送达_____辖区各社区、养老机构。

#### 四、交货期

自中标后起至____年____月____日前。

#### 五、安装

所有产品，均需提供安装服务(派员到各社区、养老机构进行安装)。

#### 六、维修

1.所有产品均需提供一周7天，每天12小时的上门维护。

2.报修后，在24小时内响应，并上门解决问题。

3.若质保期内，产品严重故障，一时无法修复，需24小时内提供备用机，对故障产品进行更换，待维护好后再予以换回。

#### 第四部分　合同条款

1.技术规范：供货设备应与招标文件第三部分的要求相一致。

2.技术资料：合同生效后7天内，中标方应将有关设备的技术资料(如样本、操作手册、维修指南等)无偿提供给需方。另外完整的上述资料应包装好随机提供。

3.材料：设备制造所需材料全部由中标方提供。

4.包装：

（1）设备包装应按国家标准或部级(专业)标准规定执行。由于包装不善引起的货物锈蚀、损坏等损失均由中标方承担；

（2）包装费应在设备总价中包括，每件包装箱内应附一份详细装箱单和质量合格证；

（3）包装箱应有明显的包装编号和起吊部位标志，组装件应有明显的组对标志。

5.交货：

（1）合同交货期应以招标文件中的交货期为准，实际交货时间，以最后一批货物到达指定到货地点为准；

（2）中标方安排运输，运输费由中标方承担。

6.检验：

（1）设备运达到货地点后，需方负责清点接货，如因包装不当造成设备质量下降或破损、缺件等，中标方承担质量责任，如为运输部门造成的破损、缺件等事故，以中标方为主出面协调处理，需方协助解决；

（2）设备全部到达现场后，中标方应按需方安排的时间派人到现场进行开箱检验，如中标方不能按时到达现场，又无函电通知时，需方有权开箱检验，并对缺件、质量损坏等做出记录，中标方应认可并负责处理。

7.保险：货物装运后由中标方办理保险，其费用由中标方支付。

8.价格与支付：

（1）合同价格，应按中标人的投标价格(单价和总价)执行；

（2）设备的支付条件由中标人提供。

9.质量：

（1）中标方应确保产品质量，且完全符合合同规定的质量、规格和性能的要求，并保证产品是全新的、未使用过的；

（2）中标方保证设备经正确安装、正常运转和保养在其使用寿命内应具有满意的性能；

（3）对设备质量应按有关质量标准或验收规范进行验收，设备到达现场后，中标方负责调试工作，并要通过用户的最终验收；

（4）在设备验收后的质量保证期内，如因需方使用不当和保管不善造成的问题，中标方应配合解决，但费用由需方负担。

10.现场服务：

（1）设备在安装调试阶段，根据需方要求，中标方应及时派出现场服务人员处理有关设备质量问题；

（2）现场服务人员食宿由中标方自行解决，费用中标方自理。

11.索赔：质量保证期内如发生由于制造工艺或材料缺陷而造成的质量问题，中标方在接到需方通知5日内(以电报日期为准)给予答复，如果中标方对需方提出的索赔负有责任，中标方应负责修理、更换或退货，并承担由此发生的一切损失和费用。如逾期不予答复和处理，则视为上述索赔已被接受。中标方应承担由此发生的一切损失和费用。

12.违约责任：

（1）中标方不能按合同规定的时间交货和提供服务时，除不可抗力外(指战争、严重火灾、水灾、台风和地震以及其他经双方同意属不可抗力的事故)，中标方应向需方支付延期违约金，每天按5‰计收，但最高限度为5%；

（2）需方逾期付款时(正当拒付、中标方同意延期付款时除外)，应向中标方支付延期违约金，每天按5‰计收，但最高限为5%；

（3）设备错发到货地点时，由中标方负责解决并承担有关费用；

（4）由于需方错填到货地点或临时改变运输方案造成的损失，由需方负责。

13.合同的解除和变更：

（1）合同生效后，除不可抗力外，不得解除和无故变更。若因国家计划改变、或设计变更确需解除或变更合同时，要求变更的一方应及时通知对方，对方在接到通知15日内给予答复，逾期未答复则视为已同意；

（2）变更或解除合同，所造成的损失由提出方负责。

14.合同生效及其他：

（1）合同生效后，供需双方都应严格履行合同，如出现问题应按照《合同法》等有关规定办理。

（2）合同在执行过程中出现的未尽事宜，双方在不违背合同和招标文件的原则下，协商解决，协商结果以"补充合同"或者"纪要"形式作为合同的附件，与合同具有同等效力。

（3）本合同正本一式二份，副本一式四份。双方各执正本一份、副本二份。

15.下列文件均为合同不可分割部分：

（1）招标文件；

（2）投标书和开标一览表、投标报价表、交货一览表、售后服务表；

（3）中标通知书。

**第五部分 附件**

投标文件格式

（略）

## 7."老年人小饭桌"管理服务协议

"老年人小饭桌"管理服务协议

甲方：　×××居委会（村委会）。

负责人：＿＿＿＿＿＿＿＿＿＿＿＿。

住所地：＿＿＿＿＿＿＿＿＿＿＿＿。

乙方：　×××餐饮公司。

负责人：＿＿＿＿＿＿＿＿＿＿＿＿。

住所地：＿＿＿＿＿＿＿＿＿＿＿＿。

为了发展本地老龄事业，为居家老年人提供质量上乘、环境优良、服务周到的健康饮食服务，经甲、乙双方协商，特签订本协议。

第一条 服务范围：

1.每天中午"老年人小饭桌"的膳食服务；

2.主食食堂日常供应。

第二条 甲方的权利义务：

1.按照《食品卫生法》《餐饮服务食品安全监督管理办法》等相关法律法规，对乙方的膳食管理工作进行监督和指导。

2.将饮食服务中心现有的房屋及其各种附属设施、锅炉及其辅机设备以零租金租赁的方式提供给乙方使用。

3.将用餐老年人提出的意见和建议定期向乙方反馈，并对反映较多的问题共同协商解决。

4.负责对外与有关环保、节能等职能部门的工作接洽与协调。帮助乙方协调与有关职能部门的关系。

5.根据社区实际情况和饮食服务工作运行状况，负责饮食服务中心现有房屋的大范围维修、锅炉及其辅机设备(单件在2000元以上)的添置、立项和报批。

第三条 乙方的权利义务：

1.乙方应认真贯彻执行《食品卫生法》以及《餐饮服务食品安全监督管

理办法》，并根据实际情况制订相应的配套制度和管理细则。

2.乙方无偿使用饮食服务中心现有的房屋及各种附属设施。房屋内的各种设备，根据资产评估报告确定总价值为_____元，也无偿使用。设备明细详见《饮食服务中心资产价值评估说明和资产评估明细表》，未列入评估明细表的设备作报废处理。已列入评估明细表设备，到了报废年限的，按正常程序报废。

3.今后由政府投资建设的居家养老餐厅和辅助设备设施，所有权归政府，乙方根据相关规定租用或者无偿使用。到了报废年限的，按正常程序报废。由甲方自行投资建设的餐厅及购买的各种设备，使用权归乙方。

4.乙方应积极采取可行措施，加强管理，搞好成本核算，努力降低伙食成本。在饭菜的供应上，做到菜肴的品种不少于____种，主食品种不少于3种。在制作上要高、中、低相互搭配，注重营养均衡。在价位上，米饭的价格比照相关标准执行；菜肴的价格应做到确保每餐都有一定数量和质量的____元/份、____元/份的低价位的菜肴出售。

5.乙方应采取可行措施，建立责任体系，做好防火、防盗和防止食物中毒等安全工作。

6.乙方应自觉接受政府职能部门对食品卫生、排污防污等的检测与监督。

7.建立多渠道、多层面的民主监督制度，充分发挥饮食服务质量检查组的作用，定期召开老年人见面会，征求对饮食工作的意见，增加膳食管理的透明度。

8.乙方须按规定组织炊管人员到卫生部门体检，确保人人持证上岗。

9.乙方对食堂米、面粉、猪肉、食油等大宗物品，应在合法经销商处实行定点采购。采购食品及其原料时，应按规定索证，不得采购《食品卫生法》规定禁止生产、经营的食品及其原料，确保质量。

第四条 新购置的设备，由甲方购置的归甲方所有；由乙方购置的归乙方所有。

第五条 在协议履行过程中，双方因违约或重大过失造成对方经济损失的应当赔偿。

第六条 本协议未尽事宜，由双方协商解决。本协议在履行过程中发生争议，由甲、乙双方协商解决，协商不成的，可以向有管辖权的人民法院提起诉讼。

第七条 本协议有效期自＿＿年＿＿月＿＿日至＿＿年＿＿月＿＿日止。

第八条 本协议一式二份，甲方、乙方各执一份。

甲方：（盖章）　　　　　　乙方：（盖章）

负责人：（签字）　　　　　负责人：（签字）

签约日期：　年　月　日

# 第十六章　养老服务业常用法律文书

## 1.居家养老服务协议

**居家养老服务协议**

甲方（社区居家老人）：(写明姓名、性别、民族、出生年月日、职业、身份证号码、现住址、联系电话等)。

乙方（居家养老服务公司）：(写明民称、住所地、法定代表人、联系方式等)。

本着服务社会、服务老人、互助互利的原则，为营造温馨、舒适、安全的生活环境，保证居家养老服务质量，规范服务行为，满足老年人"老有所养、老有所乐"的需要，切实保障老年人的合法权益，明确各自的权利义务，结合当前有关养老的规定，经过甲、乙双方友好协商，就养老服务事宜，自愿达成以下协议条款，供各方遵照履行：

**第一条 服务内容和标准**

1.乙方参照《＿＿＿省（直辖市、自治区）社区居家养老服务条例》标准为甲方提供服务。

2.乙方的服务时间：从每天＿＿＿时至＿＿＿时。

3.协议期限：协议期为＿＿＿年。＿＿＿年＿＿＿月＿＿＿日至＿＿＿年＿＿＿月＿＿＿日止。

4.服务地点：＿＿＿＿＿＿＿＿＿＿＿＿＿＿。

**第二条 甲方的权利和义务**

1.甲方有权享受所选择的服务等级内的一切服务，有选择、更换乙方服务人员的权利。但是，请求调换服务人员的，应提前一周告知乙方。

2.甲方应正确理解居家养老工作的性质，依约定享有接受服务的权利，服从护理人员因工作需要的各项指引。

3.甲方按时向乙方缴纳须承担的服务费。

4.在服务期间，乙方服务人员为甲方提供生活服务时，正常所需支出的费用应由甲方承担；甲方如需就医，其产生的费用应由甲方自行承担；非因服务人员的过失所造成的事故（如甲方自己在日常生活中/外出活动时所发生的人身伤害），其赔偿费用应由责任人来承担。

5.甲方及时提供服务所需各种证件。若因甲方原因致使乙方服务人员无法服务，乙方不承担责任。乙方服务人员应及时将情况反映给乙方，由乙方与甲方协调处理。

6.甲方积极配合乙方做好服务工作，提高工作效率。实事求是地对服务人员进行考勤和工作评定，不得有无故强加服务人员服务项目的行为。

7.乙方服务人员有不按标准服务，或违法、犯罪，或有刁难、虐待甲方行为的，甲方有权向乙方反映情况，并有权解除协议。

**第三条 乙方的权利和义务**

1.乙方须主动关心老年人的需求，向甲方提供合适的服务人员，建立服务人员档案并保持经常联系。乙方负有保证服务人员身份清楚、手续完备、身体健康、无不良社会记录的义务。

2.乙方负有向甲方家人告知服务人员情况的义务，根据实际情况调整居家养老服务人员或者护老助理员。

3.乙方应每月一次通过电话或者派出工作人员走访的形式征求甲方意见，了解服务人员服务情况。及时解决甲方提出的问题，负有协调沟通的义务。

4.乙方尊重和维护甲方的合法权利，合理安排志愿者服务人员开展居家养老服务项目，全心全意为老人服务，负责监督管理服务人员日常工作。

5.乙方有义务及时协调解决甲方和服务人员在服务过程中出现的矛盾纠纷。

6.由于乙方服务人员工作疏忽或照料不当造成甲方意外事故的发生，乙方应承担相应的责任。

7.乙方按月向甲方收取服务费。收费时间为每月____日至____日，当月收取当月服务费。

8.乙方有权拒绝超出约定服务范围、地点、内容以外的服务。

9.甲方无特殊原因未按时支付照料服务费，或违反法律、法规，或有非疾病原因污辱、伤害服务人员行为的，乙方有权解除服务协议并停止服务。

**第四条 解除协议**

1.协议期满、协议内容变更、终止等，甲方应及时联系乙方或者到乙方办公室处理相关手续。甲方如果愿意继续聘用原护理人员，应在协议期满前____天内与乙方签订新一轮协议；**如甲方与乙方服务人员私下达成服务协议，一旦发生任何问题，乙方概不负责，并保留追究服务人员责任的权利。**

2.协议期未满，甲方要求解除协议，应提前____天通知乙方。

3.乙方无故要求解除协议的，应由乙方支付违约金或赔偿金。

4.甲方属于个人负担居家养老服务费的，逾期2个月不缴纳服务费，乙方有权提出解除协议。

**第五条 违约责任**

乙方应在服务期限内，选派适合为甲方提供优质养老服务的服务人员，如果没有做到，乙方应为甲方及时调换服务人员，并支付违约金。

**第六条 争议解决**

协议执行期间，如发生纠纷，应先友好协商解决。协商不成的，任何一方均可向乙方所在地人民法院提起民事诉讼。

**第七条 其他约定**

1.在志愿者服务期间内，非因服务人员原因，甲方发生意外，乙方及服务人员均不承担责任。

2.本协议一式两份，甲乙双方各执一份。

3.本协议履行过程中有未尽事宜，双方可协商后签订补充协议，补充协议一经签订即与本协议具有同等效力。

甲方：（签字并捺印）

　　　年　月　日

监护人、直系亲属：（盖章或签字及捺印）

　　　年　月　日

乙方：（公章）

法定代表人或负责人：（签字）

　　　年　月　日

## 2.为老年人提供护工的三方家政服务协议

### 为老年人提供护工的三方家政服务协议

合同编号：＿＿＿＿＿＿＿＿＿＿＿＿＿＿＿＿＿＿＿＿

甲方（经营者）：＿＿×××政服务公司。

法定代表人：＿＿＿＿＿＿＿＿＿＿＿＿。

注册地址：＿＿＿＿＿＿＿＿＿＿＿＿＿。

联系电话：＿＿＿＿＿＿＿＿＿＿＿＿＿。

乙方（老年人）：（写明姓名、性别、民族、出生年月日、职业、身份证号码、现住址、联系电话等）。

丙方（服务人员）：（写明姓名、性别、民族、出生年月日、学历及专业、身份证号码、现住址、联系电话等）。

根据《合同法》《消费者权益保护法》《老年人权益保障法》等有关法律、法规的规定，甲、乙、丙三方按照平等、自愿、公平、诚实信用的原则，就家政服务的有关事宜协商一致，签订本家政服务协议。

**第一条 家政服务事项**

1.服务内容：甲方同意为乙方家庭选派家政服务员丙方，承担乙方的第＿＿＿＿＿项服务：

（1）一般家务；（2）健康老人护理；（3）半自理老人护理；（4）不能自理老人护理；（5）医院护理病人；（6）其他。

丙方按甲方和乙方要求提供家政服务并应达到工作标准。

2.服务期限：＿＿＿年＿＿＿月＿＿＿日起至＿＿＿年＿＿＿月＿＿＿日止。如需续签协议乙方应于本协议期满前日内通知甲方和丙方。

3.工作时间：丙方每天工作时间为＿＿＿，每周休息日为＿＿＿。

4.工作地点：＿＿＿＿＿＿＿＿＿＿＿＿＿＿＿＿＿＿。

5.服务费用：乙方应支付甲方服务费（含家政服务员丙方工资和甲方管理费）：＿＿＿＿元人民币／日（或周、月）。

按日向乙方提供家政服务的，服务费用当日结算；按周结算服务费用的，乙方于每周前向甲方支付服务费用；按月结算服务费用的，乙方于每月____日前向甲方支付服务费用。

6.工伤保险及其他保险福利待遇：甲方应为丙方缴纳工伤保险。

**第二条　甲方权利和义务**

1.甲方应为乙方选派体检合格和具备相应服务能力的家政服务员，家政服务员必须具有身份证、健康证和职业技能培训证，方可从事家政服务。

2.甲方应为其家政服务员依法缴纳工伤保险费，费用由甲方承担。甲方应组织服务人员参加商业意外伤害保险，费用由丙方承担。如因丙方责任，对乙方造成人身/财产损失的，由保险公司按规定赔偿。

3.乙方有下列情况之一的，甲方有权解除协议并追究乙方相应责任：

（1）误导丙方脱离甲方管理；

（2）家庭成员中有传染病人而隐瞒不报；

（3）未按时交纳服务费；

（4）住址或服务地址变更后未及时通报甲方或私自将丙方带离约定服务地；

（5）对丙方工作要求或内容违反国家法律法规；

（6）刁难、虐待、打骂丙方；

（7）指使丙方从事危险工作或违规作业，以及由于乙方的不当安排，导致丙方发生意外伤害。

4.甲方所派丙方如对乙方有违法行为，甲方应为乙方和相关部门对相关事项的处理提供必要的协助。

**第三条　乙方权利和义务**

1.乙方应在签订协议书时出示有效身份证件，如实说明对家政服务员的具体要求，以及与家政服务员健康安全有关的家庭基本情况（如家中是否有传染病人等）。一经签订协议，乙方应负责对丙方的管理和指导。

2.乙方有权合理选择、更换和辞退家政服务员。协议期内，如对家政服务员的服务项目或服务类别要求有所改变，应及时通知甲方，以便双方变更协议内容及服务费。符合下列情况之一，乙方有权解除协议：

（1）有充分理由证明服务需求不再存在的；

（2）有有效证据证明丙方有违法行为的；

（3）提出调换家政服务员后间隔个工作日甲方无法选派新的家政服务员到岗工作的；

（4）丙方在上岗个工作日的适应期后，仍不能完成协议所要求的工作，且甲方已先后调换3人均未能达到相应服务标准的。

3.乙方有权要求丙方重新进行体检，费用由乙方承担；如体检不合格则由丙方自行承担。

4.乙方应平等待人，尊重丙方的人格和劳动，不得虐待和歧视丙方，并负有保护丙方在服务期间的人身安全和财物安全的责任和义务。乙方有权拒绝丙方在其住宅内从事与家政服务无关的活动，具体事项由乙方与丙方约定。

5.乙方有权以合法方式追究丙方违法法律责任，但不得采取搜身，扣押钱物、身份证或其他有效证件，以及殴打、威逼等非法方式处理。

6.乙方对初次上岗的丙方应具体说明家政服务方面的要求和进行相应指导，乙方应妥善保管家中的现金和贵重物品，以免因此发生纠纷。

7.乙方应向丙方提供与其一般家庭成员基本相同的伙食，为其提供适当和安全的居住场所，不得安排丙方与异性成年人同居一室。

8.乙方应按国家规定安排丙方的休息和法定假日。若不能保证丙方休息，按规定给予休息日和节假日的加班补助。乙方要保证丙方每天不少于8小时的睡眠时间。

9.乙方未经丙方及甲方的同意，不得擅自将丙方转为第三方服务；不得擅自将其带往外省市等非约定服务场所提供服务；不得误导丙方做违法和违反甲方有关家政服务管理规定的事项。

10.乙方对丙方在服务期间和服务场所的安全负责，不得指使其从事危险工作；由于乙方人为或因其设施、设备等原因造成丙方发生意外伤害，乙方应承担相关责任，并应立即通知甲方；如遇丙方突发疾病或遭受其他伤害时，乙方应采取必要的救治措施。

**第四条 丙方权利和义务**

1.丙方享有休息、休假和获得劳动安全卫生保护的权利，乙方劳动安全卫生条件恶劣或强令冒险作业的，丙方有权拒绝执行。

2.甲方不按规定支付报酬的，丙方有权提前解除服务协议。

3.乙方不履行服务协议或侵害丙方合法权益，丙方有权向有关部门寻求救济，有获得赔偿的权利。

4.丙方必须提供身份证、健康证和职业技能培训证方可从事家政服务。

5.丙方须遵守甲方的各项规章制度，服从甲方的管理。

6.丙方须认真完成乙方对工作的安排，并达到服务协议规定的各项指标。

**第五条 违约责任**

1.甲、乙、丙三方均应遵守本协议约定，任何一方违反协议约定的，另外二方均有权解除协议并有权要求违约方赔偿因违约造成的损失，另有约定的除外。

2.有关违约的其他约定事项：＿＿＿＿＿＿＿＿。

**第六条 协议解除与签订**

1.本协议期满，如不再续签协议，协议自动终止。

2.协议期满经协商可续签协议。若续签协议，乙方应提前＿＿＿天与甲方、丙方协商，经甲方同意方可续签协议。

3.协议期内，非因违约而由三方依照约定或经协商正常解除协议的，甲方应退还乙方剩余的服务费。

**第七条 当事人三方约定的其他事项**

＿＿＿＿＿＿＿＿＿＿＿＿＿＿＿＿＿＿＿＿＿＿＿＿＿＿＿＿＿＿＿＿＿。

**第八条 争议处理方式**

履行协议出现争议，应当协商解决；如果协商不成，按照如下方式解决。

□向仲裁委员会提起仲裁。

□向人民法院提起诉讼。

**第九条 其他事宜**

1.本协议未尽事宜，甲、乙、丙三方另行商议解决。

2.本协议执行过程中如有争议，经协商不能解决的，应依照《消费者权益保护法》等有关法律法规处理。

3.本协议一式三份，甲、乙、丙三方各执一份，自签字或盖章之日起生效。

甲方：（盖章）                                年 月 日

乙方：（签字及捺印）                          年 月 日

丙方：（签字及捺印）                          年 月 日

## 3.养老院有限责任公司章程

养老院有限责任公司章程

**第一章 总则**

第一条 公司宗旨：依照《公司法》《老年人权益保障法》和《公司登记管理条例》的有关规定，制定本公司章程。

公司名称：_____养老院有限责任公司。

公司住所：_____。

公司由_____个股东共同出资设立，股东以认缴出资额为限对公司承担责任；公司以其全部资产对公司的债务承担责任。公司享有由股东出资形成的全部法人财产权，并依法享有民事权利，承担民事责任，具有企业法人资格。

公司法定代表人：_____。

经营范围：其他居民服务。

公司营业执照签发日期为本公司成立日期。营业期限：_____年。

**第二章 注册资本**

第七条 公司注册资本为_____万元人民币。

第八条 股东名称、出资额、出资方式、出资时间见下表。

单位：万元人民币

| 股东姓名（名称） | 出资额 | 出资方式 | 出资时间 |
|---|---|---|---|
|  |  |  |  |
|  |  |  |  |
|  |  |  |  |
|  |  |  |  |

第九条 公司登记注册后，应向股东签发出资证明书。出资证明书应载明公司名称、公司成立日期、公司注册资本、股东的姓名或者名称、缴纳的出

资额和出资日期、出资证明书的编号和核发日期。出资证明书由公司盖章。出资证明书一式两份，股东和公司各持一份。出资证明书遗失，应立即向公司申报注销，经公司法定代表人审核后予以补发。

第十条 公司应设置股东名册，记载股东的姓名（名称）、住所、出资额及出资证明书编号等内容。

### 第三章 股东的权利、义务和转让出资的条件

第十一条 股东作为出资者按出资比例享有资产收益、参与重大决策和选择管理者等权利，并承担相应的义务。

第十二条 股东的权利：

1.出席股东会，并根据出资比例享有表决权；

2.股东有权查阅股东会会议记录和公司财务会计报告；

3.选举和被选举为公司董事或监事；

4.股东按出资比例分取红利；公司新增资本时，股东可按出资比例优先认缴出资；

5.公司新增资本或其他股东转让股份时有优先认购权；

6.公司终止后，依法分取公司剩余财产。

第十三条 股东的义务：

1.按期足额缴纳各自所认缴的出资额；

2.以认缴的出资额为限承担公司债务；

3.公司办理工商登记注册后，不得抽回出资；

4.遵守公司章程规定的各项条款。

第十四条 股权的转让：

股东之间可以相互转让其全部股权或者部分股权。

股东向股东以外的人转让其股权时，必须经其他股东过半数同意。股东应就其股权转让事项书面通知其他股东征求同意，其他股东自接到书面通知之日起满30日未答复的，视为同意转让。其他股东半数以上不同意的，不同意转让的股东应当购买该转让的股权，如果不购买该转让的股权，视为同意转让。经股东同意转让的股权，在同等条件下其他股东对该转让的股权有优

先购买权。两个以上股东主张行使优先购买权的，协商确定各自的购买比例；协商不成的，按照转让时各自的出资比例行使优先购买权。

股东依法转让其股权后，公司应将受让人的姓名、住所以及受让的股权额记载于股东名册。

### 第四章 公司的机构及高级管理人员的资格和义务

第十五条 为保障公司服务经营活动的顺利、正常开展，公司设立股东会、董事会和监事，负责全公司服务经营活动的策划和组织领导、协调、监督等工作。

第十六条 本公司设院长、业务部、社工部、财务部等具体办事机构，分别负责处理公司在开展服务经营活动中的各项日常具体事务。

第十七条 董事、监事、院长应遵守公司章程、《公司法》和国家其他有关法规的规定。

第十八条 公司研究决定有关职工工资、福利、安全服务以及劳动保护、劳动保险等涉及职工切身利益的问题，应当事先听取公司工会和职工的意见，并邀请工会或者职工代表列席有关会议。

第十九条 公司研究决定服务经营的重大问题、制定重要的规章制度时，应当广泛听取公司老年人代表、工会和职工的意见和建议。

第二十条 有下列情形之一的人员，不得担任公司董事、监事、院长：

1.无民事行为能力或者限制民事行为能力者；

2.因犯有虐待、遗弃、贪污、贿赂、侵占财产、挪用财产罪或者破坏社会经济秩序罪被判处刑罚，执行期满未逾5年，或者因犯罪被剥夺政治权利，执行期满未逾5年者；

3.担任因经营不善破产清算公司的执行董事或者厂长、院长，并对该公司破产负有个人责任的，自该公司破产清算完结之日起未逾3年者；

4.担任因违法被吊销营业执照的公司的法定代表人，并负有个人责任的，自该公司被吊销营业执照之日未逾3年者；

5.个人所负数额较大的债务到期未清还者。

公司违反前款规定选举、委派董事、监事或者聘任院长的，该选举、委派或者聘任无效。

第二十一条 国家公务员不得兼任公司的董事、监事、院长。

第二十二条 董事、监事、院长应当遵守公司章程,忠实履行职责,有尊老敬老良好修养,维护公司利益,不得利用在公司的地位和职权为自己谋取私利。董事、监事、院长不得利用职权收受贿赂或者其他非法收入,不得侵占公司的财产。

第二十三条 董事、院长不得挪用公司资金或者将公司资金借给任何与公司业务无关的单位和个人。

董事、院长不得将公司的资金以其个人名义或者以其他个人名义开立账户存储,亦不得将公司的资金以个人名义向外单位投资。

董事、院长不得以公司资产为本公司的股东或者其他个人债务提供担保。

第二十四条 董事、院长不得自营或者为他人经营养老服务或相近的项目,或者从事损害本公司利益的活动。从事上述营业或者活动的,所得收入应当归公司所有。

**第五章 股东会**

第二十五条 公司设股东会。股东会由公司全体股东组成,股东会为公司的最高权力机构。股东会会议,由股东按照出资比例行使表决权。出席股东会的股东必须超过全体股东表决权的半数以上方能召开股东会。首次股东会由出资最多的股东召集,以后股东会由董事会召集,董事长主持。

第二十六条 股东会行使以下职权:

1.决定公司的经营方针和投资计划;

2.选举和更换非由职工代表、老年人代表出任的董事,决定有关董事的报酬事项;

3.选举和更换非由职工代表、老年人代表出任的监事,决定有关监事的报酬事项;

4.审议批准董事会的报告或监事的报告;

5.审议批准公司年度财务预、决算方案以及利润分配、弥补亏损方案;

6.对公司增加或减少注册资本作出决议；

7.对公司的分立、合并、解散、清算或者变更公司形式作出决议；

8.修改公司的章程；

9.对发行公司债券作出决议；

10.公司章程规定的其他职权。

股东会会议分为定期会议和临时会议，并应当于会议召开15日以前通知全体股东。定期会议应每年召开一次，临时会议由代表1/4以上表决权的股东，或者1/3以上的董事，或者监事提议方可召开。股东出席股东会议也可书面委托他人参加股东会议，行使委托书中载明的权利。

第二十七条　股东会会议由董事会召集，董事长主持。董事长因特殊原因不能履行职务时，由董事长指定的其他董事主持。

第二十八条　股东会会议应对所议事项作出决议，决议应由代表1/2以上表决权的股东表决通过。但股东会对公司增加或减少注册资本、分立、合并、解散或者变更公司形式、修改公司章程所作出的决议，应由代表2/3以上表决权的股东表决通过。股东会应当对所议事项的决定作出会议记录，出席会议的股东应当在会议记录上签名。

**第六章　董事、院长、监事**

第二十九条　公司设董事会，成员为_____人，职工董事由公司职工通过职工代表大会、职工大会或者其他形式民主选举产生，老年人董事由入住老人选举或推举产生，其他董事由股东会选举或更换。

董事会设董事长1人。董事长为公司法定代表人（或院长为公司法定代表人），由董事会选举和罢免。

董事长行使下列职权：

1.主持股东会会议和召集、主持董事会会议；

2.主持公司的服务经营管理工作，组织实施董事会决议；

3.在发生特大自然灾害等不可抗力的紧急情况下，对公司事务行使符合法律规定和公司利益的特别处置权，并在事后向公司董事会和股东会报告。

董事会行使下列职权：

1.负责召集股东会，并向股东会报告工作；

2.执行股东会决议；

3.决定公司的经营计划和投资方案；

4.制订公司的年度财务预算方案、决算方案；

5.制订公司的利润分配方案和弥补亏损方案；

6.制订公司增加或减少注册资本的方案；

7.拟订公司合并、分立、解散、变更公司形式的方案；

8.决定公司内部管理机构的设置；

9.聘任或者解聘公司院长，根据院长的提名，聘任或者解聘公司副院长/财务负责人，决定其报酬事项；

10.制定公司的基本管理制度。

第三十条 董事会会议由董事长召集并主持。董事长因特殊原因不能履行职务时，由董事长指定其他董事召集和支持，三分之一以上董事可以提议召开董事会议，并应于会议召开10日前通知全体董事。

第三十一条 董事会对所议事项作出的决议应由二分之一以上的董事表决通过方为有效，并应作成会议记录，出席会议的董事应当在会议记录上签名。

第三十二条 董事任期为3年，可以连选连任。董事在任期届满前，股东会不得无故解除其职务。

第三十三条 公司设院长1名，由董事会聘任或者解聘，院长对董事会负责。

院长行使下列职权：

1.主持公司的服务经营管理工作，组织实施董事会决议；

2.组织实施公司年度经营计划和投资方案；

3.拟订公司内部管理机构；

4.拟订公司的基本管理制度；

5.制定公司的具体规章；

6.提请聘任或者解聘公司副院长，财务负责人；

7.聘任或者解聘应由董事会聘任或者解聘以外的负责管理人员。

院长列席董事会会议。

第三十四条 公司不设监事会，只设监事1名，由股东会代表公司过半数表决权的股东选举产生，监事任期为每届3年，届满可连选连任；本公司的董事、院长、财务负责人不得兼任监事。

监事的职权：

1.检查公司财务；

2.对董事、高级管理人员执行公司职务的行为进行监督，对违反法律、行政法规、公司章程或者股东会决议的董事、高级管理人员提出罢免的建议；

3.当董事和院长的行为损害公司的利益时，要求董事和院长予以纠正；在董事不履行《公司法》规定的召集和主持股东会会议职责时召集和主持股东会会议；

4.向股东会会议提出提案；

5.依照《公司法》第151条的规定，对董事、高级管理人员提起诉讼；

6.公司章程规定的其他职权。

**第七章 财务、会计**

第三十五条 公司依照法律、行政法规和国家财政行政主管部门的规定建立本公司的财务、会计制度。

第三十六条 公司在每一会计年度终了时制作财务会计报告，按国家和有关部门的规定进行审计，报送财政、税务、工商行政管理等部门，并送交各股东审查。

财务、会计报告包括下列会计报表及附属明细表：

1.资产负债表；

2.损益表；

3.财务状况变动表；

4.财务情况；

5.说明书；

6.利润分配表。

第三十七条 公司分配每年税后利润时，提取利润的10%列入法定公积金，公司法定公积金累计额超过公司注册资本50%时可不再提取。

公司的公积金用于弥补以前年度公司的亏损、扩大公司服务经营或者转为增加公司资本。但是，资本公积金不得用于弥补公司的亏损。

第三十八条 公司弥补亏损和提取公积金后所余税后利润，按照股东出资比例进行分配。

第三十九条 法定公积金转为资本时，所留存的该项公积金不得少于转增前公司注册资本的25%。

公司除法定会计账册外，不得另立会计账册。

会计账册、报表及各种凭证应按财政部有关规定装订成册归档，作为重要的档案资料妥善保管。

### 第八章 合并、分立和变更注册资本

第四十条 公司合并、分立或者减少注册资本，由公司的股东会作出决议；按《公司法》的要求签订协议，清算资产、编制资产负债表及财产清单，通知债权人并公告，依法办理有关手续。

第四十一条 公司合并、分立、减少注册资本时，应编制资产负债表及财产清单。由公司股东会作出合并、分立决议之日起10内通知债权人并于30日内在报纸上公告。债权人自接到通知书之日起30日内，未接到通知书的自公告之日起45日内，有权要求公司清偿债务或提供相应担保。公司分立前的债权债务由分立后的公司承担连带责任。

第四十二条 公司合并或者分立，登记事项发生变更的，应当依法向公司登记机关办理变更登记；公司解散的，应当依法办理公司注销登记；设立新公司的，应当依法办理公司设立登记。

公司增加或减少注册资本，应当依法向公司登记机关办理变更登记。

### 第九章 破产、解散、终止和清算

第四十三条 公司变更或者终止的，应当妥善安置收住的老年人，并依照规定到有关部门办理手续。

公司因《公司法》第180条所列（一）、（二）、（四）、（五）项规定而解散时，应当在解散事由出现之日起15日内成立清算组，开始清算。逾期不成立清算组进行清算的，债权人可以申请人民法院指定有关人员组成清算组进行清算。

公司清算组应当自成立之日起10日内通告债权人，并于60日内在报纸上公告。债权人应当自接到通知书之日起30日内，未接到通知书的自公告之日45日内，向清算组申报债权。

公司财产在分别支付清算费用、职工的工资、社会保险费用和法定补偿金，缴纳所欠税款，清偿公司债务后的剩余资产，按照股东的出资比例分配。

公司清算结束后，公司应当依法向公司登记机关申请注销公司登记。

### 第十章 工会

第四十四条 公司按照国家有关法律和《工会法》设立工会。工会独立自主地开展工作，公司应支持工会的工作。公司劳动用工制度严格按照《劳动法》执行。

### 第十一章 附则

第四十五条 公司章程的解释权属公司股东会。

第四十六条 公司章程经全体股东签字或盖章生效。

第四十七条 经股东会提议公司可以修改章程，修改章程须经股东会代表公司2/3以上表决权的股东通过后，由公司法定代表人签署并报公司登记机关备案。

第四十八条 公司章程与国家法律、行政法规、国务院决定等有抵触，以国家法律、行政法规、国务院决定等为准。

股东签名：（盖章或签字及捺印）

　　年　　　月　　　日

## 4.家政清洁合作合同

家政清洁合作合同

甲方：___×××家政有限责任公司__。

法定代表人：_____。

住所地：_____。

乙方：___×××室内清洁公司___。

负责人：_____。

住所地：_____。

甲、乙双方本着合作、互惠原则，经协商一致，签订以下家政清洁服务合同：

**第一条 甲方的权利、义务**

1.负责联系业主（客户）并与其签订家政服务协议或其他相关文件；

2.负责安排乙方进场服务的相关内容与细节；

3.负责监督乙方的服务质量与工作规范；

4.协助乙方监督、管理现场服务人员；

5.负责服务项目的基本定价、开票、收款；

6.负责处理清洁服务中的投诉及纠纷。

**第二条 乙方的权利、义务**

1.提供专业、相应的服务人员；

2.按甲方的要求及规定在相应的时间内保质保量完成工作；

3.在服务过程中，承担因乙方人为（责任）损坏客户物品、设施，所造成损失的责任；

4.负责提供所有清洁及服务所需的各项工具、材料、用品；

5.承担服务中因服务人员不良行为（如偷盗）给客户造成损失的全部责任；

6.执行甲方合理的服务调派工作；

7.协助甲方处理客户的各项投诉及纠纷；

8.提供服务人员的合法证明及有关资料。

## 第三条 服务内容及最低收费标准

| 序号 | 服务项目 | 内容与说明 | 单位 | 底价 |
|------|----------|------------|------|------|
| 1 | | | | |
| 2 | | | | |
| 3 | | | | |
| 4 | | | | |
| 5 | | | | |

## 第四条 结算方式

1.对于不低于底价的工作，结算金额以甲方开具的票据（收据）为依据，按总金额的＿＿＿%支付给乙方，其余部分作为甲方的管理费和税金。

对于低于底价，但是高于底价的＿＿＿%的工作，甲方按底价标准的85%支付给乙方，其余部分作为甲方的管理费和税金。

对于低于底价＿＿＿%的工作，乙方有权拒绝合作。如果合作的，甲方需将全部收入支付给乙方。

2.甲、乙双方每两个月结算一次，结算日期为双月数的25日，甲方可用支票或现金支付给乙方，支付日期为结算后的5个工作日内。

## 第五条 合作期限

1.本合同的有效期限为：＿＿＿年＿＿＿月＿＿＿日至＿＿＿年＿＿＿月＿＿＿日。在合同有效期内，任何一方提出变更或解除合同的，须提前30日书面通知对方。

2.任何一方未按前款约定停止合作的，需支付对方＿＿＿＿＿＿＿元违约金。

## 第六条 其他

本协议一式二份，甲、乙双方各执一份，具有同等效力。


甲方：（盖章）　　　　　乙方：（盖章）

法定代表人：　　　　　　负责人：

　年　月　日　　　　　　　年　月　日

## 5.老年人福利院（敬老院）法律顾问合同

### 老年人福利院（敬老院）法律顾问合同

合同编号：_____

甲方（委托人）：____×××____福利院（敬老院）。

注册地址：_____。

法定代表人：_____。职务：_____。

联系人：(写明姓名、职务、身份证号码、通讯地址、邮政编码、电话、传真、微信号、电子信箱等)。

乙方（受托人）：____×××律师事务所。

注册地址：_____。

法定代表人或负责人：_____。职务：_____。

通讯地址：_____。

邮政编码：_____。

联系人：(写明姓名、职务、通讯地址、邮政编码、电话、传真、微信号、电子信箱等)。

鉴于：

甲方为了提高养老机构经营管理的规范化水平，减少法律风险，维护自身的合法权益，需要专门的法律服务；

乙方为经批准设立的律师事务所，具备向社会提供法律服务的资格和能力；

甲方聘请乙方为其提供常年法律顾问服务，乙方表示同意，并自愿付出部分公益服务。

双方根据《合同法》《律师法》《老年人权益保障法》及相关法律法规的规定，本着自愿、平等、互惠互利、诚实信用的原则，经充分友好协商，订立如下合同条款，以资共同恪守：

**第一条 法律顾问服务人员**

1.乙方接受甲方的聘请要求，指派_____等律师组成顾问小组担任甲方的常年法律顾问。

2.甲方同意乙方及其所指派的律师在认为必要时可将部分法律服务工作交由乙方的其他律师及助理人员协助完成。

3.本合同履行过程中，若乙方律师因合理原因（包括但不限于正常调动、离职、时间冲突、回避、身体状况等）无法继续或暂时不能提供服务时，乙方应及时告知甲方并由合同双方协商另行指派其他合适的律师接替；甲方不同意其他律师接替的，视为甲方解除合同，本合同终止。

4.根据甲方具体项目情况，乙方可委派具有专长的其他律师承担专项法律顾问服务业务。

**第二条　法律顾问服务范围**

1.协助甲方建立健全各项规章制度，使养老服务经营活动维持正常发展；

2.协助养老机构申办有关的业务经营许可证书、执照，为甲方草拟、审查、修改有关法律文书和合同，参与重要合同谈判；

3.应甲方要求对有关业务和管理等方面的重大决策出具法律意见，进行法律论证，提供法律依据；

4.参与策划养老机构资金的筹集与运作；为甲方投资、资产重组、养老机构改制、产权界定等相关业务提供法律咨询、进行法律论证、出具法律意见；参与制订投、融资计划；

5.对甲方的合作方进行资信调查；为甲方招标、投标项目提供法律咨询、出具法律意见；

6.对养老机构经营活动中的每一环节，包括决策、管理、实施进行全程跟踪，就可能发生的影响经营业绩的冲突、纠纷提出法律意见和解决方案；

7.提供与养老机构经营活动有关的法律信息和商业信息；

8.为甲方及其分支机构的创办进行法律制度设计，并对相关法律文件进行审查修改、出具法律意见；

9.为甲方办理商标、发明、外观设计、实用新型等知识产权的注册申请、续展等有关事务提供法律咨询、出具法律意见；

10.应甲方的要求，协助参与重大项目谈判，审查或准备谈判所需的各类法律文件，并适时提供法律论证意见；

11.协助养老机构整合专业经验和人际资源，提供可操作的资源整合方案；

12.拟订、审查劳动合同，办理涉及人力资源、劳动合同、劳动争议、职工保密和竞业禁止协议等方面的法律事务；

13.根据授权办理甲方内部、外部的非诉讼法律事务，包括进行侵权调查、签发律师函、发表律师声明、出具法律意见书；

14.拟定养老机构经营服务场所警示标识的内容；

15.为养老机构经营服务场所的安全保卫工作提供法律建议；

16.及时协助处理养老机构与老年人及其家属、监护人的纠纷；

17.对养老机构管理层、高级员工以及其具体工作可能涉及某种法律问题的员工进行老年人权益保障法、公司法、合同法、劳动法、产品质量法、工商、税务法规等法律培训，每年至少_____次，平时及时解答与工作及利益相关的法律咨询，并结合个案，讲解法律知识，增强自我保护意识；

18.应甲方的要求，组织关于甲方发展、运作等方面的专题研讨会；

19.及时协助处理养老机构经营服务场所失窃、致人损害等突发事件；

20.建立养老机构商业秘密保护系统；

21.建立甲方的法律档案、业务档案，防止养老机构合法权益因疏忽而受损失；

22.对甲方所涉的各类纠纷提供法律意见并予以协调，进行和解、参与调解，必要时代理甲方参加诉讼或仲裁；

23.为甲方提供其他常规法律顾问服务。

**第三条 公益服务与有偿服务**

乙方律师自愿为养老事业奉献爱心，每服务2小时的第二小时为公益服务。

**第四条 法律顾问费用**

1.甲方按_____元人民币/小时，共_____小时服务的1/2标准向乙方支付年法律顾问费，计人民币_____元（大写：人民币_____元整）。

2.甲方应于本合同生效之当日一次性付清上述法律顾问费。

3.乙方法律服务工作量低于第1款小时数的，无需退回顾问费。服务工作量超出部分，按_____元人民币/小时标准，在年度届满时一次性结清。

4.乙方收到甲方支付的法律顾问费后，应当向甲方出具正式税务发票。

5.对于乙方的公益服务部分，在年度服务届满时，甲方据实向乙方开据接收捐赠服务的财务票据。

**第五条　工作费用**

双方商定下列与法律顾问服务有关的费用开支由甲方负担，且未包含在本合同第四条的法律顾问费中：

1.直接费用包括但不限于异地交通、住宿、通讯、电信、文印等办案中必需的费用。

2.间接费用包括但不限于委托审计费、鉴定费、公证费、查档费及其他用于收集资料的费用。

3.上列费用由乙方律师向甲方按实报销。乙方应注意节约，合理安排实际办案费用的开支，避免不必要的浪费。

**第六条　合同期限**

本合同期限1年，自____年____月____日至____年____月____日止；

本合同届满前7日内，若双方均未书面提出变更或终止要求，本合同所有条款自动续展7期，其后每期类推。

**第七条　工作方式**

乙方的工作方式采用以下第____种方式：

1.不坐班，有事随时联系，及时提供法律服务；

2.每月在甲方的坐班时间为____，其余时间不坐班；

3.每周在甲方的坐班时间为____，其余时间不坐班；

4.乙方安排____名律师在甲方正常全职坐班。

**第八条　甲方权利义务**

1.如实陈述与委托事项有关的经营和业务往来情况。与乙方及服务律师诚信合作，及时、真实、详尽提供与委托事项有关的全部文件和背景材料，并根据实际需要提供必要的工作条件。

2.甲方应当为乙方律师办理法律事务提出明确、合理的要求。

（1）如有关的情况和事实发生变化，应及时告知乙方或服务律师；

（2）如变更联系信息，应当及时通知乙方和律师；

（3）按照约定支付法律顾问费和其他费用。

3.甲方指定＿＿＿为其代表，负责与乙方联系，转达甲方的指示和要求，提供或接收文件和资料等。甲方更换代表应当书面通知乙方。

4.甲方需要乙方审查修改的合同等文本，应向乙方提供电子版本，并通过电子邮件发送给乙方。

5.甲方负有对委托事项作出独立判断、决策的责任，甲方根据乙方律师提供的法律意见、建议、方案所作出的决定而导致的损失，非因乙方律师错误地运用法律等失职行为造成的，由甲方自行承担。

6.甲方不得向乙方和服务律师提出与法律以及律师职业道德或执业纪律规定相冲突的要求。

**第九条 乙方权利义务**

1.乙方律师必须遵守职业道德和执业纪律。

（1）乙方律师应当勤勉尽职，依法在本合同约定范围内维护甲方的最大利益；

（2）乙方律师应当及时向甲方出具顾问意见；

（3）乙方律师无权超越甲方授权范围行事；如果确有需要，应当由甲方另行给予明确的授权。

2.乙方按双方事先约定的工作时间、地点及时办理甲方委托的各项事宜，确保服务质量。若确遇特殊情况，应提前通知甲方并共同商量解决措施。

3.乙方审查修改甲方提交的合同等文本后，应向甲方提供电子版本，并通过电子邮件发送给甲方。

（1）乙方或律师变更联系信息的，应当及时通知甲方；

（2）严守在受托提供各项法律服务过程中所知悉的甲方服务经营等方面

的商业秘密和知识产权，绝不利用和对外泄露，否则应承担由此引起的一切法律责任。

4.乙方可以指派业务助理人员配合完成辅助工作，但乙方更换律师，应取得甲方书面认可。

（1）乙方律师有权查阅与承办法律事务有关的文件和资料；

（2）乙方律师有权全面了解甲方有关业务情况；

（3）乙方律师有权列席甲方相关会议；

（4）乙方律师有权获得履行法律服务职责所必需的办公、交通及其他工作条件和便利。

5.乙方和服务律师应将已经或正在或可能存在的为与甲方有利益冲突的当事人提供法律服务的情况如实告知甲方。在发生利益冲突的情况下，甲方有权且应当选择继续签订、履行合同或改变委托权限或解除合同；乙方有权作出回避的安排。

6.乙方及其指派的服务律师，有权拒绝甲方要求为其违法行为及违背事实、违背律师职业道德等的事项提供服务，有权拒绝任何单位、个人的非法干预。

7.服务律师因故不能履行养老机构法律顾问职责时，乙方应当与甲方协商，另行指派律师接替。

8.服务律师应当建立为甲方服务的工作日记，原则上做到一次一记，一事一记。

**第十条 其他法律服务**

乙方和服务律师均无权利和义务代表甲方处理本合同约定的常年法律顾问服务范围以外的其他法律事务。甲方如确需乙方的律师提供其他法律事务的服务的，应当与乙方另行签订法律服务委托合同。

乙方代理甲方诉讼、仲裁等其他法律服务项目，以及为甲方服务的老年人、甲方员工提供有偿服务的，一律按收费标准的8折收取法律服务费用。

**第十一条 合同的解除、终止**

1.甲方经书面通知，有权随时解除本合同，该解除通知在乙方收到之日起生效。一旦收到解除通知，乙方和律师立即停止提供法律顾问服务。乙方已收取的法律顾问费不予退还，甲方欠付的应予以补足。

2.如果甲方未按照本合同约定支付法律顾问费和其他费用且延期超过30日的，乙方有权解除本合同，但应书面通知甲方。乙方已收取的法律顾问费不予退还，甲方欠付的应予以补足。

3.若甲方要求达到的目标有违律师职业道德和执业纪律的规定，则乙方有权随时终止向甲方提供法律服务，但应书面通知甲方。乙方结算费用，将未提供服务的部分费用退还甲方。

4.合同期限届满，甲乙双方不再续签本合同的，合同终止。

5.甲乙双方通过书面协议解除本合同的，合同终止。

6.因不可抗力致使合同目的不能实现的，合同终止。

**第十二条 通知**

1.根据本合同需要一方向另一方发出的全部通知以及双方的文件往来及与本合同有关的通知和要求等，必须用书面形式，可采用书信、传真、电子邮件、微信、当面送交等方式传递。以上方式无法送达的，方可采取公告送达的方式。

2.各方通讯地址如下：

（1）甲方：_____。

（2）乙方：_____。

3.一方变更通知方式或通讯地址，应自变更之日起_____日内，以书面形式通知对方；否则，由未通知方承担由此而引起的相关责任。

**第十三条 合同的变更**

本合同履行期间发生特殊情况时，甲、乙任何一方需变更本合同的，要求变更一方应及时书面通知对方，征得对方同意后，双方在规定的时限内（书面通知发出_____天内）签订书面变更协议，该协议将成为本合同不可分割的一部分。未经双方签署书面文件，任何一方无权变更本合同，否则，由此造成对方的经济损失，由责任方承担。

**第十四条 争议的处理**

1.本合同受中华人民共和国法律管辖并按其进行解释。

2.本合同在履行过程中发生的争议，由双方当事人协商解决，也可由有关部门调解；协商或调解不成的，按下列第＿＿＿＿＿种方式解决：

（1）提交＿＿＿＿＿＿＿＿＿＿仲裁委员会仲裁；

（2）依法向＿＿＿＿＿＿＿＿＿＿人民法院起诉。

**第十五条 不可抗力**

1.如果本合同任何一方因受不可抗力事件影响而未能履行其在本合同下的全部或部分义务，该义务的履行在不可抗力事件妨碍其履行期间应予中止。

2.声称受到不可抗力事件影响的一方应尽可能在最短的时间内通过书面形式将不可抗力事件的发生通知另一方，并在该不可抗力事件发生后＿＿＿＿＿＿日内向另一方提供关于此种不可抗力事件及其持续时间的适当证据及合同不能履行或者需要延期履行的书面资料。声称不可抗力事件导致其对本合同的履行在客观上成为不可能或不实际的一方，有责任尽一切合理的努力消除或减轻此等不可抗力事件的影响。

3.不可抗力事件发生时，双方应立即通过友好协商决定如何执行本合同。不可抗力事件或其影响终止或消除后，双方须立即恢复履行各自在本合同项下的各项义务。如不可抗力及其影响无法终止或消除而致使合同任何一方丧失继续履行合同的能力，则双方可协商解除合同或暂时延迟合同的履行，且遭遇不可抗力一方无须为此承担责任。当事人迟延履行后发生不可抗力的，不能免除责任。

4.本合同所称"不可抗力"是指受影响一方不能合理控制的，无法预料或即使可预料到也不可避免且无法克服，并于本合同签订日之后出现的，使该方对本合同全部或部分的履行在客观上成为不可能或不实际的任何事件。此等事件包括但不限于自然灾害如水灾、火灾、旱灾、台风、地震，以及社会事件如战争（不论曾否宣战）、动乱、罢工/政府行为或法律规定等。

### 第十六条 合同的解释

本合同未尽事宜或条款内容不明确，合同双方当事人可以根据本合同的原则、合同的目的、交易习惯及关联条款的内容，按照通常理解对本合同作出合理解释。该解释具有约束力，除非解释与法律或本合同相抵触。

### 第十七条 补充与附件

本合同未尽事宜，依照有关法律、法规执行，法律、法规未作规定的，甲乙双方可以达成书面补充合同。本合同的附件和补充合同均为本合同不可分割的组成部分，与本合同具有同等的法律效力。

### 第十八条 合同效力

本合同自双方或双方法定代表人或其授权代表人签字并加盖公章之日起生效。本合同正本一式_____份，双方各执_____份，具有同等法律效力；合同副本_____份，送_____留存一份。

甲方：（盖章）　　　　　　　　乙方：（盖章）

法定代表人或授权代表人：（签字）　法定代表人或授权代表人：（签字）

　　年　月　日　　　　　　　　　年　月　日

签订地点：

附　录

# PPP项目合同指南（试行）

## PPP项目合同指南（试行）[❶]

编制说明

本指南所称的政府和社会资本合作（Public-Private Partnership，PPP）项目合同是指政府方（政府或政府授权机构）与社会资本方（社会资本或项目公司）依法就PPP项目合作所订立的合同。在PPP项目中，除项目合同外，项目公司的股东之间，项目公司与项目的融资方、承包商、专业运营商、原料供应商、产品或服务购买方、保险公司等其他参与方之间，还会围绕PPP项目合作订立一系列合同来确立和调整彼此之间的权利义务关系，共同构成PPP项目的合同体系。PPP项目合同是整个合同体系的基础和核心，政府方与社会资本方的权利义务关系以及PPP项目的交易结构、风险分配机制等均通过PPP项目合同确定，并以此作为各方主张权利、履行义务的依据和项目全生命周期顺利实施的保障。

PPP从行为性质上属于政府向社会资本采购公共服务的民事法律行为，构成民事主体之间的民事法律关系。同时，政府作为公共事务的管理者，在履行PPP项目的规划、管理、监督等行政职能时，与社会资本之间构成行政法律关系。因此，我国PPP项目合同相关法律关系的确立和调整依据，主要是现行的民商法、行政法、经济法和社会法，包括《民法通则》《合同法》《预算法》《政府采购法》《公司法》《担保法》《保险法》《行政许可法》《行政处罚法》《行政复议法》《民事诉讼法》《仲裁法》《行政诉讼法》《会计法》《土地管理法》《建筑法》《环境保护法》等。

根据上述法律规定以及《国务院关于加强地方政府性债务管理的意见》（国发〔2014〕43号）、《国务院关于深化预算管理制度改革的决定》（国发〔2014〕45号）、《国务院关于创新重点领域投融资机制鼓励社会投资的指导

---

[❶] PPP是社会资本参与养老基础设施投资和养老机构运营的主要方式之一，政府利用市场机制，增加、改进和优化社会养老设施和养老服务的供给，能够达到事半功倍的效果。2014年12月4日，财政部发布了《关于印发政府和社会资本合作模式操作指南（试行）的通知》，对PPP模式的适用范围、各环节的操作重点等内容进行了说明。将财政部《PPP项目合同指南（试行）》收入本书，目的在于发挥PPP模式在养老产业的作用，促进老龄事业的发展。

意见》(国发〔2014〕60号)、《财政部关于推广运用政府和社会资本合作模式有关问题的通知》(财金〔2014〕76号)、《财政部关于印发政府和社会资本合作模式操作指南的通知》(财金〔2014〕113号)有关要求,结合国内外PPP实践,编制本指南,以帮助PPP项目各参与方全面系统地认识PPP项目合同,指导合同的订立和履行。

本指南共4章、29节,全面系统介绍PPP项目合同体系,说明各主要参与方在PPP项目中的角色及订立相关合同的目的,阐述PPP项目合同的主要内容和核心条款,具体分析合同条款中的风险分配原则、基本内容和权利义务安排。同时,从付费机制和行业领域两个方面,详细剖析不同类型PPP项目合同中的核心要素和特定条款。

PPP项目兼具长期性、复杂性与多样性,项目所处地域、行业、市场环境等情况的不同,各参与方合作意愿、风险偏好、谈判能力等方面的差异,最终表现为合同内容上的千差万别。本指南仅对PPP项目合同通常所包含的具有共性的条款和机制作原则性介绍,并不能适用所有PPP项目的特点和个性需求。实践中,PPP项目各参与方应当结合项目客观需要和谈判结果,充分借助专业力量,因地制宜地订立PPP项目合同。

鉴于我国PPP工作尚处于起步阶段,法律制度、机构能力和实践经验等方面均有待进一步加强和丰富,今后财政部将及时对本指南进行修订和完善。

目 录

# 第一章　总则

## 第一节　PPP项目主要参与方

PPP项目的参与方通常包括政府、社会资本方、融资方、承包商和分包商、原料供应商、专业运营商、保险公司以及专业机构等。

一、政府

根据PPP项目运作方式和社会资本参与程度的不同，政府在PPP项目中所承担的具体职责也不同。总体来讲，在PPP项目中，政府需要同时扮演以下两种角色：

作为公共事务的管理者，政府负有向公众提供优质且价格合理的公共产品和服务的义务，承担PPP项目的规划、采购、管理、监督等行政管理职能，并在行使上述行政管理职能时形成与项目公司（或社会资本）之间的行政法律关系；

作为公共产品或服务的购买者（或者购买者的代理人），政府基于PPP项目合同形成与项目公司（或社会资本）之间的平等民事主体关系，按照PPP项目合同的约定行使权利、履行义务。

为便于区分政府的不同角色，本指南中，政府或政府授权机构作为PPP项目合同的一方签约主体时，称为政府方。

二、社会资本方

本指南所称社会资本方是指与政府方签署PPP项目合同的社会资本或项目公司。本指南所称的社会资本是指依法设立且有效存续的具有法人资格的企业，包括民营企业、国有企业、外国企业和外商投资企业。但本级人民政府下属的政府融资平台公司及其控股的其他国有企业（上市公司除外）不得作为社会资本方参与本级政府辖区内的PPP项目。社会资本是PPP项目的实际投资人。但在PPP实践中，社会资本通常不会直接作为PPP项目的实施主体，而会专门针对该项目成立项目公司，作为PPP项目合同及项目其他相关合同的签约主体，负责项目具体实施。

项目公司是依法设立的自主运营、自负盈亏的具有独立法人资格的经营实体。项目公司可以由社会资本（可以是一家企业，也可以是多家企业组成的联合体）出资设立，也可以由政府和社会资本共同出资设立。但政府在项目公司中的持股比例应当低于50%、且不具有实际控制力及管理权。

三、融资方

PPP项目的融资方通常有商业银行、出口信贷机构、多边金融机构（如世界银行、亚洲开发银行等）以及非银行金融机构（如信托公司）等。根据项目规模和融资需求的不同，融资方可以是一两家金融机构，也可以是由多家银行或机构组成的银团，具体的债权融资方式除贷款外，也包括债券、资产证券化等。

四、承包商和分包商

在PPP项目中，承包商和分包商的选择是影响工程技术成败的关键因素，其技术水平、资历、信誉以及财务能力在很大程度上会影响贷款人对项目的商业评估和风险判断，是项目能否获得贷款的一个重要因素。

承包商主要负责项目的建设，通常与项目公司签订固定价格、固定工期的工程总承包合同。一般而言，承包商要承担工期延误、工程质量不合格和成本超支等风险。

对于规模较大的项目，承包商可能会与分包商签订分包合同，把部分工作分包给专业分包商。根据具体项目的不同情况，分包商从事的具体工作可能包括设计、部分非主体工程的施工，提供技术服务以及供应工程所需的货物、材料、设备等。承包商负责管理和协调分包商的工作。

五、专业运营商（部分项目适用）

根据不同PPP项目运作方式的特点，项目公司有时会将项目部分的运营和维护事务交给专业运营商负责。但根据项目性质、风险分配以及运营商资质能力等不同，专业运营商在不同项目中所承担的工作范围和风险也会不同。例如，在一些采用政府付费机制的项目中，项目公司不承担需求风险或仅承担有限需求风险的，可能会将大部分的运营事务交由专业运营商负责；而在一些采用使用者付费机制的项目中，由于存在较大需求风险，项目公司可能仅仅会将部分非核心的日常运营管理事务交由专业运营商负责。

六、原料供应商（部分项目适用）

在一些PPP项目中，原料的及时、充足、稳定供应对于项目的平稳运营至关重要，因此原料供应商也是这类项目的重要参与方之一。例如在燃煤电厂项目中，为了保证煤炭的稳定供应，项目公司通常会与煤炭供应商签订长期供应协议。

七、产品或服务购买方（部分项目适用）

在包含运营内容的PPP项目中，项目公司通常通过项目建成后的运营收入来回收成本并获取利润。为了降低市场风险，在项目谈判阶段，项目公司以及融资方通常都会要求确定项目产品或服务的购买方，并由购买方与项目公司签订长期购销合同以保证项目未来的稳定收益。

八、保险公司

由于PPP项目通常资金规模大、生命周期长，在项目建设和运营期间面临着诸多难以预料的各类风险，因此项目公司以及项目的承包商、分包商、供应商、运营商等通常均会就其面临的各类风险向保险公司进行投保，以进一步分散和转移风险。同时，由于项目风险一旦发生就有可能造成严重的经济损失，因此PPP项目对保险公司的资信有较高要求。

九、其他参与方

除上述参与方之外，开展PPP项目还必须充分借助投资、法律、技术、财务、保险代理等方面的专业技术力量，因此PPP项目的参与方通常还可能会包括上述领域的专业机构。

## 第二节　PPP项目合同体系

在PPP项目中，项目参与方通过签订一系列合同来确立和调整彼此之间的权利义务关系，构成PPP项目的合同体系。PPP项目的合同通常包括PPP项目合同、股东协议、履约合同（包括工程承包合同、运营服务合同、原料供应合同、产品或服务购买合同等）、融资合同和保险合同等。其中，PPP项目合同是整个PPP项目合同体系的基础和核心。在PPP项目合同体系中，各个合同之间并非完全独立、互不影响，而是紧密衔接、相互贯通的，合同之间存在着一定的"传导关系"，了解PPP项目的合同体系和各个合同之间的传导关系，有助于对PPP项目合同进行更加全面准确的把握。

首先，在合同签订阶段，作为合同体系的基础和核心，PPP项目合同的具体条款不仅会直接影响到项目公司股东之间的协议内容，而且会影响项目公司与融资方的融资合同以及与保险公司的保险合同等其他合同的内容。此外，PPP项目合同的具体约定，还可能通过工程承包或产品服务购买等方式，传导到工程承包（分包）合同、原料供应合同、运营服务合同和产品或服务购买合同上。

其次，在合同履行阶段，合同关系的传导方向可能发生逆转。例如分包合同的履行出现问题，会影响到总承包合同的履行，进而影响到PPP项目合同的履行。

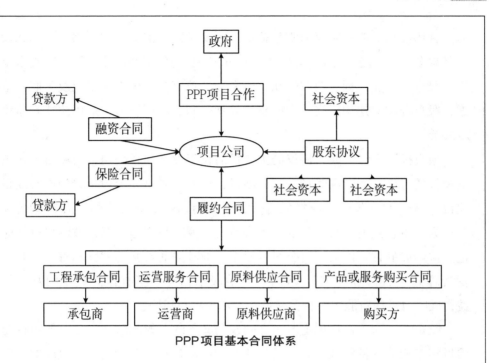

**PPP项目基本合同体系**

一、PPP项目合同

PPP项目合同是政府方与社会资本方依法就PPP项目合作所订立的合同。其目的是在政府方与社会资本方之间合理分配项目风险，明确双方权利义务关系，保障双方能够依据合同约定合理主张权利，妥善履行义务，确保项目全生命周期内的顺利实施。PPP项目合同是其他合同产生的基础，也是整个PPP项目合同体系的核心。

在项目初期阶段，项目公司尚未成立时，政府方会先与社会资本（即项目投资人）签订意向书、备忘录或者框架协议，以明确双方的合作意向，详细约定双方有关项目开发的关键权利义务。待项目公司成立后，由项目公司与政府方重新签署正式PPP项目合同，或者签署关于承继上述协议的补充合同。在PPP项目合同中通常也会对PPP项目合同生效后政府方与项目公司及其母公司之前就本项目所达成的协议是否会继续存续进行约定。

二、股东协议

股东协议由项目公司的股东签订，用以在股东之间建立长期的、有约束力的合约关系。股东协议通常包括以下主要条款：前提条件、项目公司的设立和融资、项目公司的经营范围、股东权利、履行PPP项目合同的股东承诺、股东的商业计划、股权转让、股东会、董事会、监事会组成及其职权范围、股息分配、违约、终止及终止后处理机制、不可抗力、适用法律和争议解决等。

项目投资人订立股东协议的主要目的在于设立项目公司，由项目公司负责项目的建设、运营和管理，因此项目公司的股东可能会包括希望参与项目建设、运营的承包商、原料供应商、运营商、融资方等主体。在某些情况下，为了更直接地参与项目的重大决策、掌握项目实施情况，政府也可能通过直接参股的方式成为项目公司的股东（但政府通常并不控股和直接参与经营管理）。在这种情形下，政府与其他股东相同，享有作为股东的基本权益，同时也需履行股东的相关义务，并承担项目风险。

股东协议除了包括规定股东之间权利义务的一般条款外，还可能包括与项目实施相关的特殊规定。以承包商作为项目公司股东为例，承包商的双重身份可能会导致股东之间一定程度的利益冲突，并在股东协议中予以反映。例如，为防止承包商在工程承包事项上享有过多的控制权，其他股东可能会在股东协议中限制承包商在工程建设及索赔事项上的表决权；如果承包商参与项目的主要目的是承担项目的设计、施工等工作，并不愿长期持股，承包商会希望在股东协议中预先做出股权转让的相关安排；但另一方面，如果融资方也是股东，融资方通常会要求限制承包商转让其所持有的项目公司股权的权利，例如要求承包商至少要到工程缺陷责任期满后才可转让其所持有的项目公司股权。

三、履约合同

（一）工程承包合同。

项目公司一般只作为融资主体和项目运营管理者而存在，本身不一定具备自行设计、采购、建设项目的条件，因此可能会将部分或全部设计、采购、建设工作委托给工程承包商，签订工程承包合同。项目公司可以与单一承包商签订总承包合同，也可以分别与不同承包商签订合同。承包商的选择要遵循相关法律法规 的规定。

由于工程承包合同的履行情况往往直接影响 PPP 项目合同的履行，进而影响项目的贷款偿还和收益情况。因此，为了有效转移项目建设期间的风险，项目公司通常会与承包商签订一个固定价格、固定工期的"交钥匙"合同，将工程费用超支、工期延误、工程质量不合格等风险全部转移给承包商。此外，工程承包合同中通常还会包括履约担保和违约金条款，进一步约束承包商妥善履行合同义务。

（二）运营服务合同。

根据 PPP 项目运营内容和项目公司管理能力的不同，项目公司有时会考虑将项目全部或部分的运营和维护事务外包给有经验的专业运营商，并与其签订运营服务合同。个案中，运营维护事务的外包可能需要事先取得政府的同意。但是，PPP 项目合同中约定的项目公司的运营和维护义务并不因项目公司将全部或部分运营维护事务分包给其他运营商实施而豁免或解除。

由于 PPP 项目的期限通常较长，在项目的运营维护过程中存在较大的管理风险，可能因项目公司或运营商管理不善而导致项目亏损。因此，项目公司应优先选择资信状况良好、管理经验丰富的运营商，并通过在运营服务合同中预先约定风险分配机制或者投保相关保险来转移风险，确保项目平稳运营并获得稳定收益。

（三）原料供应合同。

有些 PPP 项目在运营阶段对原料的需求量很大、原料成本在整个项目运营成本中占比较大，同时受价格波动、市场供给不足等影响，又无法保证能够随时在公开市场上以平稳价格获取，继而可能会影响整个项目的持续稳定运营，例如燃煤电厂项目中的煤炭。因此，为了防控原料供应风险，项目公司通常会与原料的主要供应商签订长期原料供应合同，并且约定一个相对稳定的原料价格。

在原料供应合同中，一般会包括以下条款：交货地点和供货期限、供货要求和价格、质量标准和验收、结算和支付、合同双方的权利义务、违约责任、不可抗力、争议解决等。除上述一般性条款外，原料供应合同通常还会包括"照供不误"条款，即要求供应商以稳定的价格、稳定的质量品质为项目提供长期、稳定的原料。

（四）产品或服务购买合同。

在PPP项目中，项目公司的主要投资收益来源于项目提供的产品或服务的销售收入，因此保证项目产品或服务有稳定的销售对象，对于项目公司而言十分重要。根据PPP项目付费机制的不同，项目产品或服务的购买者可能是政府，也可能是最终使用者。以政府付费的供电项目为例，政府的电力主管部门或国有电力公司通常会事先与项目公司签订电力购买协议，约定双方的购电和供电义务。

此外，在一些产品购买合同中，还会包括"照付不议"条款，即项目公司与产品的购买者约定一个最低采购量，只要项目公司按照最低采购量供应产品，不论购买者是否需要采购该产品，均应按照最低采购量支付相应价款。

四、融资合同

从广义上讲，融资合同可能包括项目公司与融资方签订的项目贷款合同、担保人就项目贷款与融资方签订的担保合同、政府与融资方和项目公司签订的直接介入协议等多个合同。其中，项目贷款合同是最主要的融资合同。

在项目贷款合同中一般会包括以下条款：陈述与保证、前提条件、偿还贷款、担保与保障、抵销、违约、适用法律与争议解决等。同时，出于贷款安全性的考虑，融资方往往要求项目公司以其财产或其他权益作为抵押或质押，或由其母公司提供某种形式的担保或由政府作出某种承诺，这些融资保障措施通常会在担保合同、直接介入协议以及PPP项目合同中予以具体体现。

需要特别强调的是，PPP项目的融资安排是PPP项目实施的关键环节，鼓励融资方式多元化、引导融资方式创新、落实融资保障措施，对于增强投资者信心、维护投资者权益以及保障PPP项目的成功实施至关重要。本指南仅就PPP项目合同中所涉及的与融资有关的条款和内容进行了阐述，有关PPP项目融资的规范指导和系统介绍，请参见另行编制的PPP融资专项指南。

五、保险合同

由于PPP项目通常资金规模大、生命周期长，负责项目实施的项目公司及其他相关参与方通常需要对项目融资、建设、运营等不同阶段的不同类型的风险分别进行投保。通常可能涉及的保险种类包括货物运输险、工程一切险、针对设计或其他专业服务的职业保障险、针对间接损失的保险、第三者责任险。

鉴于PPP项目所涉风险的长期性和复杂性，为确保投保更有针对性和有效性，建议在制定保险方案或签署保险合同前先咨询专业保险顾问的意见。

六、其他合同

在PPP项目中还可能会涉及其他的合同，例如与专业中介机构签署的投资、法律、技术、财务、税务等方面的咨询服务合同。

# 第二章　PPP项目合同的主要内容

## 第一节　PPP项目合同概述

PPP项目合同是PPP项目的核心合同，用于约定政府与社会资本双方的项目合作内容和基本权利义务。虽然不同行业、不同付费机制、不同运作方式的具体PPP项目合同可能千差万别，但也包括一些具有共性的条款和机制。本章将详细介绍PPP项目合同中最为核心和具有共性的条款和机制。

一、合同主体

PPP项目合同通常由以下两方签署：

（一）政府方。

政府方是指签署PPP项目合同的政府一方的签约主体（即合同当事人）。在我国，PPP项目合同通常根据政府职权分工，由项目所在地相应级别的政府或者政府授权机构以该级政府或该授权机构自己的名义签署。例如，某省高速公路项目的PPP项目合同，由该省交通厅签署。

（二）项目公司。

项目公司是社会资本为实施PPP项目而专门成立的公司，通常独立于社会资本而运营。根据项目公司股东国籍的不同，项目公司可能是内资企业，也可能是外商投资企业。

二、合同主要内容和条款

根据项目行业、付费机制、运作方式等具体情况的不同，PPP项目合同可能会千差万别，但一般来讲会包括以下核心条款：引言、定义和解释；项目的范围和期限；前提条件；项目的融资；项目用地；项目的建设；项目的运营；项目的维护；股权变更限制；付费机制；履约担保；政府承诺；保险；守法义务及法律变更；不可抗力；政府方的监督和介入；违约、提前终止及终止后处理机制；项目的移交；适用法律及争议解决；合同附件；等等。

除上述核心条款外，PPP项目合同通常还会包括其他一般合同中的常见条款，例如著作权和知识产权、环境保护、声明与保证、通知、合同可分割、合同修订等。

三、风险分配

（一）风险分配原则。

PPP项目合同的目的就是要在政府方和项目公司之间合理分配风险，明确合同当事人之间的权利义务关系，以确保PPP项目顺利实施和实现物有所值。在设置PPP项目合同条款时，要始终遵循上述合同目的，并坚持风险分配的下列基本原则：

1.承担风险的一方应该对该风险具有控制力；

2.承担风险的一方能够将该风险合理转移（例如通过购买相应保险）；

3.承担风险的一方对于控制该风险有更大的经济利益或动机；

4.由该方承担该风险最有效率；

5.如果风险最终发生，承担风险的一方不应将由此产生的费用和损失转移给合同相对方。

（二）常见风险分配安排。

具体PPP项目的风险分配需要根据项目实际情况，以及各方的风险承受能力，在谈判过程中确定，在实践中不同PPP项目合同中的风险分配安排可能完全不同。下文列举了一些实践中较为常见的风险分配安排，但需要强调的是，这些风险分配安排并非适用于所有项目，在具体项目中，仍需要具体问题具体分析并进行充分评估论证。

1.通常由政府方承担的风险：

（1）土地获取风险（在特定情形下也可能由项目公司承担，详见本章第六节）；

（2）项目审批风险（根据项目具体情形不同，可能由政府方承担，也可能由项目公司承担，详见本章第四节）；

（3）政治不可抗力（包括非因政府方原因且不在政府方控制下的征收征用和法律变更等，详见本章第十五节）。

2.通常由项目公司承担的风险：

（1）如期完成项目融资的风险；

（2）项目设计、建设和运营维护相关风险，例如完工风险、供应风险、技术风险、运营风险以及移交资产不达标的风险等；

（3）项目审批风险（根据项目具体情形不同，可能由政府方承担，也可能由项目公司承担，详见本章第四节）；

（4）获得项目相关保险。

3.通常由双方共担的风险——自然不可抗力。

四、法律适用

本指南主要针对在我国实施的PPP项目，除了说明和借鉴国际经验的表述外，有关PPP项目合同条款的分析和解释均以我国法律作为适用依据。

# 第二节　引言、定义和解释

引言、定义和解释是所有PPP项目合同中均包含的内容，一般会放在PPP项目合同的初始部分，用以说明该合同的签署时间、签署主体、签署背景，以及该合同中涉及的关键词语的定义和条款的解释方法等。

一、引言

引言部分，即在PPP项目合同具体条款前的内容，主要包括以下内容：

（一）签署时间及签署主体信息。

在PPP项目合同最开始一般会明确该合同的签署日期，该日期通常会影响PPP项目合同部分条款的生效时间。例如前提条件条款、争议解决条款等，会在合同签署日即生效，而其他一些特定条款则在全部前提条件满足或被豁免的情形下才生效（请见本章第四节）。

此外，这部分还会载明PPP项目合同签署主体的名称、住所、法定代表人及其他注册信息，以明确签署主体的身份。

（二）签约背景及签约目的。

PPP项目合同引言部分还可能会简要介绍项目双方的合作背景以及双方签订该PPP项目合同的目的等。

二、定义

在PPP项目合同中通常还会包括定义条款，对一些合同中反复使用的关键名词和术语进行明确的定义，以便于快速索引相关定义和术语，并确保合同用语及含义的统一性，避免将来产生争议。

定义部分通常会包括"政府方""项目公司""工作日""生效日""运营日""移交日""不可抗力""法律变更""融资交割""技术标准""服务标准""性能测试"等PPP项目涉及的专业术语及合同用语。

三、解释

为了避免合同条款因不同的解释而引起争议，在PPP项目合同中通常会专门约定该合同的解释方法。常见的解释包括：标题仅为参考所设，不应影响条文的解释；一方、双方指本协议的一方或双方，并且包括经允许的替代该方的人或该方的受让人；一段时间（包括一年、一个季度、一个月和一天）指按公历计算的该时间段；"包括"是指"包括但不限于"；任何合同或文件包括经修订、更新、补充或替代后的该合同或文件；等等。

# 第三节　项目的范围和期限

一、项目的范围

项目的范围条款，用以明确约定在项目合作期限内政府与项目公司的合作范围和主要合作内容，是PPP项目合同的核心条款。

根据项目运作方式和具体情况的不同，政府与项目公司的合作范围可能包括设计、融资、建设、运营、维护某个基础设施或提供某项公共服务等。以BOT运作方式为例，项目的范围一般包括项目公司在项目合作期限内建设（和设计）、运营（和维护）项目并在项目合作期限结束时将项目移交给政府。

通常上述合作范围是排他的，即政府在项目合作期限内不会就该PPP项目合同项下的全部或部分内容与其他任何一方合作。

二、项目合作期限

（一）期限的确定。

1.项目的合作期限通常应在项目前期论证阶段进行评估。评估时，需要综合考虑以下因素：

（1）政府所需要的公共产品或服务的供给期间；

（2）项目资产的经济生命周期以及重要的整修时点；

（3）项目资产的技术生命周期；

（4）项目的投资回收期；

（5）项目设计和建设期间的长短；

（6）财政承受能力；

（7）现行法律法规关于项目合作期限的规定；等等。

2.根据项目运作方式和付费机制的不同，项目合作期限的规定方式也不同，常见的项目合作期限规定方式包括以下两种：

（1）自合同生效之日起一个固定的期限（例如，25年）；

（2）分别设置独立的设计建设期间和运营期间，并规定运营期间为自项目开始运营之日起的一个固定期限。

上述两种合作期限规定方式的最主要区别在于：在分别设置设计建设期间和运营期间的情况下，如建设期出现任何延误，不论是否属于可延长建设期的情形，均不会影响项目运营期限，项目公司仍然可以按照合同约定的运营期运营项目并获得收益；而在规定单一固定期限的情况下，如项目公司未按照约定的时间开始运营且不属于可以延长期限的情形，则会直接导致项目运营期缩短，从而影响项目公司的收益情况。

鉴此，实践中应当根据项目的风险分配方案、运作方式、付费机制和具体情况选择合理的项目合作期限规定方式。基本的原则是，项目合作期限可以实现物有所值的目标并且形成对项目公司的有效激励。需要特别注意的是，项目的实际期限还会受制于提前终止的规定。

（二）期限的延长。

由于PPP项目的实施周期通常较长，为了确保项目实施的灵活性，PPP项目合同中还可能包括关于延长项目合作期限的条款。

政府和项目公司通常会在合同谈判时商定可以延期的事由，基本的原则是：在法律允许的范围内，对于项目合作期限内发生非项目公司应当承担的风险而导致项目公司损失的情形下，项目公司可以请求延长项目合作期限。常见的延期事由包括：

（1）因政府方违约导致项目公司延误履行其义务；

（2）因发生政府方应承担的风险（关于通常由政府方承担的风险，请见本章第一节）导致项目公司延误履行其义务；

（3）经双方合意且在合同中约定的其他事由。

（三）期限的结束。

导致项目合作期限结束有两种情形：项目合作期限届满或者项目提前终止（关于期限结束后的处理，请见本章第十八节和第十九节）。

## 第四节　前提条件

一般情况下，PPP项目合同条款并不会在合同签署时全部生效，其中部分特定条款的生效会有一定的前提条件。只有这些前提条件被满足或者被豁免的情况下，PPP项目合同的全部条款才会生效。

如果某一前提条件未能满足且未被豁免，PPP项目合同的有关条款将无法生效，并有可能进一步导致合同终止，未能满足该前提条件的一方将承担合同终止的后果。

一、前提条件

（一）前提条件的含义和作用。

前提条件，也叫先决条件，是指PPP项目合同的某些条款生效所必须满足的特定条件。

对项目公司而言，在项目开始实施前赋予其一定的时间以完成项目的融资及其他前期准备工作，并不会影响项目期限的计算及项目收益的获取。

而对政府方而言，项目公司只有满足融资交割、审批手续等前提条件才可以正式实施项目，有利于降低项目的实施风险。

（二）常见的前提条件。

根据项目具体情况的不同，在项目正式实施之前需要满足的前提条件也不尽相同，实践中常见的前提条件包括：

1.完成融资交割——通常由项目公司负责满足。

完成融资交割是PPP项目合同中最重要的前提条件，只有确定项目公司及融资方能够为项目的建设运营提供足够资金的情况下，项目的顺利实施才有一定保障。

根据项目双方的约定不同，完成融资交割的定义也可能会不同，通常是指：项目公司已为项目建设融资的目的签署并向融资方提交所有融资文件，并且融资文件要求的就本项目获得资金的所有前提条件得到满足或被豁免。

2.获得项目相关审批——由项目公司或政府方负责满足。

根据我国法律规定，项目公司实施PPP项目可能需要履行相关行政审批程序，只有获得相应的批准或备案，才能保证PPP项目的合法合规实施。

在遵守我国法律法规的前提下，按照一般的风险分配原则，该项条件通常应由对履行相关审批程序最有控制力且最有效率的一方负责满足，例如：

（1）如果项目公司可以自行且快捷地获得相关审批，则该义务可由项目公司承担；

（2）如果无政府协助项目公司无法获得相关审批，则政府方有义务协助项目公司获得审批；

（3）如果相关审批属于政府方的审批权限，则应由政府方负责获得。

3.保险已经生效——由项目公司负责满足。

在PPP项目中，保险是非常重要的风险转移和保障机制。政府方为了确保项目公司在项目实施前已按合同约定获得了足额的保险，通常会将保险

（主要是建设期保险）生效作为全部合同条款生效的前提条件。

常见的安排是：项目公司已根据项目合同中有关保险的规定（请见本章第十四节）购买保险，且保单已经生效，并向政府方提交了保单的复印件。

4.项目实施相关的其他主要合同已经签订——由项目公司负责满足。

在一些PPP项目合同中，政府方为进一步控制项目实施风险，会要求项目公司先完成项目实施涉及的其他主要合同的签署工作，以此作为PPP项目合同的生效条件。

常见的安排是：项目公司已根据项目合同中有关规定签订工程总承包合同及其他主要分包合同，并且向政府方提交了有关合同的复印件。

5.其他前提条件。

在PPP项目合同中双方还可能会约定其他的前提条件，例如，项目公司提交建设期履约保函等担保。

二、前提条件豁免

上述前提条件可以被豁免，但只有负责满足该前提条件的一方的相对方拥有该豁免权利。

三、未满足前提条件的后果

（一）合同终止。

如果双方约定的上述任一前提条件在规定的时间内未满足，并且另一合同方也未同意豁免或延长期限，则该合同方有权终止项目合同。

（二）合同终止的效力和后果。

1.合同项下的权利和义务将终止。

如果由于未满足前提条件而导致合同终止，除合同中明确规定的在合同终止后仍属有效的条款外，其他权利义务将终止。

2.经济赔偿。

如因合同一方未能在规定的时间内满足其应当满足的前提条件而导致合同终止的，合同另一方有权向其主张一定的经济赔偿，但经济赔偿的额度应当与合同另一方因此所遭受的损失相匹配，并符合我国合同法关于损害赔偿的规定。

3.提取保函。

为了更好地督促项目公司积极履行有关义务、达成相关的前提条件，政府方也可以考虑在签署PPP项目合同时（甚至之前）要求项目公司就履行前提条件提供一份履约保函。具体项目中是否需要项目公司提供此类保函、保函金额多少，主要取决于以下因素：

（1）在投标阶段是否已经要求项目公司提供其他的保函；

（2）是否有其他激励项目公司满足前提条件的机制，例如项目期限或付费机制的设置；

（3）项目公司不能达成前提条件的风险和后果；

（4）政府方因项目无法按时实施所面临的风险和后果；

（5）按时达成前提条件对该项目的影响；等等。

如果项目公司未能按照约定的时间和要求达成前提条件，且政府方未同意豁免该前提条件时，政府方有权提取保函项下的金额。

# 第五节　项目的融资

PPP项目合同中有关项目融资的规定，不一定会规定在同一条款中，有可能散见在不同条款项下，通常包括项目公司的融资权利和义务、融资方权利以及再融资等内容。

一、项目公司的融资权利和义务

在PPP项目中，通常项目公司有权并且有义务获得项目的融资。为此，PPP项目合同中通常会明确约定项目全生命周期内相关资产和权益的归属，以确定项目公司是否有权通过在相关资产和权益上设定抵质押担保等方式获得项目融资，以及是否有权通过转让项目公司股份（关于股权变更的限制，请见本章第十节）以及处置项目相关资产或权益的方式实现投资的退出。

与此同时，由于能否成功获得融资直接关系到项目能否实施，因此大多数PPP项目合同中会将完成融资交割作为项目公司的一项重要义务以及PPP

项目合同全部生效的前提条件（关于融资交割以及具体前提条件的安排，请见本章第四节）。

二、融资方的权利

为了保证项目公司能够顺利获得融资，在PPP项目合同中通常会规定一些保障融资方权利的安排。融资方在提供融资时最为关注的核心权利包括：

（一）融资方的主债权和担保债权。

如果项目公司以项目资产或其他权益（例如运营期的收费权）、或社会资本以其所持有的与项目相关的权利（例如其所持有的项目公司股权）为担保向融资方申请融资，融资方在主张其担保债权时可能会导致项目公司股权以及项目相关资产和权益的权属变更。因此，融资方首先要确认PPP项目合同中已明确规定社会资本和项目公司有权设置上述担保，并且政府方可以接受融资方行使主债权或担保债权所可能导致的法律后果，以确保融资方权益能够得到充分有效的保障。

（二）融资方的介入权。

由于项目的提前终止可能会对融资方债权的实现造成严重影响，因此融资方通常希望在发生项目公司违约事件且项目公司无法在约定期限内补救时，可以自行或委托第三方在项目提前终止前对于项目进行补救（关于项目提前终止的机制，请见本章第十八节）。为了保障融资方的该项权利，融资方通常会要求在PPP项目合同中或者通过政府、项目公司与融资方签订的直接介入协议对融资方的介入权予以明确约定。

三、再融资

为了调动项目公司的积极性并保障融资的灵活性，在一些PPP项目合同中，还会包括允许项目公司在一定条件下对项目进行再融资的规定。再融资的条件通常包括：再融资应增加项目收益且不影响项目的实施、签署再融资协议前须经过政府的批准等。此外，PPP项目合同中也可能会规定，政府方对于因再融资所节省的财务费用享有按约定比例（例如50%）分成的权利。

## 第六节 项目用地

PPP项目合同中的项目用地条款，是在项目实施中涉及的土地方面的权利义务规定，通常包括土地权利的取得、相关费用的承担以及土地使用的权利及限制等内容。

一、土地权利的取得

（一）一般原则。

大部分的PPP项目，尤其是基础设施建设项目或其他涉及建设的项目，均会涉及项目用地问题，由哪一方负责取得土地对于这类项目而言非常关键。

在PPP实践中，通常根据政府方和项目公司哪一方更有能力、更有优势承担取得土地的责任的原则，来判定由哪一方负责取得土地。

（二）两种实践选择。

实践中，根据PPP项目的签约主体和具体情况不同，土地使用权的取得通常有以下两种选择：

1.由政府方负责提供土地使用权。

（1）主要考虑因素。

如果签署PPP项目合同的政府方是对土地使用权拥有一定控制权和管辖权的政府或政府部门（例如，县级以上人民政府），在PPP项目实施中，该政府方负责取得土地使用权对于项目的实施一般更为经济和效率，主要原因在于：一方面，在我国的法律框架下，土地所有权一般归国家或集体所有，由对土地使用权有一定控制力的政府方负责取得土地使用权更为便利（根据我国法律，除乡（镇）村公共设施和公益事业建设经依法批准可使用农民集体所有的土地外，其他的建设用地均须先由国家征收原属于农民集体所有的土地，将其变为国有土地后才可进行出让或划拨）；另一方面，根据《土地管理法》及其他相关法律的规定和实践，对于城市基础设施用地和公益事业用地以及国家重点扶持的能源、交通、水利等基础设施用地，大多采用划拨的方式，项目公司一般无法自行取得该土地使用权。

（2）具体安排。

政府方以土地划拨或出让等方式向项目公司提供项目建设用地的土地使用权及相关进入场地的道路使用权，并根据项目建设需要为项目公司提供临时用地。项目的用地预审手续和土地使用权证均由政府方办理，项目公司主要予以配合。

上述土地如涉及征地、拆迁和安置，通常由政府方负责完成该土地的征用补偿、拆迁、场地平整、人员安置等工作，并向项目公司提供没有设定他项权利、满足开工条件的净地作为项目用地。

2.由政府方协助项目公司获得土地使用权。

如果项目公司完全有权、有能力根据我国法律规定自行取得土地使用权的，则可以考虑由项目公司自行取得土地使用权，但政府方应提供必要的协助。

二、取得土地使用权或其他相关权利的费用

（一）取得土地使用权或其他相关权利所涉及的费用。

在取得土地使用权或其他相关权利的过程中可能会涉及的费用包括：土地出让金、征地补偿费用（具体可能包括土地补偿费、安置补助费、地上附着物和青苗补偿费等）、土地恢复平整费用以及临时使用土地补偿费等。

（二）费用的承担。

实践中，负责取得土地使用权与支付相关费用的有可能不是同一主体。通常来讲，即使由政府方负责取得土地权利以及完成相关土地征用和平整工作，也可以要求项目公司支付一定的相关费用。

具体项目公司应当承担哪些费用和承担多少，需要根据费用的性质、项目公司的承担能力、项目的投资回报等进行综合评估。例如，实践中项目公司和政府方可能会约定一个暂定价，项目公司在暂定价的范围内承担土地使用权取得的费用，如实际费用超过该暂定价，对于超出的部分双方可以协商约定由政府方承担或由双方分担。

三、土地使用的权利及限制

（一）项目公司的土地权利——土地使用权。

PPP项目合同中通常会约定，项目公司有权在项目期限内独占性地使用特定土地进行以实施项目为目的的活动。根据我国《土地管理法》规定，出让国有土地使用权可以依法转让、出租、抵押和继承；划拨国有土地使用权在依法报批并补缴土地使用权出让金后，可以转让、出租、抵押。

（二）项目公司土地使用权的限制。

由于土地是为专门实施特定的PPP项目而划拨或出让给项目公司的，因此在PPP项目合同中通常还会明确规定，未经政府批准，项目公司不得将该项目涉及的土地使用权转让给第三方或用于该项目以外的其他用途。

除PPP项目合同中的限制外，项目公司的土地使用权还要受土地使用权出让合同或者土地使用权划拨批准文件的约束，并且要遵守《土地管理法》等相关法律法规的规定。

（三）政府方的场地出入权。

1.政府方有权出入项目设施场地。

为了保证政府对项目的开展拥有足够的监督权（关于政府方的监督和介入权利，请见本章第十七节），在PPP项目合同中，通常会规定政府方出入项目设施场地的权利。

2.条件和限制。

但政府方行使上述出入权需要有一定的条件和限制，包括：

（1）仅在特定目的（双方可在PPP项目合同中就"特定目的"的具体范围予以明确约定）下才有权进入场地，例如检查建设进度、监督项目公司履行PPP项目合同项下义务等；

（2）履行双方约定的合理通知义务后才可入场；

（3）需要遵守一般的安全保卫规定，并不得影响项目的正常建设和运营。

需要特别说明的是，上述条件和限制仅是对政府方合同权利的约束，政府方及其他政府部门为依法行使其行政监管职权而采取的行政措施不受上述合同条款的限制。

## 第七节　项目的建设

包含新建或改扩建内容的PPP项目，通常采用BOT、BOO或ROT等运作方式，项目建设是这类PPP项目合同的必备条款。有关项目建设的条款通常会包括设计和建设两部分内容。

一、项目的设计

（一）设计的范围。

根据项目的规模和复杂程度，一般来讲设计可以分为三个或四个阶段。对于土建项目，设计通常分为可行性研究、初步设计（或初始设计）和施工图设计（或施工设计）三个阶段；对于工业项目（包括工艺装置设施）以及复杂的基础设施项目，通常还要在上述初步设计和施工图设计阶段之间增加一个扩初设计（或技术设计）阶段。

根据政府已完成设计工作的多少，PPP项目合同中约定的设计范围也会有所不同：如果政府仅编制了项目产出说明和可行性研究报告，项目公司将承担主要的设计工作；如果政府已完成了一部分设计工作（如已完成初步设计），则项目公司的设计范围也会相应缩小。

（二）设计工作的分工。

根据项目具体情况的不同，PPP项目合同中对于设计工作的分工往往会有不同。常见的设计工作分工包括：

1.可行性研究报告、项目产出说明——由政府或社会资本方完成。

如果PPP项目由政府发起，则应由政府自行完成可行性研究报告和项目产出说明的编制工作；如果PPP项目由社会资本发起，则可行性研究报告和项目产出说明由社会资本方完成。

无论可行性研究报告和项目产出说明由谁完成，其均应作为采购文件以及最终签署的合同文件的重要组成部分。

2.初步设计和施工图设计——由项目公司完成。

在PPP项目合同签署后，项目公司负责编制或最终确定初步设计和施工图设计，并完成全部的设计工作。

（三）项目设计要求。

在PPP项目合同签订之前，双方应协商确定具体的项目设计要求和标准，并在PPP项目合同中予以明确约定。确定项目设计要求和标准的依据通常包括：

1.政府编制或项目公司编制并经政府方审查同意的可行性研究报告和项目产出说明；

2.双方约定的其他技术标准和规范；

3.项目所在地区和行业的强制性技术标准；

4.建设工程相关法律法规的规定，例如《建筑法》《环境保护法》《产品质量法》等。

（四）设计的审查。

在PPP项目中，虽然设计工作通常主要由项目公司承担，但政府方享有在一定的期限内审查设计文件并提出意见的权利，这也是政府方控制设计质量的重要途径。设计审查条款通常包括以下内容：

1.政府方有权审查由项目公司制作的任何设计文件（特别是初步设计以及施工图设计），项目公司有义务将上述文件提交政府方审查。

2.政府方应当在约定期限内（通常在合同明确约定）审查设计文件。如果设计文件中存在任何不符合合同约定的内容，政府方可以要求项目公司对不符合合同的部分进行修正，有关修正的风险、费用由项目公司承担；如果政府方在上述约定期限内未提出审查意见，约定审查期限届满后项目公司即可实施项目设计方案并开始项目建设。

3.如项目公司对政府方提出的意见存在异议，可以提交争议解决程序处理。

政府方的上述审查不能减轻或免除项目公司依法履行相关设计审批程序的义务。

（五）项目设计责任。

在PPP项目中，通常由项目公司对其所作出的设计承担全部责任。该责任不因该设计已由项目公司分包给其他设计单位或已经政府方审查而被豁免或解除。

二、项目的建设

在PPP项目合同中，要合理划分政府方与项目公司在建设期间的权利义务，更好地平衡双方的不同诉求，确保项目的顺利实施。

（一）项目建设要求。

1.建设标准要求。

与项目设计类似，在PPP项目合同签订之前，双方应协商确定具体的项目建设标准，并规定在PPP项目合同中。常见的建设标准和要求包括：

（1）设计标准，包括设计生产能力或服务能力、使用年限、工艺路线、设备选型等；

（2）施工标准，包括施工用料、设备、工序等；

（3）验收标准，包括验收程序、验收方法、验收标准；

（4）安全生产要求；

（5）环境保护要求；等等。

项目的建设应当依照项目设计文件的要求进行，并且严格遵守《建筑法》《环境保护法》《产品质量法》等相关法律法规的规定以及国家、地方及行业强制性标准的要求。项目建设所依据的相关设计文件和技术标准通常会作为PPP项目合同的附件。

2. 建设时间要求。

在PPP项目合同中，通常会明确约定项目的建设工期及进度安排。在完工时间对于项目具有重大影响的项目中，还会在合同中进一步明确具体的完工日期或开始运营日。

（二）项目建设责任。

在PPP项目中，通常由项目公司负责按照合同约定的要求和时间完成项目的建设并开始运营，该责任不因项目建设已部分或全部由项目公司分包给施工单位或承包商实施而豁免或解除。

当然，在PPP项目中，项目建设责任对项目公司而言是约束与激励并存的。在确保项目按时按质量完工方面，项目公司除了客观上要受合同义务约束之外，还会有额外的商业动机，因为通常只有项目开始运营，项目公司才有可能获得付费。

（三）政府方对项目建设的监督和介入。

1.概述。

为了能够及时了解项目建设情况，确保项目能够按时开始运营并满足合同约定的全部要求，政府方往往希望对项目建设进行必要的监督或介入，并且通常会在PPP项目合同中约定一些保障政府方在建设期的监督和介入权利的条款。

这种政府方的监督和介入权应该有多大，也是项目建设条款的核心问题。需要强调的是，PPP项目与传统的建设采购项目完全不同，政府方的参与必须有一定的限度，过度的干预不仅会影响项目公司正常的经营管理以及项目的建设和投运，而且还可能将本已交由项目公司承担的风险和管理角色又揽回到政府身上，从而违背PPP项目的初衷。

2.政府对项目建设的监督和介入权利主要包括（关于政府方的监督和介入机制，请见本章第十七节）：

（1）定期获取有关项目计划和进度报告及其他相关资料；

（2）在不影响项目正常施工的前提下进场检查和测试；

（3）对建设承包商的选择进行有限的监控（例如设定资质要求等）；

（4）在特定情形下，介入项目的建设工作；等等。

# 第八节　项目的运营

在PPP项目中，项目的运营不仅关系到公共产品或服务的供给效率和质量，而且关系到项目公司的收入，因此对于政府方和项目公司而言都非常关键。有关项目运营的条款通常包括开始运营的时间和条件、运营期间的权利与义务以及政府方和公众对项目运营的监督等内容。

一、开始运营

（一）概述。

开始运营，是政府方和项目公司均非常关注的关键时间点。对政府方而言，项目开始运营意味着可以开始提供公共产品或服务，这对于一些对时间要求较高的特殊项目尤为重要。例如奥运会场馆如果没有在预定的时间完工，可能会造成极大的影响和损失。

对项目公司而言，在多数PPP项目中，项目公司通常只有项目开始运营后才能开始获得付费。因此，项目尽早开始运营，意味着项目公司可以尽早、尽可能长时间地获得收入。

基于上述原因，开始运营的时间和条件也是双方的谈判要点。

（二）开始运营的条件。

1.一般条件。

在订立PPP项目合同时，双方会根据项目的技术特点和商业特性约定开始运营的条件，以确定开始运营及付费的时间点。常见的条件包括：

（1）项目的建设已经基本完工（除一些不影响运营的部分）并且已经达到满足项目目的的水平；

（2）已按照合同中约定的标准和计划完成项目试运营；

（3）项目运营所需的审批手续已经完成（包括项目相关的备案审批和竣工验收手续）；

（4）其他需要满足项目开始运营条件的测试和要求已经完成或具备。

2.具体安排。

在一些PPP项目中，开始运营与建设完工为同一时间，完工日即被认定为开始运营日。但在另一些项目中，开始运营之前包括建设完工和试运营两个阶段，只有在试运营期满时才被认定为开始运营。

这种包括试运营期的安排通常适用以下两种情形：

(1)在项目完工后，技术上需要很长的测试期以确保性能的稳定性；

(2)在项目开始运营之前，需要进行大量的人员培训或工作交接。

（三）因项目公司原因导致无法按期开始运营的后果。

如果项目公司因自身原因没有按照合同约定的时间和要求开始运营，将可能承担如下后果：

1.一般的后果：无法按时获得付费、运营期缩短。

通常来讲，根据PPP项目合同的付费机制和项目期限机制，如果项目公司未能按照合同约定开始运营，其开始获得付费的时间也将会延迟，并且在项目合作期限固定、不分别设置建设期和运营期且没有正当理由可以展期的情况下，延迟开始运营意味着项目公司的运营期（即获得付费的期限）也会随之缩短。

2.支付逾期违约金。

一些PPP项目合同中会规定逾期违约金条款，即如果项目公司未能在合同约定的日期开始运营，则需要向政府方支付违约金。

需要注意的是，并非所有的PPP项目合同中都必然包括逾期违约金条款，特别是在逾期并不会对政府方造成很大损失的情况下，PPP项目合同中的付费机制和项目期限机制已经足以保证项目公司有动机按时完工，因而无需再另行规定逾期违约金。

如果在PPP项目合同中加入逾期违约金条款，则应在项目采购阶段对逾期可能造成的损失进行评估，并据此确定逾期违约金的金额和上限（该上限是项目融资方非常关注的要点）。

3.项目终止。

如果项目公司延误开始运营日超过一定的期限（例如，200日），政府方有权依据PPP项目合同的约定主张提前终止该项目（关于终止的后果和处理机制，请见本章第十八节）。

4.履约担保。

为了确保项目公司按时按约履行合同，有时政府方也会要求项目公司以履约保函等形式提供履约担保。如果项目公司没有按照合同约定运营项目，政府方可以依据双方约定的履约担保机制获得一定的赔偿（关于履约担保机制，请见本章第十二节）。

（四）因政府方原因导致无法按期开始运营的后果。

此处的政府方原因包括政府方违约以及在PPP项目合同中约定的由政府

方承担的风险，例如政治不可抗力等（关于通常由政府方承担的风险，请见本章第一节）。

1.延长工期和赔偿费用。

因政府方原因导致项目公司无法按期开始运营的，通常项目公司有权主张延迟开始运营日并向政府方索赔额外费用。

2.视为已开始运营。

在一些采用政府付费机制的项目（如电站项目）中，对于因发生政府方违约、政治不可抗力及其他政府方风险而导致项目在约定的开始运营日前无法完工或无法进行验收的，除了可以延迟开始运营日之外，还可以规定"视为已开始运营"，即政府应从原先约定的开始运营日起向项目公司付费。

（五）因中性原因导致无法按期开始运营的后果。

此处的中性原因是指不可抗力及其他双方约定由双方共同承担风险的原因。不可抗力是指PPP项目合同签订后发生的，合同双方不能预见、不能避免并不能克服的客观情况，主要是指自然不可抗力，不包括按照合同约定属于政府方和项目公司违约或应由其承担风险的事项。

因中性原因导致政府方或项目公司不能按期开始运营的，受到该中性原因影响的一方或双方均可以免除违约责任（例如违约金、赔偿等），也可以根据该中性原因的影响期间申请延迟开始运营日。

二、运营期间的权利与义务

（一）项目运营的内容。

根据项目所涉行业和具体情况的不同，PPP项目运营的内容也各不相同（关于各个行业的特性和运营特点，请见第四章），例如：

1.公共交通项目运营的主要内容是运营有关的高速公路、桥梁、城市轨道交通等公共交通设施；

2.公用设施项目运营的主要内容是供水、供热、供气、污水处理、垃圾处理等；

3.社会公共服务项目运营的主要内容是提供医疗、卫生、教育等公共服务。

（二）项目运营的标准和要求。

在PPP项目的运营期内，项目公司应根据法律法规以及合同约定的要求和标准进行运营。常见的运营标准和要求包括：

1.服务范围和服务内容；

2.生产规模或服务能力；

3.运营技术标准或规范；

4.产品或服务质量要求；

5.安全生产要求；

6.环境保护要求；等等。

为保障项目的运营质量，PPP项目中通常还会要求项目公司编制运营与维护手册，载明生产运营、日常维护以及设备检修的内容、程序和频率等，并在开始运营之前报送政府方审查。运营维护手册以及具体运营标准通常会作为PPP项目合同的附件。

（三）运营责任划分。

一般情况下，项目的运营由项目公司负责。但在一些PPP项目、特别是公共服务和公用设施行业下的PPP项目中，项目的运营通常需要政府方的配合与协助。在这类项目中，政府方可能需要提供部分设施或服务，与项目公司负责建设运营的项目进行配套或对接，例如垃圾处理项目中的垃圾供应、供热项目中的管道对接等。

具体项目中如何划分项目的运营责任，需要根据双方在运营方面的能力及控制力来具体分析，原则上仍是由最有能力且最有效率的一方承担相关的责任。

（四）暂停服务。

在项目运营过程中不可避免地会因一些可预见的或突发的事件而暂停服务。暂停服务一般包括两类：

1.计划内的暂停服务。

一般来讲，对项目设施进行定期的重大维护或者修复，会导致项目定期暂停运营。对于这种合理的、可预期的计划内暂停服务，项目公司应在报送运营维护计划时提前向政府方报告，政府方应在暂停服务开始之前给予书面答复或批准，项目公司应尽最大努力将暂停服务的影响降到最低。

发生计划内的暂停服务，项目公司不承担不履约的违约责任。

2.计划外的暂停服务。

若发生突发的计划外暂停服务，项目公司应立即通知政府方，解释其原因，尽最大可能降低暂停服务的影响并尽快恢复正常服务。对于计划外的暂停服务，责任的划分按照一般的风险分担原则处理，即：

（1）如因项目公司原因造成，由项目公司承担责任并赔偿相关损失；

（2）如因政府方原因造成，由政府方承担责任，项目公司有权向政府方索赔因此造成的费用损失并申请延展项目期限；

（3）如因不可抗力原因造成，双方共同分担该风险，均不承担对对方的任何违约责任。

三、政府方对项目运营的监督和介入

政府方对于项目运营同样享有一定的监督和介入权（请见本章第十七节），通常包括：

1.在不影响项目正常运营的情况下入场检查；

2.定期获得有关项目运营情况的报告及其他相关资料（例如运营维护计划、经审计的财务报告、事故报告等）；

3.审阅项目公司拟定的运营方案并提出意见；

4.委托第三方机构开展项目中期评估和后评价；

5.在特定情形下，介入项目的运营工作；等等。

四、公众监督

为保障公众知情权，接受社会监督，PPP项目合同中通常还会明确约定项目公司依法公开披露相关信息的义务。

关于信息披露和公开的范围，一般的原则是，除法律明文规定可以不予公开的信息外（如涉及国家安全和利益的国家秘密），其他的信息均可依据项目公司和政府方的合同约定予以公开披露。实践中，项目公司在运营期间需要公开披露的信息主要包括项目产出标准、运营绩效等，如医疗收费价格、水质报告。

# 第九节　项目的维护

在PPP项目合同中，有关项目维护的权利义务规定在很多情况下是与项目运营的有关规定重叠和相关的，通常会与项目运营放在一起统一规定，但也可以单列条款。有关项目维护的条款通常会规定项目维护义务和责任以及政府方对项目维护的监督等内容。

一、项目维护义务和责任

（一）项目维护责任。

在PPP项目中，通常由项目公司负责根据合同约定及维护方案和手册的要求对项目设施进行维护和修理，该责任不因项目公司将部分或全部维护事务分包给其他运营维护商实施而豁免或解除。

（二）维护方案和手册。

1.维护方案。

为了更好地保障项目的运营和维护质量，在PPP项目合同中，通常会规定项目公司在合同生效后、开始运营日之前编制项目维护方案并提交政府方审核，政府方有权对该方案提出意见。在双方共同确定维护方案后，项目公司作出重大变更，均须提交政府方。但维护方案的实施是否以取得政府方同意为前提，则需要视维护的技术难度要求、政府方参与维护的程度、政府方希望对维护控制的程度等具体情况而定。

维护方案中通常包括项目运营期间计划内的维护、修理和更换的时间以及费用以及上述维护、修理和更换可能对项目运营产生的影响等内容。

2.维护手册。

对于某些PPP项目、特别是技术难度较大的项目，除维护方案外，有时还需要编制详细的维护手册，进一步明确日常维护和设备检修的内容、程序及频率等。

（三）计划外的维护。

如果发生意外事故或其他紧急情况，需要进行维护方案之外的维护或修复工作，项目公司应立即通知政府方，解释其原因，并尽最大努力在最短的时间内完成修复工作。对于计划外的维护事项，责任的划分与计划外暂停服务基本一致，即：

1.如因项目公司原因造成，由项目公司承担责任并赔偿相关损失；

2.如因政府方原因造成，由政府方承担责任，项目公司有权向政府方索赔因此造成的费用和损失并申请延展项目期限；

3.如因不可抗力及其他双方约定由双方共同承担风险的原因造成，双方共同分担该风险，均不承担对对方的任何违约责任。

二、政府方对项目维护的监督和介入

政府方对项目维护的监督和介入权，与对项目运营的监督和介入权类似，主要包括：在不影响项目正常运营和维护的情形下入场检查；定期获得有关项目维护情况的报告及其他相关资料；审阅项目公司拟定的维护方案并提供意见；在特定情形下，介入项目的维护工作；等等。

# 第十节　股权变更限制

在PPP项目中，虽然项目的直接实施主体和PPP项目合同的签署主体通常是社会资本设立的项目公司，但项目的实施仍主要依赖于社会资本自身的资金和技术实力。项目公司自身或其母公司的股权结构发生变化，可能会导致不合适的主体成为PPP项目的投资人或实际控制人，进而有可能会影响项目的实施。鉴此，为了有效控制项目公司股权结构的变化，在PPP项目合同中一般会约定限制股权变更的条款。该条款通常包括股权变更的含义与范围以及股权变更的限制等内容。

一、限制股权变更的考虑因素

对于股权变更问题，社会资本和政府方的主要关注点完全不同，合理地平衡双方的关注点是确定适当的股权变更范围和限制的关键。

（一）政府方关注。

对于政府方而言，限制项目公司自身或其母公司的股权结构变更的目的主要是为了避免不合适的主体被引入到项目的实施过程中。由于在项目合作方选择阶段，通常政府方是在对社会资本的融资能力、技术能力、管理能力等资格条件进行系统评审后，才最终选定社会资本合作方。因此如果在项目实施阶段、特别是建设阶段，社会资本将自身或项目公司的部分或全部股权转让给不符合上述资格条件的主体，将有可能直接导致项目无法按照既定目的或标准实施。

（二）社会资本关注。

对社会资本而言，其希望通过转让其所直接或间接持有的部分或全部的项目公司股权的方式，来吸引新的投资者或实现退出。保障其自由转让股权的权利，有利于增加资本灵活性和融资吸引力，进而有利于社会资本更便利地实现资金价值。因此，社会资本当然不希望其自由转让股份的权利受到限制。

因此，为更好地平衡上述两方的不同关注，PPP项目合同中需要设定一个适当的股权变更限制机制，在合理的期限和限度内有效地限制社会资本不当变更股权。

二、股权变更的含义与范围

在不同PPP项目中，政府方希望控制的股权变更范围和程度也会有所不同，通常股权变更的范围包括：

（一）直接或间接转让股权。

在国际PPP实践、特别是涉及外商投资的PPP项目中，投资人经常会搭建多层级的投资架构，以确保初始投资人的股权变更不会对项目公司的股权结构产生直接影响。但在一些PPP项目合同中，会将项目公司及其各层级母公司的股权变更均纳入股权变更的限制范围，但对于母公司股权变更的限制，一般仅限于可能导致母公司控股股东变更的情形。例如，在PPP项目合同中规定，在一定的期间内，项目公司的股权变更及其各级控股母公司的控股股权变更均须经过政府的事前书面批准。

（二）并购、增发等其他方式导致的股权变更。

PPP合同中的股权变更，通常并不局限于项目公司或母公司的股东直接或间接将股权转让给第三人，还包括以收购其他公司股权或者增发新股等其他方式导致或可能导致项目公司股权结构或母公司控股股东发生变化的情形。

（三）股份相关权益的变更。

广义上的股权变更，除包括普通股、优先股等股份的持有权变更以外，还包括股份上附着的其他相关权益的变更，例如表决权等。此外，一些特殊债权，如股东借款、可转换公司债等，如果也带有一定的表决权或者将来可转换成股权，则也可能被纳入"股权变更"的限制范围。

（四）兜底规定。

为了确保"股权变更"范围能够全面地涵盖有可能影响项目实施的股权变更，PPP项目合同中往往还会增加一个关于股权变更范围的"兜底性条款"，即"其他任何可能导致股权变更的事项"。

三、股权变更的限制

（一）锁定期。

1.锁定期的含义。

锁定期，是指限制社会资本转让其所直接或间接持有的项目公司股权的期间。通常在PPP项目合同中会直接规定：在一定期间内，未经政府批准，项目公司及其母公司不得发生上文定义的任何股权变更的情形。这也是股权变更限制的最主要机制。

2.锁定期期限。

锁定期的期限需要根据项目的具体情况进行设定，常见的锁定期是自合同生效日起，至项目开始运营日后的一定期限（例如2年，通常至少直至项目缺陷责任期届满）。这一规定的目的是为了确保在社会资本履行完其全部出资义务之前不得轻易退出项目。

3.例外情形。

在锁定期内，如果发生以下特殊的情形，可以允许发生股权变更：

（1）项目贷款人为履行本项目融资项下的担保而涉及的股权结构变更；

（2）将项目公司及其母公司的股权转让给社会资本的关联公司；

（3）如果政府参股了项目公司，则政府转让其在项目公司股权的不受上述股权变更限制。

（二）其他限制。

除锁定期外，在一些PPP项目合同中还可能会约定对受让方的要求和限制，例如约定受让方须具备相应的履约能力及资格，并继承转让方相应的权利义务等。在一些特定的项目中，政府方有可能不希望特定的主体参与到PPP项目中，因此可能直接在合同中约定禁止将项目公司的股权转让给特定的主体。

这类对于股权受让方的特殊限制通常不以锁定期为限，即使在锁定期后，仍然需要政府方的事前批准才能实施。但此类限制通常不应存在任何地域或所有制歧视。

（三）违反股权变更限制的后果。

一旦发生违反股权变更限制的情形，将直接认定为项目公司的违约行为，情节严重的，政府方将有权因该违约而提前终止项目合同。

# 第十一节　付费机制

付费机制关系PPP项目的风险分配和收益回报，是PPP项目合同中的核心条款。实践中，需要根据各方的合作预期和承受能力，结合项目所涉的行业、运作方式等实际情况，因地制宜地设置合理的付费机制。

一、付费机制的分类

在PPP项目中，常见的付费机制主要包括以下三类：

（一）政府付费。

政府付费（Government Payment）是指政府直接付费购买公共产品和服务。在政府付费机制下，政府可以依据项目设施的可用性、产品或服务的使用量以及质量向项目公司付费。政府付费是公用设施类和公共服务类项目中较为常用的付费机制，在一些公共交通项目中也会采用这种机制。

（二）使用者付费。

使用者付费（User Charges）是指由最终消费用户直接付费购买公共产品和服务。项目公司直接从最终用户处收取费用，以回收项目的建设和运营成本并获得合理收益。高速公路、桥梁、地铁等公共交通项目以及供水、供热等公用设施项目通常可以采用使用者付费机制。

（三）可行性缺口补助。

可行性缺口补助（Viability Gap Funding，简称 VGF）是指使用者付费不足以满足项目公司成本回收和合理回报时，由政府给予项目公司一定的经济补助，以弥补使用者付费之外的缺口部分。可行性缺口补助是在政府付费机制与使用者付费机制之外的一种折衷选择。在我国实践中，可行性缺口补助的形式多种多样，具体可能包括土地划拨、投资入股、投资补助、优惠贷款、贷款贴息、放弃分红权、授予项目相关开发收益权等其中的一种或多种。

二、设置付费机制的基本原则和主要因素

（一）基本原则。

不同PPP项目适合采用的付费机制可能完全不同，一般而言，在设置项目付费机制时需要遵循以下基本原则：既能够激励项目公司妥善履行其合同义务，又能够确保在项目公司未履行合同义务时，政府能够通过该付费机制获得有效的救济。

（二）主要考虑因素。

在设置付费机制时，通常需要考虑以下因素：

1.项目产出是否可计量。PPP项目所提供的公共产品或服务的数量和质量是否可以准确计量，决定了其是否可以采用使用量付费和绩效付费方式。因此，在一些公用设施类和公共服务类PPP项目中，如供热、污水处理等，需要事先明确这类项目产出的数量和质量是否可以计量以及计量的方法和标准，并将上述方法和标准在PPP项目合同中加以明确。

2.适当的激励。付费机制应当能够保证项目公司获得合理的回报，以对项目公司形成适当、有效的激励，确保项目实施的效率和质量。

3.灵活性。鉴于PPP项目的期限通常很长，为了更好地应对项目实施过程中可能发生的各种情势变更，付费机制项下一般也需要设置一定的变更或调整机制。

4.可融资性。对于需要由项目公司进行融资的PPP项目，在设置付费机制时还需考虑该付费机制在融资上的可行性以及对融资方吸引力。

5.财政承受能力。在多数PPP项目、尤其是采用政府付费和可行性缺口补助机制的项目中，财政承受能力关系到项目公司能否按时足额地获得付费，因此需要事先对政府的财政承受能力进行评估。

（三）定价和调价机制。

在付费机制项下，通常还要根据相关法律法规规定、结合项目自身特点，设置合理的定价和调价机制，以明确项目定价的依据、标准，调价的条件、方法和程序，以及是否需要设置唯一性条款和超额利润限制机制等内容。鉴于不同付费机制下PPP项目的基本架构和运作方式可能完全不同，相关合同条款约定往往存在较大差异，本指南第三章将对不同付费机制下的核心要素进行详细阐述。此外，不同付费机制、不同行业领域下PPP项目定价和调价的依据、考虑因素和方法也各不相同，将在本指南第三章、第四章中分别进行论述。

# 第十二节　履约担保

一、概述

（一）履约担保的含义和方式。

在大部分PPP项目中，政府通常会与专门为此项目新设的、没有任何履约记录的项目公司签约。鉴于项目公司的资信能力尚未得到验证，为了确保项目公司能够按照合同约定履约，政府通常会希望项目公司或其承包商、分包商就其履约义务提供一定的担保。本节所述的履约担保广义上是指为了保证项目公司按照合同约定履行合同并实施项目所设置的各种机制。

履约担保的方式通常包括履约保证金、履约保函以及其他形式的保证等。

（二）要求项目公司提供履约担保的主要考虑因素。

在传统的采购模式中，政府通常可能会要求项目承包商或分包商通过提供保函或第三人保证（例如母公司担保）等方式为其履约进行担保。

但PPP模式与传统的采购模式有所不同，在要求项目公司提供履约担保时还需要考虑以下因素：

1.社会资本成立项目公司的目的之一就是通过项目责任的有限追索来实现风险剥离（即项目公司的投资人仅以其在项目公司中的出资为限对项目承担责任），因此多数情况下项目公司的母公司本身可能并不愿意为项目提供额外的担保；

2.PPP项目本身通常已经设置了一些保证项目公司按合同履约的机制（例如付费机制和项目期限机制等），足以激励和约束项目公司妥善履约；

3.在PPP项目中并非采用的担保方式越多、担保额度越大对政府越有利，因为实际上每增加一项担保均会相应增加项目实施的成本。

（三）选择履约担保方式的基本原则。

为了更好地实现物有所值原则，在具体项目中是否需要项目公司提供履约担保、需要提供何种形式的担保以及担保额度，均需要具体分析和评估。一般的原则是，所选用的担保方式可以足够担保项目公司按合同约定履约，且在出现违约的情形下政府有足够的救济手段即可。

如果该项目公司的资信水平和项目本身的机制足以确保项目公司不提供履约担保同样能够按照合同约定履约，且在项目公司违约的情形下，政府有足够的救济手段，则可以不需要项目公司提供履约担保。

反言之，如果项目公司资信和项目机制均不足以确保项目公司按合同约定履约，同时项目公司违约时，政府缺乏充足有效的救济手段，则需要项目公司提供适当的履约担保。

二、常见的履约担保方式——保函

在PPP实践中，最为常见、有效的履约担保方式是保函。保函是指金融机构（通常是银行）应申请人的请求，向第三方（即受益人）开立的一种书面信用担保凭证，用以保证在申请人未能按双方协议履行其责任或义务时，由该金融机构代其履行一定金额、一定期限范围内的某种支付责任或经济赔偿责任。在出具保函时，金融机构有可能要求申请人向金融机构提供抵押或者质押。

为了担保项目公司根据PPP项目合同约定的时间、质量实施项目、履行义务，政府可以要求项目公司提供一个或多个保函，具体可能包括建设期履约保函、维护保函、移交维修保函等。在PPP项目中，保函既包括项目公司向政府提供的保函，也包括项目承包商、分包商或供应商为担保其合同义务履行而向项目公司或直接向政府提供的保函。

政府可能根据项目的实际情况，要求项目公司在不同期间提供不同的保函，常见的保函包括：

（一）建设期的履约保函。

建设期履约保函是比较常见的一种保函，主要用于担保项目公司在建设期能够按照合同约定的标准进行建设，并且能够按时完工。该保函的有效期一般是从项目合同全部生效之日起到建设期结束。

（二）运营维护期的履约保函/维护保函。

运营维护期的履约保函，也称维护保函，主要用以担保项目公司在运营维护期内按照项目合同的约定履行运营维护义务。该保函的有效期通常视具体项目而定，可以一直到项目期限终止。在项目期限内，项目公司有义务保证该保函项下的金额一直保持在一个规定的金额，一旦低于该金额，项目公司应当及时将该保函恢复至该规定金额。

（三）移交维修保函。

在一些PPP项目中，还可能会约定移交维修保函。移交维修保函提交时点一般在期满终止日12个月之前，担保至期满移交后12个月届满。

与此同时，在PPP项目合同签订前，政府还可能要求项目公司提供下列保函：

（一）投标保函。

在许多PPP项目中，政府会要求参与项目采购的社会资本提供一个银行保函，作为防止恶意参与采购的一项保障（如社会资本参与采购程序仅仅是为了获取商业信息，而没有真正的签约意图）。这类保函通常在采购程序结束并且选定社会资本同意或正式签署PPP项目合同时才会予以返还。因此，投标保函并不直接规定在PPP项目合同中，因为一旦签署了PPP项目合同，投标保函即被返还并且失效。

（二）担保合同前提条件成就的履约保函。

在一些PPP项目中，为了确保项目公司能够按照规定的时间达成融资交割等PPP项目合同中约定的前提条件，政府可能会要求项目公司在签署PPP项目合同之前向政府提交一份履约保函，以担保合同前提条件成就。该保函通常在PPP项目合同条款全部生效之日即被返还并失效（关于前提条件，请见本章第四节）。

# 第十三节　政府承诺

为了确保PPP项目的顺利实施，在PPP项目合同中通常会包括政府承诺的内容，用以明确约定政府在PPP项目实施过程中的主要义务。一般来讲，政府承诺需要同时具备以下两个前提：一是如果没有该政府承诺，会导致项目的效率降低、成本增加甚至无法实施；二是政府有能力控制和承担该义务。

由于PPP项目的特点和合作内容各有不同，需要政府承担的义务有可能完全不同。在不同PPP项目合同中，政府承诺有可能集中规定在同一条款项下，也有可能散见于不同条款中。实践中较为常见的政府承诺如下：

一、付费或补助

在采用政府付费机制的项目中，政府按项目的可用性、使用量或绩效来付费是项目的主要回报机制；在采用可行性缺口补助机制的项目中，也需要政府提供一定程度的补助。对于上述两类项目，按照合同约定的时间和金额付费或提供补助是政府的主要义务。

在一些供电、供气等能源类项目中，可能会设置"照付不议"的付费安排，即政府在项目合同中承诺一个最低采购量，如果项目公司按照该最低采购量供应有关能源并且不存在项目公司违约等情形，不论政府是否需要采购有关能源，其均应按照上述最低采购量付费。

二、负责或协助获取项目相关土地权利

在一些PPP项目合同中，根据作为一方签约主体的政府方的职权范围以及项目的具体情形不同，政府方有可能会承诺提供项目有关土地的使用权或者为项目公司取得相关土地权利提供必要的协助（关于土地取得的机制，请见本章第六节）。

三、提供相关连接设施

一些PPP项目的实施，可能无法由项目公司一家独自完成，还需要政府给予一定的配套支持，包括建设部分项目配套设施，完成项目与现有相关基础设施和公用事业的对接等。例如，在一些电力项目中，除了电厂建设本身，还需要建设输电线路以及其他辅助连接设施用以实现上网或并网发电，这部分连接设施有可能由政府方建设或者由双方共同建设。因此，在这类PPP项目中，政府方可能会承诺按照一定的时间和要求提供其负责建设的部分连接设施。

四、办理有关政府审批手续

通常PPP项目的设计、建设、运营等工作需要获得政府的相关审批后才能实施。为了提高项目实施的效率，一些PPP项目合同中，政府方可能会承诺协助项目公司获得有关的政府审批。尤其是对于那些项目公司无法自行获得或者由政府方办理会更为便利的审批，甚至可能会直接规定由政府方负责办理并提供合法有效的审批文件。但政府承诺的具体审批范围以及承诺的方式，需要根据法律法规的有关规定、项目具体情况以及获得相关审批的难易程度作具体评估。

五、防止不必要的竞争性项目

在采用使用者付费机制的项目中，项目公司需要通过从项目最终用户处收费以回收投资并获取收益，因此必须确保有足够的最终用户会使用该项目设施并支付费用。鉴此，在这类项目的PPP项目合同中，通常会规定政府方有义务防止不必要的竞争性项目，即通常所说的唯一性条款。例如，在公路项目中，通常会规定政府承诺在一定年限内、在PPP项目附近一定区域不会修建另一条具有竞争性的公路（关于唯一性条款，请见第四章第一节）。

六、其他承诺

在某些PPP项目合同中也有可能规定其他形式的政府承诺。例如，在污水处理和垃圾处理项目中，政府可能会承诺按时提供一定量的污水或垃圾以保证项目的运营。

# 第十四节　保险

在项目合同谈判中，通常只有在最后阶段才会谈及项目相关的保险问题，因此这一问题也极易被有关各方所忽略。然而，能否获得相关保险、保险覆盖的范围等问题恰恰是项目风险的核心所在，需要政府与项目公司在谈判中予以重点关注。本节将就项目保险所涉的相关问题进行概述。

需要特别说明的是，保险并不能覆盖项目的所有风险，对于具体项目涉及的具体风险而言，保险也并不一定是最适合的风险应对方式。此外，由于保险是一个复杂且专业的领域，具体项目需要购买哪些保险还需要根据项目的具体情况来制定保险方案，并参考专业保险顾问的意见。

一、一般保险义务

（一）购买和维持保险义务。

大多数PPP项目合同会约定由项目公司承担购买和维持保险的相关义务，具体可能包括：

1.在整个PPP项目合作期限内，购买并维持项目合同约定的保险，确保其有效且达到合同约定的最低保险金额；

2.督促保险人或保险人的代理人在投保或续保后尽快向政府提供保险凭证，以证明项目公司已按合同规定取得保单并支付保费；

3.如果项目公司没有购买或维持合同约定的某项保险，则政府可以投保该项保险，并从履约保函项下扣抵其所支付的保费或要求项目公司偿还该项保费；

4.向保险人或保险代理人提供完整、真实的项目可披露信息;

5.在任何时候不得作出或允许任何其他人作出任何可能导致保险全部或部分失效、可撤销、中止或受损害的行为;

6.当发生任何可能影响保险或其项下的任何权利主张的情况或事件时,项目公司应立即书面通知政府方;

7.尽一切合理努力协助政府或其他被保险人及时就保险提出索赔或理赔;等等。

(二)保单要求。

在PPP项目合同中,政府方可能会要求保单满足以下要求:

1.项目公司应当以政府方及政府方指定的机构作为被保险人进行投保;

2.保险人同意放弃对政府方行使一些关键性权利,比如代位权(即保险人代替被保险人向政府及其工作人员主张权利)、抵扣权(根据《保险法》第六十条第二款规定:前款规定的保险事故发生后,被保险人已经从第三者取得损害赔偿的,保险人赔偿保险金时,可以相应扣减被保险人从第三者已取得的赔偿金额)以及多家保险公司共同分摊保险赔偿的权利,等等。

3.在取消保单、不续展保单或对保单做重大修改等事项发生时提前向政府方发出书面通知。

当然,实践中政府方需要根据项目实际情况以及保险人的意愿确定具体的保单要求。

(三)保险条款变更。

由于保险条款的变更可能对项目风险产生影响,一般情况下,合同中会规定未经政府方同意,不得对保险合同的重要条款(包括但不限于保险范围、责任限制以及免赔范围等)做出实质性变更。

政府方在审议保险条款变更事项时,需要结合当时的市场情况,分析保险条款变更是否会对项目整体保险方案产生影响以及影响的程度等。

二、常见的保险种类

在选择需要投保的险种时,各方需要考虑项目的具体风险以及相关保险能否在当地获得。实践中，可供选择的险种包括但不限于：

（一）货物运输保险。

投保货物运输相关保险主要是为了转移项目相关的材料和设备在运输途中遭遇损坏或灭失的风险。主要分为海洋货物运输保险、国内水路货物运输保险、国内陆路货物运输保险、航空货物运输保险和其他货物运输保险。

（二）建筑工程一切险。

建筑工程一切险是针对在项目现场的所有作业和财产的保险。这一保险主要承保因保险合同所列除外责任以外的自然灾害或意外事故造成的在建工程物质损失。同时，可以加保第三者责任险，以使保险公司承保与建筑工程直接相关的、由意外事故或由建筑作业所造成的工地内或邻近地区内的第三者人身伤亡或财产损失。

（三）安装工程一切险。

安装工程一切险是采用除外列明方式，为机器设备的安装和调试提供一切险保障。安装工程一切险承保被保险工程项目在安装过程中由于自然灾害、意外事故（不包括保险条款中规定的除外责任）等造成的物质损坏或灭失，以及与所承保工程直接相关的意外事故引起工地内及邻近区域的第三者人身伤亡、疾病或财产损失。

（四）第三者责任险。

从项目开始建设到特许权期结束的整个期间内，项目公司都要确保已对在项目所在地发生的、因实施工程或运营导致的第三者人身伤害或财产损失进行投保。这项保险非常重要，保险覆盖的风险事件应当尽可能的宽泛。

（五）施工机具综合保险。

这一保险通常是指在工程建设、安装、运营测试及调试期间，就项目公司选定的承包商自有或其租赁的施工机具的损坏或灭失的可保风险进行投保。具体承保的范围与除外责任，依具体保险合同的约定可能略有不同，投保的范围也需要根据项目作业的类型，以及关键设备的数量来定。

（六）雇主责任险。

这一保险通常是对所有雇员在从事与工程建设和运营有关的业务工作时，因遭受意外或患与业务有关的国家规定的职业性疾病而致伤、残或死亡的，对被保险人依照劳动合同和我国法律须承担的医疗费及赔偿责任等进行投保。

## 第十五节　守法义务及法律变更

PPP项目合同中的守法义务及法律变更机制，可能会规定在同一条款中，也可能散见于不同条款项下，通常包括以下几部分内容：

一、法律的含义（通常会规定在合同的定义中）

法律通常是一个比较宽泛的概念。根据我国《立法法》的规定，广义的法律主要包括：

（一）全国人民代表大会及常务委员会制定的法律（狭义的"法律"）；

（二）全国人民代表大会常务委员会制定的法律解释（"法律解释"）；

（三）国务院制定的行政法规，各省、自治区、直辖市人民代表大会及其常务委员会制定的地方性法规、自治条例、单行条例（"行政法规"）；

（四）国务院各部、委员会、中国人民银行、审计署和具有行政管理职能的直属机构制定的部门规章（"部门规章"）；

（五）省、自治区、直辖市和较大的市的人民政府制定的地方政府规章（"地方政府规章"）。

在司法实践中，由各级政府和政府部门出台的一些政策性文件，虽然并不属于《立法法》规定的严格意义上的法律范畴，但也具有一定的强制性效力。因此此类规范性文件通常也会包含在PPP项目合同中"法律"的范围内。

二、守法义务

在PPP项目合同中，通常会规定项目公司在实施PPP项目的过程中有义务遵守上述广义"法律"的规定。需要特别强调的是，PPP项目合同中应体现政府采购（包括投资人选择和合同谈判）过程中依据政府采购相关法律已确定的各项要求，例如采购本国货物和服务、保护环境、扶持不发达地区和少数民族地区、促进中小企业发展、技术引进和本地化转移等要求。

三、"法律变更"的定义（通常会规定在合同的定义中）

在我国法律中，对于"法律变更"并没有明文的规定。在PPP项目合同中，法律变更通常会被定义为在PPP项目合同生效日之后颁布的各级人民代表大会或其常务委员会或有关政府部门对任何法律的施行、修订、废止或对其解释或执行的任何变动。

四、法律变更的后果

（一）政府方可控的法律变更的后果。

在PPP项目中，某些法律变更事件可能是由作为PPP项目合同签约主体的政府方直接实施或者在政府方职权范围内发生的，例如由该政府方、或其内设政府部门、或其下级政府所颁行的法律。对于此类法律变更，可认定为政府方可控的法律变更，具体后果可能包括：

1.在建设期间，如果因发生政府方可控的法律变更导致项目发生额外费用或工期延误，项目公司有权向政府方索赔额外费用或要求延长工期（如果是采用政府付费机制的项目，还可以要求认定"视为已开始运营"）；

2.在运营期间，如果因发生政府方可控的法律变更导致项目公司运营成本费用增加，项目公司有权向政府方索赔额外费用或申请延长项目合作期限；

3.如果因发生政府方可控的法律变更导致合同无法继续履行，则构成"政府违约事件"，项目公司可以通过违约条款及提前终止机制等进行救济（关于违约及提前终止，请见本章第十八节）。

（二）政府方不可控的法律变更的后果。

对于超出政府方可控范围的法律变更，如由国家或上级政府统一颁行的法律等，应视为不可抗力，按照不可抗力的机制进行处理。在某些PPP项目合同中，也有可能将此类法律变更直接定义为政治不可抗力，并约定由政府方承担该项风险（关于不可抗力的机制，请见本章第十六节）。

# 第十六节　不可抗力

不可抗力条款是 PPP 项目合同中一个重要的免责条款，用于明确一些双方均不能控制又无过错的事件的范围和后果，通常包括不可抗力的定义和种类以及不可抗力的法律后果两部分内容。

一、不可抗力的定义和种类

在 PPP 实践中，关于不可抗力并没有统一的定义，通常情况下，合同方在确定不可抗力的定义和范围时会参照项目所在国关于不可抗力的法律规定以及项目的风险分配方案。

我国《合同法》第 117 条规定，"不可抗力是指不能预见、不能避免并不能克服的客观情况"。实践中，合同中有时会约定只有不可抗力事件发生且其效果持续一定期间以上足以影响合同的正常履行，才构成合同约定的不可抗力。

（一）定义方式。

常见的不可抗力界定方式包括概括式、列举式和概括加列举式三种。

单纯的概括式定义过于笼统，容易引起合同执行过程中的争议；而单纯列举式的无法穷尽，容易有所遗漏。鉴此，多数 PPP 项目合同采用的是概述加列举式，即先对不可抗力进行概括的定义，再列举具体的不可抗力情形，最后再加一个兜底的表述。

例如："本合同所称的不可抗力，是指合同一方无法预见、控制、且经合理努力仍无法避免或克服的、导致其无法履行合同项下义务的情形，包括但不限于：台风、地震、洪水等自然灾害；战争、罢工、骚乱等社会异常现象；征收征用等政府行为；以及双方不能合理预见和控制的任何其他情形。

（二）不可抗力的特殊分类。

鉴于 PPP 项目合同的签约主体一方为政府，其所控制风险的范围和能力与一般的签约主体不同，因此实践中一些 PPP 项目合同会将不可抗力事件分为政治不可抗力和自然不可抗力，并对不同类型不可抗力事件的法律后果进行区别处理。

1.政治不可抗力。

政治不可抗力事件通常包括非因签约政府方原因导致的、且不在其控制下的征收征用、法律变更（即"政府不可控的法律变更"）、未获审批等政府行为引起的不可抗力事件。

在PPP实践中，考虑到政府方作为PPP项目合同的签约主体，对于上述不可抗力事件具有一定的影响能力，因此一些PPP项目合同中，将此类政治不可抗力事件归为政府方应承担的风险，并约定如下的法律后果：

(1)发生政治不可抗力事件，项目公司有权要求延长工期、获得额外补偿或延长项目合作期限；

(2)如因政治不可抗力事件导致项目提前终止，项目公司还可获得比其他不可抗力事件更多的回购补偿，甚至可能包括利润损失（关于回购补偿机制，请见本章第十八节）。

2.自然不可抗力。

主要是指台风、冰雹、地震、海啸、洪水、火山爆发、山体滑坡等自然灾害；有时也可包括战争、武装冲突、罢工、骚乱、暴动、疫情等社会异常事件。这类不可抗力则通常按照一般不可抗力的法律后果处理（见下文）。

二、不可抗力的法律后果

在PPP项目合同中，除政治不可抗力外，一般不可抗力的法律后果通常包括：

（一）免于履行。

如在PPP项目合同履行过程中，发生不可抗力并导致一方完全或部分无法履行其合同义务时，根据不可抗力的影响可全部或部分免除该方在合同项下的相应义务。

但在一些PPP项目、特别是采用政府付费机制的项目中，也可能在PPP项目合同中约定由政府方承担全部或部分不可抗力风险，在不可抗力影响持续期间，政府仍然有义务履行全部或部分付款义务。

（二）延长期限。

如果不可抗力发生在建设期或运营期，则项目公司有权根据该不可抗力的影响期间申请延长建设期或运营期。

（三）免除违约责任。

不可抗力条款启动后，在不可抗力事件持续期间（或双方另外约定的期间），受影响方无需为其中止履约或履约延误承担违约责任。

（四）费用补偿。

对于不可抗力发生所产生的额外费用，原则上由各方自行承担，政府不会给予项目公司额外的费用补偿。

（五）解除合同。

如果不可抗力发生持续超过一定期间，例如12个月，任何一方均有权提出解除合同（关于因不可抗力导致终止后的处理，请见本章第十八节）。

## 第十七节　政府方的监督和介入

由于PPP项目通常是涉及公共利益的特殊项目，从履行公共管理职能的角度出发，政府需要对项目执行的情况和质量进行必要的监控，甚至在特定情形下，政府有可能临时接管项目。PPP项目合同中关于政府方的监督和介入机制，通常包括政府方在项目实施过程中的监督权以及政府方在特定情形下对项目的介入权两部分内容。

一、政府方的监督权

在项目从建设到运营的各个实施阶段，为了能够更好地了解项目进展、确保项目能够按照合同约定履行，政府方通常会在PPP项目合同中规定各种方式的监督权利，这些监督权通常散见于合同的不同条款中。需要特别说明的是，政府方的监督权必须在不影响项目正常实施的前提下行使，并且必须要有明确的限制，否则将会违背PPP项目的初衷，将本已交由项目公司承担的风险和管理角色又揽回到政府身上。不同项目、不同阶段下的政府监督权的内容均有可能不同，常见的政府方监督权包括：

（一）项目实施期间的知情权。

在PPP项目合同中通常会规定项目公司有义务定期向政府提供有关项目实施的报告和信息，以便政府方及时了解项目的进展情况。政府方的上述知情权贯穿项目实施的各个阶段，每一阶段知情权的内容和实现方式也会有所不同，具体包括：

1.建设期——审阅项目计划和进度报告。

在项目正式开工以前（有时在合同签订前），项目公司有义务向政府提交项目计划书，对建设期间重要节点作出原则规定，以保障按照该工程进度在约定的时间内完成项目建设并开始运营。

在建设期间，项目公司还有义务定期向政府提交项目进度报告，说明工程进度及项目计划的完成情况。

有关上述项目计划和进度报告的格式和报送程序，应在PPP项目合同的合同条款或者附件中予以明确约定。

2.运营维护期——审阅运营维护手册和有关项目运营情况的报告。

在开始运营之前，项目公司通常应编制项目运营维护手册，载明生产运营、日常维护以及设备检修的内容、程序和频率等，并在开始运营日之前报送政府备查。

在运营维护期间，项目公司通常还应定期向政府报送有关运营情况的报告或其它相关资料，例如运营维护报告（说明设备和机器的现状以及日常检修、维护状况等）、严重事故报告等。此外，有时政府也会要求项目公司定期提交经审计的财务报告、使用者相关信息资料等。

（二）进场检查和测试。

在PPP项目合同中，有时也会规定在特定情形和一定限制条件下，政府方有权进入项目现场进行检查和测试。

政府方行使进场检查和测试权不得影响项目的正常实施，并且受制于一些特定的条件，例如：需要遵守一般的安全保卫规定，并且不得影响项目的正常建设和运营；履行双方约定的合理通知义务后才可入场；仅在检查建设进度、监督项目公司履约情况等特定目的下才有权进入场地；等等。

（三）对承包商和分包商选择的监控。

有时政府方也希望在建设承包商或者运营维护分包商的选择上进行一定程度的把控。通常可能采取两种途径：

1.在合同中约定建设承包商或运营维护分包商的资质要求。但须特别注意，上述要求必须是保证本项目建设质量或者运营质量所必需的且合理的要求，不得不合理地限制项目公司自行选择承包商或分包商的权利。

2.事先知情权。要求项目公司在签订工程承包合同或运营维护合同前事先报告政府方，由政府方在规定的期限（例如，5个工作日）内确认该承包商或分包商是否符合上述合同约定的资质要求；如果在规定期限内，政府方没有予以正式答复，则视为同意项目公司所选择的承包商或分包商。

需要特别说明的是，在PPP项目中，原则上项目公司应当拥有选择承包商和分包商的充分控制权。政府方对于项目质量的控制一般并不依赖于对承包商及分包商选择的直接控制，而是通过付费机制和终止权利来间接把控项目的履约。例如，如果项目质量无法达到合同约定的标准，项目的付费就会被扣减，甚至在严重情形下，政府方可以终止项目。

（四）参股项目公司。

在PPP实践中，为了更直接地了解项目的运作以及收益情况，政府也有可能通过直接参股项目公司的方式成为项目公司股东、甚至董事（即使政府所持有的股份可能并不多），以便更好地实现知情权。在这种情形下，原则上政府与其他股东相同，享有作为股东的基本权益，同时也需履行股东的相关义务，并承担项目风险，但是经股东协商一致，政府可以选择放弃部分权益或者可能被免除部分义务。有关政府与其他股东的权利义务安排，通常会规定在项目公司的股东协议中。

二、政府方的介入权

除了上述的一般监督权，在一些PPP项目合同中，会赋予政府方在特定情形下（如紧急情况发生或者项目公司违约）直接介入项目实施的权利。但与融资方享有的介入权不同，政府方的介入权通常适用于发生短期严重的问题且该问题需要被快速解决、而政府方在解决该问题上更有优势和便利的情形，通常包括项目公司未违约情形下的介入和项目公司违约情形下的介入两类。需要注意的是，上述介入权是政府一项可以选择的权利，而非必须履行的义务。

（一）项目公司未违约情形下的介入。

1.政府方可以介入的情形。

为了保证项目公司履行合同不会受到不必要的干预，只有在特定的情形下，政府方才拥有介入的权利。常见的情形包括：

（1）存在危及人身健康或安全、财产安全或环境安全的风险；

（2）介入项目以解除或行使政府的法定责任；

（3）发生紧急情况，且政府合理认为该紧急情况将会导致人员伤亡、严重财产损失或造成环境污染，并且会影响项目的正常实施。

如果发生上述情形，政府方可以选择介入项目的实施，但政府方在介入项目之前必须按PPP项目合同中约定的通知程序提前通知项目公司，并且应当遵守合同中关于行使介入权的要求。

2.政府方介入的法律后果。

在项目公司未违约的情形下，发生了上述政府方可以介入的情形，政府方如果选择介入项目，需要按照合同约定提前通知项目公司其介入的计划以及介入的程度。该介入的法律后果一般如下：

（1）在政府方介入的范围内，如果项目公司的任何义务或工作无法履行，这些义务或工作将被豁免；

（2）在政府方介入的期间内，如果是采用政府付费机制的项目，政府仍应当按照合同的约定支付服务费或其他费用，不论项目公司是否提供有关的服务或是否正常运营；

（3）因政府方介入引发的所有额外费用均由政府承担。

（二）项目公司违约情形下的介入。

如果政府方在行使监督权时发现项目公司违约，政府方认为有可能需要介入的，通常应在介入前按照PPP项目合同的约定书面通知项目公司并给予其一定期限自行补救；如果项目公司在约定的期限内仍无法补救，政府方才有权行使其介入权。

政府方在项目公司违约情形下介入的法律后果一般如下：

1.政府方或政府方指定第三人将代项目公司履行其违约所涉及的部分义务；

2.在项目公司为上述代为履行事项提供必要协助的前提下，在政府方介入的期间内，如果是采用政府付费或可行性缺口补助机制的项目，政府方仍应当按照合同约定就不受违约影响部分的服务或产品支付费用或提供补助；

3.任何因政府方介入产生的额外费用均由项目公司承担，该部分费用可从政府付费中扣减或者由项目公司另行支付；

4.如果政府方的介入仍然无法补救项目公司的违约，政府方仍有权根据提前终止机制终止项目合同（关于提前终止机制，请见本章第十八节）。

# 第十八节　违约、提前终止及终止后处理机制

违约和提前终止条款是PPP项目合同中的重要条款之一，通常会规定违约事件、终止事由以及终止后的处理机制等内容。

一、违约事件

（一）概述。

在PPP项目合同中，通常会明确约定可能导致合同终止的违约事件，这些违约事件通常是由于合同一方违反PPP项目合同中的重大义务而引起的。

违约事件的发生并不直接导致项目合同终止。在PPP项目合同中通常会规定通知和补救程序，即如果在PPP项目合同履行过程中发生违约事件，未违约的合同相对方应及时通知违约方，并要求违约方在限期内进行补救，如违约方在该限期内仍无法补救的，则合同相对方有权终止PPP项目合同。

此处有一种特殊情形，即在PPP项目合同中规定了融资方介入权或者政府、融资方和项目公司三方签署了直接介入协议的情形下，项目公司违约事件发生且在限期内无法补救时，还会允许融资方或其指定的第三方进行补救（关于融资方介入权，请见本章第五节）。

（二）违约事件的界定方式。

实践中，不同的PPP项目合同对于违约事件的界定方式可能不同，通常包括概括式、列举式以及概括加列举式三种，其中概括加列举式在PPP项目合同中更为常见。通过列举的方式可以更加明确构成违约事件的情形，从而避免双方在违约事件认定时产生争议。为此，在PPP项目合同起草和谈判过程中，双方应对哪些事项构成违约事件进行认真判别，并尽可能地在PPP项目合同中予以明确约定。

（三）政府方违约事件。

在约定政府方违约事件时，应谨慎考虑这些事件是否处于政府方能够控制的范围内并且属于项目项下政府应当承担的风险。常见的政府方违约事件包括：

1.未按合同约定向项目公司付费或提供补助达到一定期限或金额的；

2.违反合同约定转让PPP项目合同项下义务；

3.发生政府方可控的对项目设施或项目公司股份的征收或征用的（是指因政府方导致的或在政府方控制下的征收或征用，如非因政府方原因且不在政府方控制下的征收征用，则可以视为政治不可抗力）；

4.发生政府方可控的法律变更导致PPP项目合同无法继续履行的；

5.其他违反PPP项目合同项下义务，并导致项目公司无法履行合同的情形。

（四）项目公司违约事件。

在约定项目公司违约事件时，政府方通常希望列举的违约事件越多越好，最好能是敞口的列举，而项目公司则更倾向于明确的定义和有限的列举。需要强调的是，如果项目公司违约事件约定过多，不仅会影响项目公司参与PPP项目的积极性，而且会增加项目的融资难度和成本，进而导致项目整体成本的增加。因此在实践中，需要合理平衡双方的利益，原则上项目公司违约事件应当属于该项目项下项目公司应当承担的风险。常见的项目公司违约事件包括但不限于：

1.项目公司破产或资不抵债的；

2.项目公司未在约定时间内实现约定的建设进度或项目完工、或开始运营，且逾期超过一定期限的；

3.项目公司未按照规定的要求和标准提供产品或服务，情节严重或造成严重后果的；

4.项目公司违反合同约定的股权变更限制的；

5.未按合同约定为PPP项目或相关资产购买保险的。

二、提前终止的事由

（一）概述。

在PPP项目合同中，可能导致项目提前终止的事由通常包括：

1.政府方违约事件——发生政府方违约事件，政府方在一定期限内未能补救的，项目公司可根据合同约定主张终止PPP项目合同；

2.项目公司违约事件——发生项目公司违约事件，项目公司和融资方或融资方指定的第三方均未能在规定的期限内对该违约进行补救的，政府方可根据合同约定主张终止PPP项目合同；

3.政府方选择终止——政府方在项目期限内任意时间可主张终止PPP项目合同（关于政府方选择终止的适用范围，请见下文）；

4.不可抗力事件——发生不可抗力事件持续或累计达到一定期限，任何一方可主张终止PPP项目合同。

（二）政府方选择终止。

由于PPP项目涉及公共产品或服务供给，关系社会公共利益，因此PPP项目合同中，政府方应当享有在特定情形下（例如，PPP项目所提供的公共产品或服务已经不合适或者不再需要，或者会影响公共安全和公共利益）单方面决定终止项目的权利。但在PPP项目实践中，政府方的此项权利应当予以明确限定，以免被政府方滥用，打击社会资本参与PPP项目的积极性；同时，政府方在选择终止时需要给予项目公司足额的补偿（关于补偿的原则，请见下文）。

三、终止后的处理机制

在PPP项目合同中，基于不同事由导致的终止，在终止后的处理上也会有所不同。一般来讲，通常会涉及回购义务和回购补偿两方面的事项。

（一）回购义务。

在PPP项目终止后，政府可能并不一定希望全盘回购已经建成或者正在建设的项目设施。但如果政府方有权选择不回购该项目，对于项目公司而言可能是非常重大的风险。因为项目公司不仅将无法继续实施该项目并获得运营回报，甚至无法通过政府回购补偿收回前期投资。鉴此，在PPP项目合同中，对于回购的规定一般会比较谨慎。

实践中，通常只有在项目公司违约导致项目终止的情形下，政府才不负有回购的义务而是享有回购的选择权，即政府可以选择是否回购该项目。但对于一些涉及公共安全和公众利益的、需要保障持续供给的PPP项目，也可能在合同中约定即使在项目公司违约导致项目终止的情形下，政府仍有回购的义务。

（二）回购补偿。

根据项目终止事由的不同，项目终止后的回购补偿范围也不相同，在具体项目中，双方应对补偿的金额进行合理的评估。常见的安排如下：

1.政府方违约事件、政治不可抗力以及政府方选择终止。

对于因政府方违约事件、政治不可抗力以及政府方选择终止所导致的项目合同终止，一般的补偿原则是确保项目公司不会因项目提前终止而受损或获得额外利益（即项目公司获得的补偿等于假设该PPP项目按原计划继续实施的情形下项目公司能够获得的经济收益）。补偿的范围一般可能包括：

（1）项目公司尚未偿还的所有贷款（其中可能包括剩余贷款本金和利息、逾期偿还的利息及罚息、提前还贷的违约金等）；

（2）项目公司股东在项目终止之前投资项目的资金总和（必要时需要进行审计）；

（3）因项目提前终止所产生的第三方费用或其他费用（例如支付承包商的违约金、雇员的补偿金等）；

（4）项目公司的利润损失（双方通常会在PPP项目合同中约定利润损失的界定标准及补偿比例）。

2.项目公司违约事件。

实践中，对于因项目公司违约事件导致的项目合同终止，如果政府有义务回购或者选择进行回购时，政府需要就回购提供相应补偿。常见的回购补偿计算方法包括：

（1）市场价值方法，即按照项目终止时合同的市场价值（即再进行项目采购的市场价值）计算补偿金额。此种方法相对比较公平，并且在项目回购后政府必须要在市场中重新进行项目采购，因此通常适用于PPP市场相对较为成熟的国家。

（2）账面价值方法，即按照项目资产的账面价值计算补偿金额。与市场价值方法不同，该计算方法主要关注资产本身的价值而非合同的价值。这种计算方法比较简单明确，可避免纠纷，但有时可能导致项目公司获得的补偿与其实际投资和支付的费用不完全一致。

在具体项目中适用哪一种计算方法，需要进行专项评估，但一般的原则是，尽可能避免政府不当得利并且能够吸引融资方的项目融资。此外，根据上述计算方法计算出的补偿金额，通常还要扣减政府因该终止而产生的相关费用和损失。

3.自然不可抗力。

由于自然不可抗力属于双方均无过错的事件，因此对于自然不可抗力导致的终止，一般的原则是由双方共同分摊风险。通常来讲：

(1)补偿范围一般会包括未偿还融资方的贷款、项目公司股东在项目终止前投入项目的资金以及欠付承包商的款项；

(2)补偿一般会扣除保险理赔金额，且不包括预期利润损失。

（三）补偿的支付。

在PPP项目合同中还会约定政府回购补偿的支付方式、时间和程序。具体支付方式包括以下两种：

1.一次性全额支付。

对项目公司而言，当然希望可以一次性获得全额补偿。但对政府而言，一次性全额支付可能会增加政府的资金压力，需要政府进行合理的财政预算安排。

2.分期付款。

分期付款可以在一定程度上缓解政府的资金压力，但是否能够采用这种方式还取决于项目公司和融资方能否同意。此外，如果采用分期付款方式，项目公司一般会向政府主张延期支付的利息，并且在未缴清补偿款前，项目公司一般不愿意移交项目资产，因此采用分期付款方式有可能会影响项目的移交时间。

# 第十九节　项目的移交

项目移交通常是指在项目合作期限结束或者项目合同提前终止后，项目公司将全部项目设施及相关权益以合同约定的条件和程序移交给政府或者政府指定的其他机构。

项目移交的基本原则是，项目公司必须确保项目符合政府回收项目的基本要求。项目合作期限届满或项目合同提前终止后，政府需要对项目进行重新采购或自行运营的，项目公司必须尽可能减少移交对公共产品或服务供给的影响，确保项目持续运营。

一、移交范围

起草合同移交条款时，首先应当根据项目的具体情况明确项目移交的范围，以免因项目移交范围不明确造成争议。移交的范围通常包括：

（一）项目设施；

（二）项目土地使用权及项目用地相关的其他权利；

（三）与项目设施相关的设备、机器、装置、零部件、备品备件以及其他动产；

（四）项目实施相关人员；

（五）运营维护项目设施所要求的技术和技术信息；

（六）与项目设施有关的手册、图纸、文件和资料（书面文件和电子文档）；

（七）移交项目所需的其他文件。

二、移交的条件和标准

为了确保回收的项目符合政府的预期，PPP项目合同中通常会明确约定项目移交的条件和标准。特别是在项目移交后政府还将自行或者另行选择第三方继续运营该项目的情形下，移交的条件和标准更为重要。通常包括以下两类条件和标准：

（一）权利方面的条件和标准：项目设施、土地及所涉及的任何资产不存在权利瑕疵，其上未设置任何担保及其他第三人的权利。但在提前终止导致移交的情形下，如移交时尚有未清偿的项目贷款，就该未清偿贷款所设置的担保除外。

（二）技术方面的条件和标准：项目设施应符合双方约定的技术、安全和环保标准，并处于良好的运营状况。在一些PPP项目合同中，会对"良好运营状况"的标准做进一步明确，例如在不再维修情况下，项目可以正常运营3年等。

三、移交程序

（一）评估和测试。

在PPP项目移交前，通常需要对项目的资产状况进行评估并对项目状况能否达到合同约定的移交条件和标准进行测试。实践中，上述评估和测试工作通常由政府方委托的独立专家或者由政府方和项目公司共同组成的移交工作组负责。

经评估和测试，项目状况不符合约定的移交条件和标准的，政府方有权提取移交维修保函，并要求项目公司对项目设施进行相应的恢复性修理、更新重置，以确保项目在移交时满足约定要求。

（二）移交手续办理。

移交相关的资产过户和合同转让等手续由哪一方负责办理主要取决于合同的约定，多数情况下由项目公司负责。

（三）移交费用（含税费）承担。

关于移交相关费用的承担，通常取决于双方的谈判结果，常见的做法包括：

1.由项目公司承担移交手续的相关费用（这是比较常见的一种安排，而且办理移交手续的相关费用也会在项目的财务安排中予以预先考虑）；

2.由政府方和项目公司共同承担移交手续的相关费用。

3.如果因为一方违约事件导致项目终止而需要提前移交，可以约定由违约方来承担移交费用。

四、转让

（一）项目相关合同的转让。

项目移交时，项目公司在项目建设和运营阶段签订的一系列重要合同可能仍然需要继续履行，因此可能需要将这些尚未履行完毕的合同由项目公司转让给政府或政府指定的其他机构。为能够履行上述义务，项目公司应在签署这些合同时即与相关合同方（如承包商或运营商）明确约定，在项目移交时同意项目公司将所涉合同转让给政府或政府指定的其他机构。实践中，可转让的合同可能包括项目的工程承包合同、运营服务合同、原料供应合同、产品或服务购买合同、融资租赁合同、保险合同以及租赁合同等。

通常政府会根据上述合同对于项目继续运营的重要性，决定是否进行合同转让。此外，如果这些合同中包含尚未期满的相关担保，也应该根据政府的要求全部转让给政府或者政府指定的其他机构。

（二）技术转让。

在一些对于项目实施专业性要求较高的PPP项目中，可能需要使用第三方的技术（包括通过技术转让或技术许可的方式从第三方取得的技术）。在此情况下，政府需要确保在项目移交之后不会因为继续使用这些技术而被任何第三方进行侵权索赔。

鉴此，PPP项目合同中通常会约定，项目公司应在移交时将项目运营和维护所需要的所有技术，全部移交给政府或政府指定的其他机构，并确保政府或政府指定的其他机构不会因使用这些技术而遭受任何侵权索赔。如果有关技术为第三方所有，项目公司应在与第三方签署技术授权合同时即与第三方明确约定，同意项目公司在项目移交时将技术授权合同转让给政府或政府指定的其他机构。

此外，PPP项目合同中通常还会约定，如果这些技术的使用权在移交日前已期满，项目公司有义务协助政府取得这些技术的使用权。

五、风险转移

移交条款中通常还会明确在移交过程中的风险转移安排：在移交日前，由项目公司承担项目设施的全部或部分损失或损坏的风险，除非该损失或损坏是由政府方的过错或违约所致；在移交日及其后，由政府承担项目设施的全部或部分损失或损坏的风险。

# 第二十节　适用法律及争议解决

一、适用法律

在一般的商业合同中，合同各方可以选择合同的管辖法律（即准据法）。但在PPP项目合同中，由于政府方是合同当事人之一，同时PPP项目属于基础设施和公共服务领域，涉及社会公共利益，因此在管辖法律的选择上应坚持属地原则，即在我国境内实施的PPP项目的合同通常应适用我国法律并按照我国法律进行解释。

二、争议解决

由于PPP项目涉及的参与方众多、利益关系复杂且项目期限较长，因此在PPP项目所涉合同中，通常都会规定争议解决条款，就如何解决各方在合同签订后可能产生的合同纠纷进行明确的约定。尽管没有规定明确的争议解决条款并不意味着各方对产生的纠纷不享有任何救济，但规定此类条款有助于明确纠纷解决的方式及程序。

争议解决条款中一般以仲裁或者诉讼作为最终的争议解决方式，并且通常会在最终争议解决方式前设置其他的争议解决机制，以期在无需仲裁或者诉讼的情况下快速解决争议，或达成一个暂时具有约束力、但可在之后的仲裁或诉讼中重新审议的临时解决办法。

争议解决方式通常需要双方根据项目的具体情况进行灵活选择。如果项目需要各方的长期合作，应考虑对抗性更低，更利于维护各方关系的争议解决方式。常见的争议解决方式包括：

（一）友好协商。

为争取尽快解决争议，在多数PPP项目合同中，都会约定在发生争议后先由双方通过友好协商的方式解决纠纷。这样做的目的是为了防止双方在尝试通过协商解决争议之前直接启动正式的法律程序。诉讼和仲裁是非常耗时且昂贵的，而且一旦开始往往很难停止。实践中，协商的具体约定方式包括：

1.协商前置。即发生争议后，双方必须在一段特定期限内进行协商，在该期限届满前双方均不能提起进一步的法律程序。

2.选择协商。即将协商作为一个可以选择的争议解决程序，无论是否已进入协商程序，各方均可在任何时候启动诉讼或仲裁等其他程序。

3.协商委员会。即在合同中明确约定由政府方和项目公司的代表组成协商委员会，双方一旦发生争议应当首先提交协商委员会协商解决。如果在约定时间内协商委员会无法就有关争议达成一致，则会进入下一阶段的争议解决程序。

需要特别说明的是，通常协商应当是保密并且"无损实体权利"的，当事人在协商过程中所说的话或所提供的书面文件不得用于之后的法律程序。因为如果双方能够确定这些内容在将来的诉讼或仲裁中不会被作为不利于自己的证据，他们可能更愿意主动做出让步或提出解决方案。

（二）专家裁决。

对于PPP项目中涉及的专业性或技术性纠纷，也可以通过专家裁决的方式解决。

负责专家裁决的独立专家，可以由双方在PPP项目合同中予以委任，也可以在产生争议之前共同指定。

专家裁决通常适用于对事实无异议、仅需要进行某些专业评估的情形，不适用于解决那些需要审查大量事实依据的纠纷，也不适用于解决纯粹的法律纠纷。

（三）仲裁。

1.仲裁还是诉讼。

仲裁是一种以双方书面合意进入仲裁程序为前提（即合同双方必须书面约定将争议提交仲裁）的替代诉讼的纠纷解决方式。一般而言，仲裁相较于诉讼，具有下列优点：

（1）仲裁程序更具灵活性，更尊重当事人的程序自主；

（2）仲裁程序更具专业性，当事人可以选择相关领域的专家作为仲裁员；

（3）仲裁程序更具保密性，除非双方协议可以公开仲裁，一般仲裁程序和仲裁结果均不会对外公开；

（4）仲裁程序一裁终局，有可能比诉讼程序更快捷、成本更低。

依照我国法律，仲裁裁决与民事判决一样，具有终局性和法律约束力。除基于法律明确规定的事由，法院不能对仲裁的裁决程序和裁决结果进行干预。

在PPP项目合同争议解决条款中，也可以选择诉讼作为最终的争议解决方式。需要特别注意的是，就PPP项目合同产生的合同争议，应属于平等的民事主体之间的争议，应适用民事诉讼程序，而非行政复议、行政诉讼程序。这一点不应因政府方是PPP项目合同的一方签约主体而有任何改变。

实践中，诉讼程序相较于仲裁程序时间更长，程序更复杂，比较正式且对立性更强，因此PPP项目双方在选择最终的争议解决程序时需要仔细的考量。

2.国际仲裁还是国内仲裁。

在一些外国投资人参与的PPP项目中，可能会在争议解决条款中选择由相对中立的国际仲裁组织进行仲裁。我国《合同法》已明确规定，具有涉外因素的合同可以选择国外仲裁机构仲裁，实践中也可以依据一些国际公约（例如《承认及执行外国仲裁裁决公约》）来处理国际仲裁裁决的承认和执行程序。

需要特别注意的是，按照我国法律规定，如果合同中约定某一争议既可以依仲裁程序解决，也可以依诉讼程序解决，则原则上属于无效的仲裁条款

（除非一方当事人申请仲裁后，对方当事人未在首次开庭前提出管辖权异议，使仲裁庭取得审理该案件的管辖权）。因此，PPP项目合同的争议解决条款最好在诉讼和仲裁中任选其一，避免出现"既可以仲裁，也可以诉讼"的约定。

（四）争议期间的合同履行。

鉴于PPP项目通常会涉及公共安全和公共利益，为保障项目的持续稳定运营，通常会在争议解决条款中明确规定在发生争议期间，各方对于合同无争议部分应当继续履行，除法律规定或另有约定外，任何一方不得以发生争议为由，停止项目运营。

# 第二十一节　合同附件

PPP项目所涉及的合作内容和具体要求通常较为庞杂，一般会在PPP项目合同正文之后附加一系列的附件，用以进一步明确合同中涉及的具体技术标准、条件要求、计算公式、文书格式等。

一、常见的合同附件

鉴于不同PPP项目的付费机制、运作方式、融资方式以及涉及的行业标准、技术规范等各不相同，具体的合同附件也会不同。常见的PPP项目合同附件包括：

（一）项目场地范围。

该附件用于划定项目涉及的场地的地点、范围、面积等，有时会以平面图的形式列示。

（二）项目所需审批。

该附件用于列明项目实施所需获得的全部或主要审批，以及政府方和项目公司在获得上述审批上的责任分工。

（三）技术附件。

该附件用于详细阐述PPP项目设计、建设、运营、维护等所依据的具体技术标准和规范等。

（四）商务附件。

该附件用于阐述PPP项目的商业方案，例如财务模型、融资计划、项目公司设立方案等。

（五）履约担保格式。

为了确保项目公司在签订PPP项目合同后所提供的履约担保能够符合双方的约定，有时还会将履约担保的相关协议也作为合同附件，并约定项目公司将来按照该协议约定的内容和方式向政府方提供担保。

（六）移交条件。

为了确保项目移交后符合政府的预期，双方可能会将项目移交的具体条件和标准在PPP项目合同的附件中予以明确规定。

二、各行业合同附件例举

下文列举了一些行业的PPP项目合同的常见附件，仅供参考：

（一）城市（集中）供水。

在城市（集中）供水项目中，比较常见的附件包括：各方内部决议件，股东承诺函，集中式公共供水定义，授权文件，建设期履约保函，项目特许经营范围，普遍服务承诺，供水技术标准、规范和要求，项目资产维护方案，融资方案，初步性能测试，最终性能测试，维护保函，应急预案，保险方案（含投保险种与保险金额），前期工作和永久性市政设施，技术方案，定期报告及临时报告（事项、周期及信息格式要求），成本申报及监审，资本投资计划及调整，排他性承诺，移交方案等。

（二）集中供暖。

在集中供暖项目中，比较常见的附件包括：授权文件，各方内部决议件，股东承诺函，供热质量和服务标准，项目特许经营区域范围（附图），供用热合同样本，技术规范和标准，投资计划及安排，普遍服务承诺，应急预案，移交资产的程序和标准，融资方案，履约保函，保险方案，项目设施维护方案，工程进度计划表，排他性承诺，移交方案等。

（三）管道燃气供应。

在管道燃气供应项目中，比较常见的附件包括：各方内部决议件，股东承诺函，授权书，项目特许经营区域范围（附图），项目批准文件，技术规范和要求，投资计划及安排，普遍服务承诺，管道设施维护方案，保险，融资方案，工程技术方案，燃气质量标准，燃气服务标准，安全管理标准，气源承诺及保障计划，应急预案，履约保函，工程进度计划表，排他性承诺，移交方案，供用气合同等。

（四）污水处理。

在污水项目中，比较常见的附件包括：授权文件，各方内部决议件，股东承诺函，用地四至图，建设标准和技术要求，进水水质超标的处理，出水水质不合格的违约金，污水处理服务协议，调价公式，融资方案，保险方案，运营记录报表，付费申请表/形式发票，出水水质监测项目、方法和周期，履约保函，维护保函，技术方案，移交保函，工程进度计划表，移交方案等。

（五）垃圾焚烧处理。

在垃圾焚烧处理项目中，比较常见的附件包括：授权文件，各方内部决议件，股东承诺函，垃圾处理服务协议，适用技术规范和要求，技术方案，商务方案，履约保函，维护保函，融资方案，质量保证和控制方案，项目建设进度计划，保险方案，稳定性试运行方案，购售电合同，运营维护方案，进口设备和清单，红线图，移交保函，移交方案等。

（六）保障性安居工程。

在保障性安居工程项目中，比较常见的附件包括：授权文件，各方内部决议件，股东承诺函，项目红线图，融资方案等。

（七）地下综合管廊。

在地下综合管廊项目中，比较常见的附件包括：授权文件，各方内部决议件，股东承诺函，走线规划图，既有管网GIS信息等。

（八）轨道交通。

在轨道交通项目中，比较常见的附件包括：授权文件，各方内部决议件，股东承诺函，设计标准，运营操作和维护标准，融资协议，融资计划，融资替代解决方案，客运服务标准，客流量预测，工程价目表，融资方案，文字，公司章程，保险方案，施工合同，工程进度计划表，施工时间安排，地铁区域图，网站，操作和维修合同，前期工程进度，排他性承诺，履约担保，移交方案等。如涉及综合开发的，还需增加相应附件。

（九）医疗和养老服务设施。

在医疗和养老服务设施项目中，比较常见的附件包括：授权文件，各方内部决议件，股东承诺函，医院管理及服务协议，商标许可协议，目标土地规划设计要求，目标土地四至图，设计要求及建造标准，融资方案，筹备期工作方案，运营标准及绩效指标，员工招聘、培训及多点执业相关工作方案，营销方案，竞争对手列表及排他性承诺，保险安排，履约担保，移交方案等。

# 第三章　不同付费机制下的核心要素

付费机制是政府和社会资本合作的重要基础，关系到PPP项目的风险分配和收益回报，因而是政府和社会资本（或项目公司）共同的核心关注，也是PPP项目合同中最为关键的条款。根据PPP项目的行业、运作方式及具体情况的不同，需要设置不同的付费机制。常见的付费机制主要包括政府付费、使用者付费和可行性缺口补助三种。本章将就在设置不同的付费机制时需要在PPP项目合同中予以考虑和反映的核心要素进行详细阐述。

## 第一节　政府付费

政府付费是指由政府直接付费购买公共产品或服务。其与使用者付费的最大区别在于付费主体是政府、而非项目的最终使用者。

根据项目类型和风险分配方案的不同，政府付费机制下，政府通常会依据项目的可用性、使用量和绩效中的一个或多个要素的组合向项目公司付费。

一、可用性付费

（一）概述。

可用性付费（Availability Payment）是指政府依据项目公司所提供的项目设施或服务是否符合合同约定的标准和要求来付费。

可用性付费通常与项目的设施容量或服务能力相关，而不考虑项目设施或服务的实际需求，因此项目公司一般不需要承担需求风险，只要所提供设施或服务符合合同约定的性能标准即可获得付费。

大部分的社会公共服务类项目（例如学校、医院等）以及部分公用设施和公共交通设施项目可以采用可用性付费。一些项目中也可能会与按绩效付费搭配使用，即如果项目公司提供设施或服务的质量没有达到合同约定的标准，则政府付费将按一定比例进行扣减。

（二）适用条件。

符合以下条件的PPP项目，政府可以考虑采用按可用性付费：

1.相对于项目设施或服务的实际使用量，政府更关注该项目设施或服务的可用性。例如，奥运会场馆。

2.相对于项目公司，政府对于项目设施或服务的需求更有控制力，并且政府决定承担需求风险。例如，在学校PPP项目中，政府教育部门负责向各学校分配生源，其能够更好的管控学校设施的使用量，因此政府可基于学校设施的可用性向项目公司付款，而不考虑实际的学生人数。

（三）可用性付费的设置。

1.基本原则。

可用性付费的一个基本原则就是在符合我国法律强制性规定的前提下，直至项目设施已建成且全面服务可用时（通常是项目开始运营时）才开始付款。但也存在一些例外，比如改造项目，有可能改造的同时也需要项目公司继续提供服务，在这种情形下，政府可能需要就项目公司继续提供的服务支付一定费用。

在按可用性付费的项目中，通常在项目开始时就已经确定项目公司的投资成本，在项目开始运营后，政府即按照原先约定的金额向项目公司付款，但如果存在不可用的情形，再根据不可用的程度扣减实际的付款。

2.核心要素：可用与不可用的界定。

可用性付费的核心要素就是要明确界定项目在什么情况下为"可用"，什么情况下为"不可用"，其中"不可用"的界定更为重要。

在PPP项目合同签订之前，双方应当尽早确定"不可用"的认定标准，因其会直接影响项目财务模型的确定。在设定"不可用"标准时，通常需要考虑以下因素：

（1）该标准是否客观，即是否符合项目的实际情况和特点，是否可以测量和监控等。

（2）该标准是否合理，即是否超出项目公司的能力范围，是否为实施本项目所必需等。

3.其他要素。

除了"可用"与"不可用"的界定外，在设置可用性付费时，还需要考虑其他要素，例如：

（1）不同比例扣减机制的设置。

设施或服务不可用所导致的经济后果通常由该设施或服务的重要程度决定。例如，在医疗服务设施项目中，手术室中的灯比走廊上的灯更为重要，因此因手术室灯不亮而扣减的金额也应当更高。设置不同比例扣减机制可以促使项目公司优先保证更为重要的设施或服务的可用性。

（2）宽限期的设置。

在出现"不可用"的情形时，PPP项目合同中通常会给予项目公司一个宽限期，只有在该宽限期内项目公司仍然没有纠正该"不可用"情形的，可用性付费才会被扣减，如果在该期限内项目公司做出了有效补救，则可用性付费不会受到影响。

此外，在一些PPP项目合同中，也可能设置多次扣减的机制。如果在宽限期结束时项目公司未能纠正不可用情形，政府将根据合同约定的比例扣减相应付费；如果该不可用情形在宽限期结束后又持续了一定时期，则可能导致政府对付费的进一步扣减。这种机制主要是为了确保项目公司能够尽快恢复正常的设施或服务供给。但在设置这种多次扣减机制时，需要注意掌握尺度，因为其会使付费机制变得非常复杂。

（3）不可用设施或服务仍需使用的情形下的处理。

在一些特定情形下，即使某些服务或设施没有达到可用性要求，政府仍然需要使用。在这种情形下，政府可考虑以下两种处理方式：一是如果政府的使用将导致项目公司无法纠正部分设施或服务的问题，则可以将受政府使用影响的部分服务或设施视为具有可用性；二是仅扣减部分、而非全部比例的政府付费。

（4）计划内暂停服务的认定。

为避免争议，政府和项目公司应当在合同中明确约定计划内的暂停服务是否认定为不可用，通常情况下计划内的暂停服务应作为不可用的例外情形。

4.豁免事由。

并非所有不可用情形出现，均会影响政府付费，在PPP项目合同中通常会约定一些豁免事由，对于因发生豁免事由而导致出现不可用情形的，不构成项目公司违约，仍可按照合同约定的金额获得政府付费。常见的豁免事由包括：

（1）政府可以提供合适的替代性服务（需由政府决定）；

（2）项目设施或服务在不可用期间内本就未计划使用；

（3）政府违约；

（4）政府提出的变更；等等。

需要特别强调的是，尽管按可用性付费的项目对项目公司而言风险更低、可融资性更高，但政府转移给项目公司的风险也相对有限。同时，相对于使用者付费项目和按使用量付费的项目，单纯按可用性付费的项目缺乏有效的收益激励机制，通常只能通过项目公司报告或政府抽查的方式对于项目进行监控，监控力度较弱，难以保证项目随时处于可用状态。因此，必要时可用性付费需要与绩效付费或使用量付费搭配使用。

二、使用量付费

（一）概述。

使用量付费（Usage Payment），是指政府主要依据项目公司所提供的项目设施或服务的实际使用量来付费。在按使用量付费的项目中，项目的需求风险通常主要由项目公司承担。因此，在按使用量付费的项目中，项目公司通常需要对项目需求有较为乐观的预期或者有一定影响能力。实践中，污水处理、垃圾处理等部分公用设施项目较多地采用使用量付费。

一些项目中，使用量付费也可能与绩效付费搭配使用，即如果项目公司提供的设施或服务未达到合同约定的绩效标准，政府的付费将进行相应扣减。

（二）使用量付费的设置。

1.基本原则。

使用量付费的基本原则就是由政府（而非使用者）依据项目设施或服务的实际使用量向项目公司付费，付费多少与实际使用量大小直接挂钩。

2.分层级付费机制。

在按使用量付费的PPP项目中，双方通常会在项目合同签订前根据项目的性质、预期使用量、项目融资结构及还款计划等设置分层级的使用量付费机制。

下图为比较典型的分层级的使用量付费机制：

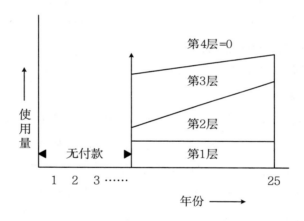

上图中将使用量付费分为四个层级，其中第1层为"最低使用量"，第4层为"最高使用量"。

（1）最低使用量：即政府与项目公司约定一个项目的最低使用量，在项目实际使用量低于最低使用量时，不论实际使用量多少，政府均按约定的最低使用量付费。最低使用量的付费安排可以在一定程度上降低项目公司承担实际需求风险的程度，提高项目的可融资性。

（2）最高使用量：即政府与项目公司约定一个项目的最高使用量，在实际使用量高于最高使用量时，政府对于超过最高使用量的部分不承担付款义务。最高使用量的付费安排为政府的支付义务设置了一个上限，可以有效防止政府因项目使用量持续增加而承担过度的财政风险。

需要特别强调的是，即使在设置最低使用量的情形下，政府仍然需要承担实际使用量低于最低使用量的风险；即使在设置最高使用量的情形下，实际使用量低于最高使用量时，政府付费的金额仍然会因实际使用量的变化而变化，存在一定不确定性，需要进行合理的预算安排。

三、绩效付费

（一）概述。

绩效付费（Performance Payment）是指政府依据项目公司所提供的公共产品或服务的质量付费，通常会与可用性付费或者使用量付费搭配使用。

在按绩效付费的项目中，政府与项目公司通常会明确约定项目的绩效标准，并将政府付费与项目公司的绩效表现挂钩，如果项目公司未能达到约定的绩效标准，则会扣减相应的付费。

（二）绩效付费的设置。

1.设定绩效标准。

政府和项目公司应当根据项目的特点和实际情况在PPP项目合同中明确约定适当的绩效标准。设定绩效标准时，通常需要考虑以下因素：

（1）绩效标准是否客观，即该标准是否符合项目的实际情况和特点，是否可以测量和监控等。这是绩效付费能否有效实施的关键要素。

（2）绩效标准是否合理，即该标准是否超出项目公司的能力范围，是否为实施本项目所必需等。这是项目融资方的核心风险之一。

2.绩效监控机制。

在按绩效付费的项目中，通常会专门编制绩效监控方案并将其作为PPP项目合同的附件，以明确项目公司的监控义务、政府的监控措施以及具体的绩效标准。在社会公共服务项目中，绩效监控机制的设置尤为重要（关于社会公共服务项目的绩效监控机制，请见第四章第三节）。

3.未达到绩效标准的后果。

为了对项目公司形成有效约束，PPP项目合同中通常会明确约定未达到绩效标准的后果，具体包括：

（1）扣减政府付费。PPP项目合同中通常会根据设施或服务在整个项目中的重要程度以及未达到绩效标准的情形和影响程度分别设置相应的政府付费扣减比例。此外，实践中还有一种"递进式"的扣款机制：即对于首次未达到绩效标准的情形，仅进行警告或少量扣款，但如果该情形在某段时期内多次发生，则会逐渐增加对于该情形的扣款比例，以促使项目公司及时采取补救措施。

（2）如果长期或者多次无法达到绩效标准，或者未达到绩效标准的情形非常严重，还有可能构成严重违约从而导致合同终止。

四、政府付费的调价机制

在长达20~30年的PPP项目生命周期中，市场环境的波动会对直接引起项目运营成本的变化，进而影响项目公司的收益情况。设置合理的价格调整机制，可以将政府付费金额维持在合理范围，防止过高或过低付费导致项目公司亏损或获得超额利润，有利于项目物有所值目标的实现。常见的调价机制包括：

（一）公式调整机制。

是指通过设定价格调整公式来建立政府付费价格与某些特定系数之间的联动关系，以反映成本变动等因素对项目价格的影响，当特定系数变动导致根据价格调整公式测算的结果达到约定的调价条件时，将触发调价程序，按约定的幅度自动调整定价。常见的调价系数包括消费者物价指数、生产者物价指数、劳动力市场指数、利率变动、汇率变动等。调价系数的选择需要根据项目的性质和风险分配方案确定，并应综合考虑该系数能否反映成本变化的真实情况并且具有可操作性等。

（二）基准比价机制。

是指定期将项目公司提供服务的定价与同类服务的市场价格进行对比，如发现差异，则项目公司与政府可以协商对政府付费进行调价。

（三）市场测试机制。

是指在PPP项目合同约定的某一特定时间，对项目中某项特定服务在市场范围内重新进行采购，以更好地实现项目的物有所值。通过竞争性采购程序，政府和项目公司将可能会协商更换此部分服务的运营商或调整政府付费等。

但上述的基准比价机制和市场测试机制通常适用于社会公共服务类项目，而很少出现在公共交通或者公用设施项目中（关于基准比价机制和市场测试机制的具体程序，请见第四章第三节），主要原因有二：

1.在公共交通或者公用设施项目中，项目公司的各项服务互相关联、难以明确分割，很难对某一项服务单独进行比价或市场测试；

2.难以找到与该项目公司所处的运营情况、市场条件完全相同的比较对象。

此外，政府在考虑采用基准比价机制和市场测试机制时还需要注意，这两种调价机制既有可能减少政府付费金额，也有可能增加政府付费金额。

## 第二节　使用者付费

使用者付费机制是指由最终消费用户直接付费购买公共产品和服务。项目公司直接从最终用户处收取费用，以回收项目的建设和运营成本并获得合理收益。在此类付费项目中，项目公司一般会承担全部或者大部分的项目需求风险。

并非所有PPP项目都能适用使用者付费机制，使用者付费机制常见于高速公路、桥梁、地铁等公共交通项目以及供水、供热等部分公用设施项目中。

设置使用者付费机制时，需要根据项目的特性和具体情况进行详细的评估，重点考虑以下几个问题：

（一）项目是否适合采用使用者付费机制？

（二）使用费如何设定？

（三）政府是否需要保障项目公司的最低收入？是否需要设置机制避免项目公司获得过高的利润？

一、使用者付费机制的适用条件

具体PPP项目是否适合采用使用者付费机制，通常需要结合项目特点和实际情况进行综合评估。适合采用使用者付费机制的项目通常需要具备以下条件：

（一）项目使用需求可预测。

项目需求量是社会资本进行项目财务测算的重要依据，项目需求量是否可预测以及预测需求量的多少是决定社会资本是否愿意承担需求风险的关键因素。通常社会资本只有能够在一定程度上确定其可以通过使用者付费收回投资成本并且获得合理收益的情形下，才有参与PPP项目的动机。

（二）向使用者收费具有实际可操作性。

在一些项目中，项目公司向使用者收费可能并不实际或者并不经济。例如，在采取使用者付费机制的公路项目中，如果公路有过多的出入口，使得车流量难以有效控制时，将会使采取使用者付费机制变得不具有成本效益，而丧失实际可操作性。

（三）符合法律和政策的规定。

根据相关法律和政策规定，政府可能对于某些项目实行政府定价或者政府指导价，如果按照该政府定价或政府指导价无法保障项目公司回收成本并获得合理收益，则无法适用使用者付费机制，但可以考虑采用可行性缺口补助机制。

使用者付费机制的优势在于，政府可以最大程度地将需求风险转移给项目公司，而且不用提供财政补贴，同时还可以通过与需求挂钩的回报机制激励项目公司提高项目产品或服务的质量。

但需要强调的是，除非需求量可预测且较为明确或者政府提供其他的补助或承诺，否则使用者付费项目的可融资性相对较低，如果融资难度和融资成本过高，则可能会导致项目无法实施；同时，由于项目公司承担较大的需求风险，在需求不足时，项目公司为了确保能够收回成本，有可能会要求提高使用费的定价或者变相降低产品或服务质量。

二、使用者付费的定价机制

（一）定价方式。

实践中，使用者付费的定价方式主要包括以下三种：

1.根据《价格法》等相关法律法规及政策规定确定；

2.由双方在PPP项目合同中约定；

3.由项目公司根据项目实施时的市场价格定价。

其中，除了最后一种方式是以市场价为基础外，对于前两种方式，均需要政府参与或直接决定有关PPP项目的收费定价。

（二）政府参与定价的考虑因素。

1.需求的价格弹性，是指需求量对价格变动的敏感程度，即使用者对于价格的容忍程度。收费价格上涨到一定程度后，可能会导致使用量的下降；

2.项目公司的目标，即在综合考虑项目的实施成本、项目合作期限、预期使用量等因素的情况下，收费定价能否使项目公司获得合理的收益；

3.项目本身的目标，即能否实现项目预期的社会和经济效益；

4.有关定价是否超出使用者可承受的合理范围（具体可以参考当地的物价水平）；

5.是否符合法律法规的强制性规定；等等。

（三）政府参与定价的方式。

根据PPP实践，政府参与收费定价通常可以采取以下几种具体方式：

1.由政府设定该级政府所辖区域内某一行业的统一价（例如，某市政府对该市所有高速公路收费实行统一定价）。由于该使用费定价无法因具体项目而调整，如果社会资本在提交响应文件时测算出有关使用费定价无法覆盖其成本，则通常允许其要求政府提供一定的补贴。

2.由政府设定该级政府所辖区域内某一行业的最高价。在具体项目中，项目公司仅能够按照该最高价或者低于该最高价的价格进行财务评估，如果社会资本在提交响应文件时测算出即使采用最高价也无法使其收回成本时，则通常允许其要求政府提供可行性缺口补助。

3.由双方在合同中约定具体项目收费的价格。

4.由双方在合同中约定具体项目收费的最高价。

此外，在一些PPP项目中，双方还有可能约定具体项目收费的最低价，实际上将PPP项目的部分建设和运营成本直接转移给使用者承担。

三、唯一性条款和超额利润限制机制

（一）唯一性条款。

在采用使用者付费机制的项目中，由于项目公司的成本回收和收益取得与项目的实际需求量直接挂钩，为降低项目的需求风险，确保项目能够顺利获得融资支持和稳定回报，项目公司通常会要求在PPP项目合同中增加唯一性条款，要求政府承诺在一定期限内不在项目附近新建竞争性项目。

（二）超额利润限制。

在一些情形下，使用者需求激增或收费价格上涨，将可能导致项目公司因此获得超出合理预期的超额利润。针对这种情形，政府在设计付费机制时可以考虑设定一些限制超额利润的机制，包括约定投资回报率上限，超出上限的部分归政府所有，或者就超额利润部分与项目公司进行分成等。但基本的原则是无论如何限制，付费机制必须能保证项目公司获得合理的收益，并且能够鼓励其提高整个项目的效率。

# 第三节　可行性缺口补助

可行性缺口补助是在政府付费机制与使用者付费机制之外的一种折衷选择。对于使用者付费无法使社会资本获取合理收益、甚至无法完全覆盖项目的建设和运营成本的项目，可以由政府提供一定的补助，以弥补使用者付费之外的缺口部分，使项目具备商业上的可行性。但此种付费机制的基本原则是"补缺口"，而不能使项目公司因此获得超额利润。

国际上关于可行性缺口补助的定义、适用范围和补贴方式尚无统一的界定。在我国实践中，可行性缺口补助的形式多种多样，具体包括：

一、投资补助

在项目建设投资较大，无法通过使用者付费完全覆盖时，政府可无偿提供部分项目建设资金，以缓解项目公司的前期资金压力，降低整体融资成本。通常政府的投资额应在制定项目融资计划时或签订PPP项目合同前确定，并作为政府的一项义务在合同中予以明确。投资补助的拨付通常不会与项目公司的绩效挂钩。

二、价格补贴

在涉及民生的公共产品或服务领域，为平抑公共产品或服务的价格水平，保障民众的基本社会福利，政府通常会对特定产品或服务实行政府定价或政府指导价。如果因该定价或指导价较低导致使用者付费无法覆盖项目的成本和合理收益，政府通常会给予项目公司一定的价格补贴。例如地铁票价补贴。

此外，政府还可通过无偿划拨土地，提供优惠贷款、贷款贴息，投资入股，放弃项目公司中政府股东的分红权，以及授予项目周边的土地、商业等开发收益权等方式，有效降低项目的建设、运营成本，提高项目公司的整体收益水平，确保项目的商业可行性。

# 第四章　不同行业下的特定条款

受不同行业政策及行业特点的影响，不同行业的PPP项目合同中会有一些特殊的条款安排。本章将会就公共交通、公用设施及社会公共服务等PPP模式应用较为广泛的行业领域内，PPP项目合同的特殊条款和机制进行详细介绍。

# 第一节　公共交通项目

公共交通项目通常包括机场、港口、公路、铁路、桥梁和城市轨道交通等，其共同特点是公共服务性强、投资规模较大。

高速公路项目在公共交通项目中比较典型，在世界范围内采用PPP模式的高速公路项目案例也非常多。实践中，高速公路项目主要采用BOT和委托运营两种运作方式。本指南谨以采用BOT运作方式的高速公路项目为例，结合我国的实际情况，阐述公共交通项目的一些特定条款机制。

一、项目的范围和期限

（一）项目的范围。

根据具体PPP项目合同的约定，高速公路项目的合作范围，除了高速公路的建设运营外，还可能包括沿途服务设施和广告等的开发和运营。

（二）项目期限。

在采用BOT运作方式的高速公路项目中，项目期限通常包括高速公路的建设期和运营期，待项目期限届满后，通常项目公司将无偿把高速公路移交给政府。

项目期限的长短与项目公司的收益直接相关，在投资成本一定、其他条件不变的情况下，项目公司所获得利润与项目期限成正比。在设置项目期限时，需要综合考虑项目的建设运营成本、回报率、融资计划、风险分配以及政策法律规定等多种因素，合理平衡政府、项目公司和使用者的利益。需要强调的是，高速公路项目的收费期限还要同时受到我国《收费公路管理条例》以及相关地方性法律法规的限定。

二、付费和调价机制

（一）付费机制。

PPP模式下的高速公路项目存在多个利益相关方，各方均有各自的定价目标，项目公司希望利润最大化，高速公路使用者希望获得质优价廉的服务，而政府则希望尽可能实现既定区域内的社会效益最大化。合理的收费标准除了可以覆盖高速公路在各时期的建设、维护、管理等成本，还能让项目公司获得合理的利润。

1.高速公路付费机制。

在高速公路项目中，如何收取车辆通行费是一个非常关键的问题。实践中，高速公路项目通常有三种付费机制：

（1）使用者付费（又称为"Real Toll"）：项目公司直接向高速公路使用者收费；

（2）政府按使用量付费（又称为"Shadow Toll"）：政府根据高速公路的实际使用量、即车流量向项目公司付费，车流量越大，付费越多；

（3）政府按可用性和绩效付费：政府根据项目公司提供的高速公路是否达到合同约定的可用性标准来付费，并在此基础上根据项目公司的绩效设定相应的扣减机制。如果项目公司未能保证高速公路达到供公众使用的标准，政府将根据不达标高速公路的长度和数量以及不达标所持续的时间等，从应当支付给项目公司的费用中作相应扣减。

2.高速公路收费定价的影响因素。

（1）高速公路成本：通常包括高速公路的建设成本和运营维护成本，例如工程建设费、设备购置费、道路维修费、养护费以及日常管理费用等；

（2）车流量：收费公路项目、尤其是使用者付费或政府按使用量付费的项目中，车流量对项目公司的收入有直接影响。车流量的大小通常由该高速公路辐射区域内的经济发展状况和汽车拥有量等因素决定；

（3）项目期限：项目期限直接影响高速公路的收益，期限过短无法保证项目公司获得合理收益；而期限过长则有可能导致项目公司暴利、甚至构成垄断；

（4）使用者的支付意愿：高速公路使用者的支付意愿通常具有很强的主观性，主要取决于使用者个人的支付能力。使用者的支付能力通常会受当地物价水平、个人年龄层次、职业稳定与否等因素影响；

（5）高速公路的性能和技术条件：高速公路的技术等级和服务水平越高，高速公路使用者可以接受的通行费标准也会越高；

（6）高速公路辐射区内的其他交通运输方式及其定价：高速公路辐射区内是否有其他交通运输方式，例如普通公路、铁路和民航等，这些交通运输方式的定价通常也会影响高速公路收费的定价。

（二）调价机制。

1.必要性。

PPP模式下的高速公路项目期限通常较长，在符合法律法规规定的前提下，一般为15至30年不等，在长期的高速公路运营过程中，诸如物价水平、车流量以及路况条件等因素均可能发生较大变化，进而对高速公路项目的运营维护成本和收益水平产生直接影响。如果不适时进行价格调整，可能会导致当前收费标准无法实现项目公司的合理收益，从而进一步影响高速公路的运营品质和社会效益。

2.调价原则。

（1）保证合理回报原则：项目公司在收回高速公路的建设成本和运营维护成本后，应获得与同行业平均收益率相适应的合理收益回报；

（2）使用者可承受原则：高速公路收费价格不应过分高于使用者可承受的合理范围，如果使用者通过使用高速公路所获得的时间节约、距离缩短和安全提高等效益，不能补偿其付出的通行费、燃油费等成本，使用者就可能不会选择使用该高速公路出行；

（3）综合考虑原则：高速公路项目在进行价格调整时，除了应考虑项目公司的收益水平和高速公路使用者的承受能力外，还应当综合考虑通货膨胀、物价上涨和收费管理人员工资变化等各种影响因素。

（三）唯一性条款。

唯一性条款是PPP模式下高速公路项目中的重要条款，因为高速公路的收益直接取决于过往车辆的通行量，而且高速公路项目先期投资成本大、回收周期长，如果项目附近有性能和技术条件与本项目类似、但免费或收费较低的可替代路线，将会严重影响项目公司的成本回收及合理收益的获得，从长远来看，不利于调动社会资本的投资积极性。因此，为保证项目建成通车后项目公司有稳定的收入，项目公司在前期需要认真研究路网规划，对是否有可代替的路线以及如果存在这些路线将会对项目收益产生怎样的影响进行详细评估。在合同谈判阶段则要求政府作出相关承诺，即承诺项目期限内不在项目附近兴建任何竞争性的道路，并控制公路支线叉道口的连接，使项目公司保持较高的回报率，以避免过度竞争引起项目公司经营收益的下降。

（四）政府对项目的优惠政策。

政府对项目提供优惠政策有利于项目公司在高速公路项目中规避一定的投资风险，因此，项目公司在与政府谈判时会希望努力争取切实可行、规避风险的优惠条件。

政府提供给项目的优惠政策可能包括向项目公司无偿划拨土地，授予周边土地或商业开发收益权以及优先审批、简化审批等。

## 第二节　公用设施项目

公用设施通常是指政府有义务提供的市政公用基础设施，包括供电、供气、供水、供热、污水处理、垃圾处理等，有时也包括通信服务设施。公用设施项目普遍具有公益性、自然垄断性、政府监管严、价格弹性较小等特点，但不同的公用设施项目也具有不同的特性。下文将重点阐述公用设施项目中一些特别的条款和机制。

一、付费和调价机制

由于多数公用设施项目的产品或服务均可以量化，因此此类项目通常采用以实际使用量为基础的付费机制，例如按使用量付费的政府付费机制或者使用者付费机制。同时，由于公用设施项目的产品，如水、电、燃气等，涉及公共安全和公众利益，通常受到政府的严格监管并由政府统一定价，因此如果在使用者付费机制下，政府的定价无法使项目公司收回成本并获得合理收益，也有可以考虑采用可行性缺口补助机制（关于上述各种付费机制的详细介绍，请见第三章）。

不同类型公用设施项目的付费和调价机制各有特点，下文中将以供电项目为例对公用设施类PPP项目的付费和调价机制进行详细介绍。

供电项目的一个主要特点是购买主体的唯一性。在我国，电力供应属于政府实行严格管制的自然垄断行业，项目公司通常不能直接将项目所发的电销售给最终用户，而须先将电统一销售给政府电力主管部门或国家电力公司，再由政府电力主管部门或国家电力公司销售给最终用户。实践中，项目公司通常会与购电方（可能是PPP项目合同的政府方，也可能是政府的电力主管部门或国家电力公司，以下统称为"购电方"）另行签署电力购买协议，或者在PPP项目合同中设置具体条款，以明确具体购电安排和定价调价机制。

（一）购电安排。

对于供电项目而言，购电安排是最为核心的条款，直接关系到项目公司的投资回报。为了确保供电项目建成后能够通过售电收回成本并获取收益，在电力购买协议或PPP项目合同中有可能会为购电方设定一些强制性的购电安排。常见的购电安排包括以下两种：

1.照付不议。

是指规定一个最小净输出发电量，只要项目公司达到该最小净输出量的发电能力并且不存在项目公司违约等情形，购电方就有义务按照该最小净输出发电量向项目公司支付电费，而不论项目公司是否实际生产了该部分的电量。如果能够超出最小净输出发电量的发电能力，购电方则可根据其需求和实际购得的电量支付电费。

这种购电安排，可以为项目公司的收入提供一定保障，有助于提高项目的可融资性，一般在煤电项目中较为常见。

2.强制购买。

是指购电方有义务购买该供电项目所发的全部电量并根据所发的电量支付电费，而无论购电方是否真正需要。但如果非因政府方原因，项目公司没有实际发出电量，则项目公司将无法获得付费。

这种安排在风力发电、太阳能发电等新能源发电项目中较为常见。

（二）电价组成要素。

在不同供电项目中的电价组成要素可能不同，通常包括容量电价和电量电价中的一种或两种。

1.容量电价。

容量电价是基于项目是否达到合同约定的容量标准而支付的电价，与项目是否被实际使用无关，可以看作是可用性付费的一种形式。根据项目的具体情况，容量电价通常由项目的建设成本、固定的运营维护成本等组成。

在采用容量电价时，合同中通常会就发电机组的额定功率、可用小时数等设定严格的标准，如果项目公司无法达到该标准，则会扣减相应的付费；如果项目的实际性能优于合同约定的标准，在一些项目中还有可能获得相应的奖励。

2.电量电价。

电量电价是基于项目公司每月实际供应的电量来进行支付的电价形式。电量电价通常会根据季节及用电的峰谷时段设置不同的价格，以激励项目公司在电力供应紧张时期多供电。电量电价的组成通常包括燃料成本以及非固定的运营维护成本等。

（三）电价调整机制。

电价的调整机制主要包括基于公式调整机制和协商调整机制两种。

1.公式调整机制。

在电价调整公式中，通常可能会以燃料价格变动、利率变动、消费者物价指数等作为主要的调价系数，当上述系数变动达到约定的幅度时即可触发调价程序，按调价公式自动调整电价。

2.协商调整机制。

在一些供电项目中，双方会在项目采购阶段根据项目预算成本初步确定电价和电价组成要素，待项目建成后如果实际结算成本与预算成本差别较大的，双方再根据实际结算成本对电价和电价组成要素进行重新谈判。这种调价方式，也称为成本加成电价模式。

与之相对应的是馈网电价模式，即双方在项目采购阶段确定一个固定的馈网电价，并且在项目在实施过程中不会因实际成本与预算成本有差别而对该电价进行调整。但在国际PPP实践中，一些以馈网电价为基础的供电项目，也可能设定一些调价机制，但通常调价幅度有限，并且一般不需要双方再次协商。

二、连接设施建设

与其他领域项目不同，一些公用设施项目需要建设一些与公共管网连接的设施才能实现运营。例如，供电项目中与国家电网链接的输变电设施，供热项目中与城市现有供热管网连接的换热 站、管道等。因此，在这类公用设施项目的PPP项目合同中，通常会详细规定有关连接设施的建设条款。

实践中，根据项目具体情况的不同，关于连接设施的建设责任由哪一方承担通常有以下三种情形：

（一）全部由政府负责建设。

由于连接设施需要与公共管网直接连接，因此为了确保其与管网的配套统一性且不影响公共管网的正常运作，一些项目中，政府会主张自己建设此部分设施。但在这种情形下，为了确保该连接设施建设与项目建设和运营配合，通常会在PPP项目合同中规定：

1.建设标准，以确保政府所建设的连接设施能够与项目设施相连接，并且符合项目正常运营的要求。

2.完工时间要求。如果必要的连接设施没有完工，即使项目已达到开始运营的条件，也仍然无法开始运营。因此在PPP项目合同中通常会规定，政府有义务在项目设施完工时或之前完成连接设施的建设。如果政府无法按照合同约定的要求完工，项目公司将可能获得一定的救济，如项目期限延长、损害赔偿等。

3.政府建设连接设施的费用承担，通常由双方在合同中约定。

（二）由项目公司和政府方共同负责建设。

即项目公司和政府方每方负责一部分连接设施的建设。对于这种情况，合同条款中应当特别注意设施边界和双方责任的划分，同时要重点关注连接设施的建设标准和工程进度的统一性问题。为此，PPP项目合同中通常会规定：

1.各方的义务和责任范围，包括应建设的工程范围、建设的标准以及完工时间和进度要求等；

2.双方互相通知和报告的义务，以确保一方能够及时了解对方设施的建设情况；等等。

（三）全部由项目公司负责建设。

如果全部由项目公司负责建设，该连接设施通常会包含在整个项目设施的范围内，并在项目的建设条款中对连接设施设计、建设标准和要求进行规定。与此同时，在PPP项目合同中可能不会专门针对连接设施规定完工时间，而是与整个项目开始运营的时间相结合（关于项目的建设条款，请见第二章第七节）。

三、原料供应

一些公用设施项目的运营通常会与原料供应紧密相关。例如，在污水处理、垃圾处理以及火电项目中，污水、垃圾、煤炭等原料的供应量直接决定项目产出的产品或服务的数量。因此，保障原料的持续稳定供应是这些公用设施项目需要解决的关键问题。具体项目的原料供应由哪一方负责，需要根据原料的特性、项目公司取得原料的能力等进行综合评估。

（一）由项目公司负责。

对于可在公开市场上购买的原料，例如原煤、水泥等，原料供应的风险和责任通常由项目公司自行承担。为了确保原料供应能够满足项目运营的要求，项目公司通常会根据项目的需求，制定详细的供应计划，并力争与原料供应商签订长期的原料供应合同，以尽可能地降低原料供应风险。

为了确保项目所用原料的保质保量和持续稳定供应，PPP项目合同中有时也会规定政府在原料供应商选择、供应合同签订等方面的协助义务和监管权。

（二）由政府方负责。

在原料无法从公开市场上取得、仅能由政府供应（例如污水、垃圾），或者项目公司无法承担有关原料供应风险的情形下，通常会约定由政府负责供应原料，同时会在合同中对原料的质量和数量予以明确约定。

1.原料质量。通常原料的质量标准应根据项目的成本和运营标准等进行评估，原则上原料的质量应确保项目在不增加预计成本的情形下实现正常的运营。如果因政府供应的原料质量未达到约定标准而导致项目公司的运营成本增加，政府应给予相应的补偿。

2.原料数量。在多数的公用设施项目中，原料供应的数量将直接决定项目提供产品或服务的数量，并且可能直接与项目公司的收益挂钩。因此，有必要对供应原料的数量进行明确约定。例如，一些污水处理项目的PPP项目合同中规定，政府应确保在整个项目期限内，收集和输送污水至污水处理项目指定的交付地点，并满足合同约定的基本水量（如日均污水量）和进水水质等。

四、环境保护责任

一些公用设施项目的运营会产生"三废"和噪声，对环境造成不利影响，因此在PPP项目合同中会明确规定这类项目的建设运营所应遵守的环保标准和应履行的环境保护责任。项目公司的环境保护责任通常包括：

（一）按照有关环保要求，建设相应的环保设施并采取环境污染防治措施，确保项目建设、运营期间产生的废水、废气、固体废弃物以及噪声满足相应的环保标准；

（二）遵守有关公共卫生和安全生产等法律法规的规定；

（三）在项目的建设、运营期间应采取一切合理的措施尽量减少对项目设施周围建筑物和居民区的干扰；等等。

## 第三节　社会公共服务项目

社会公共服务领域的项目通常包括医疗服务设施、学校、监狱、养老院、保障性住房等。在社会公共服务PPP项目中，项目公司有可能负责社会服务设施的建设和运营维护，或者为社会服务设施提供部分或全部的运营和管理服务，或者直接负责提供社会公共服务。此外，在一些PPP项目中，合作范围还可能包括项目周边土地开发和设施经营，例如餐厅、商店等。社会公共服务项目中的付费调价机制和绩效监控机制通常较为关键且特点鲜明，下文将对此进行详细阐述。

一、付费和调价机制

（一）付费机制。

实践中，社会公共服务项目通常采用政府付费或者可行性缺口补助机制，很少采用单纯的使用者付费机制。这主要是因为社会公共服务项目通常具有较强的公益性（如学校、医疗机构等），其所提供的公共服务通常是免费的或者收费较低，项目公司很难通过单纯的使用者付费机制回收成本并获得合理收益。

1.政府付费。

社会公共服务项目通常采用依可用性和绩效付费的政府付费机制。例如，在公立学校项目中，由项目公司负责学校设施的建设并提供部分运营管理服务，在学校设施建成后，政府根据学校设施的可用性和项目公司的运营表现，按月向项目公司支付一笔固定费用。但是，如果项目公司没有达到学校设施的可用性标准（如教室数量不符合合同要求），或者一些项目公司提供的运营管理服务没有达到合同约定的绩效标准（如安保工作、卫生状况等未达标），则政府会在固定支付的费用中作相应的扣减。

2.可行性缺口补助。

在一些服务定价较低，使用者付费无法完全覆盖项目公司的投资成本和合理收益的项目中，可以考虑采用可行性缺口补助机制。例如，在养老服务和保障性住房项目中，使用者可以优惠价格购买服务或住房，而政府就该优惠价与市场价之间的差额部分向项目公司提供适当的补助，以保证项目公司收回成本并获得合理的收益。

（二）调价机制。

由于社会公共服务项目通常实施期限较长，在项目实施过程中劳动力成本、物价指数等价格影响因素可能会发生较大变化，并对项目的运营维护成本和收益水平产生影响，因此设置合理的调价机制能够更好地平衡政府和项目公司的利益，促进社会公共服务项目实现物有所值。

常见的调价机制包括基准比价机制和市场测试机制两种。

1.基准比价机制。

基准比价机制是指由项目公司对其自身或其分包商提供某项服务的价格与该服务的市场价格进行比较，如果与市场价格存在差异，则项目公司将与政府协商调价。但是采用基准比价机制通常不会直接导致服务提供者的更换。

通常基准比价机制的具体操作程序如下：

（1）在PPP项目合同中约定一个固定周期或者一个特定日期，在该周期届满或该日期到来时，由项目公司启动比价程序，就其提供某项特定服务的价格与市场上提供同类服务的一般价格进行比较。

（2）项目公司应在PPP项目合同中约定的比价期限内（例如40周）完成比价工作。具体比价期限的长短需要根据相关服务的规模和性质确定。

（3）若比价结果显示同类服务市场价高于项目公司当前定价的，通常会有两种以下情形：若现有服务分包商依其分包合同仍有义务按原价提供服务的，则无需进行调价；若现有服务分包商依其合同有权重新调价的，则可由项目公司向政府申请调价。

（4）若比价结果显示同类服务市场价低于项目公司当前定价的，PPP项目合同通常会规定项目公司必须与政府协商对该项服务的价格进行调整。

同时，鉴于在基准比价机制下的比价工作主要由项目公司负责实施，为加强政府对项目公司比价过程的监控，通常会在合同中规定政府有权对项公司或其分包商提供服务的相关成本分析进行评估和审核。

需要特别说明的是，基准比价机制不仅仅是一种调价机制，也是一种有效的激励机制，项目公司可以通过基准比价，对自己或其分包商提供特定服务的方式和成本进行回顾，及时改善服务的效率和质量。

2.市场测试机制。

市场测试机制是指在PPP项目合同约定的某一特定时间，对项目中某项特定服务在市场范围内重新进行采购。相比基准比较机制，市场测试机制的程序更具透明性和竞争性，可以更好地实现项目的物有所值。采用市场测试机制有可能导致服务提供者的更换，市场测试后确定的采购价格既可能高于、也可能低于原来的价格。

通常市场测试机制的具体操作程序如下：

（1）在合同约定的特定日期到来时，项目公司将会就特定的软性服务进行重新采购，通常原分包商可以参与采购程序，但应避免利益冲突的情况，例如项目公司的关联公司即不能参与。

（2）如果采购程序结果显示，项目公司通过替换该服务的分包商，更能够实现项目的物有所值，则政府和项目公司可协议更换该服务的分包商，政府则可因此减少付费或者获得更优质的服务。

（3）如果采购程序结果显示，该服务的原分包商更能实现项目的物有所值，则不会更换分包商，也不会对当前的服务定价进行调整。

市场测试机制的采购工作通常由项目公司负责实施，项目公司有义务确保采购工作的依法实施以及分包商之间的顺利交接。

3.调价机制的选择。

总体来讲，定期调价符合政府和项目公司双方的利益，但这需要以适当的调价机制为保障。

市场测试机制主要适用于社会公共服务项目中的一些软性服务，如学校项目中的清洁、餐饮、安保服务等，通常对这类服务进行重新招标不会影响到整个项目的运行。而对于一些关系到项目运行的核心服务（如医院项目中的医疗服务或学校项目中的教学服务等），如果重新进行招标，可能影响整个项目的正常运行或者需要对整个项目进行较大调整，则无法采用市场测试机制。

此外，相比基准比价机制，市场测试机制在程序上具有更强的灵活性，并且能够利用充分竞争更好地达成提高服务效率和质量的目的。但是，如果某项服务特殊性较强或者资质要求较高，能够提供该项服务的分包商过少，缺乏充分的市场竞争，则无法采用市场测试机制，而可以采用基准比价机制。

需要特别说明的是，市场测试机制和基准比价机制并不是必须二选其一的，合同中可以约定先采取某一机制，而将另一机制作为替代方案。例如，某项服务先采用市场测试机制进行重新采购，如果采购过程中出现竞争者不足的情况，则可以改用基准比价机制；反之，在采用基准比价机制时，如果政府无法与项目公司或原有分包商就价格调整达成一致的，也可以改用市场测试机制；另外，如果某一项目涉及多项服务的调价时，也可以根据需要分别选择不同的调价机制。

二、绩效监控机制

在社会公共服务项目中，公共服务的质量至关重要，因此在实践中，通常会设置一些机制以保障对项目相关设施和服务的绩效进行有效监控，确保实现项目物有所值。

（一）绩效监控方案。

在社会公共服务项目、尤其是将绩效作为付费依据之一的项目中，政府方和项目公司通常会在项目合同中约定一个详细的绩效监控方案，以确保项目公司能够达到合同要求的绩效标准。

绩效监控方案通常会明确约定项目公司的监控义务，包括：

(1)运营情况监测，例如医院就诊人数、接诊率监测；

(2)信息发布，例如向公众公布医疗收费价格；

(3)定期报告，项目公司通常按月或按季向政府方提交绩效情况报告；

(4)保证相关信息的真实性、准确性和完整性；等等。

除此之外，绩效监控方案还会列明各项设施和服务的具体绩效标准。

（二）政府监控措施。

除项目公司负责实施的绩效监控方案外，通常PPP项目合同中还会规定政府方的一些监控措施，例如：

（1）使用者满意度调查；

（2）独立审计；

（3）定期或不定期检查；

（4）使用者反馈；等等。

（三）运营委员会。

在一些社会公共服务项目中，还会设立运营委员会来对项目的绩效进行监控。运营委员会一般由政府方和项目公司指派的至少两位代表组成，其职责根据项目的具体情况而定。运营委员会通常会定期（至少一月一次）审议项目的绩效情况报告，并处理项目有关运营、管理、媒体关系等事项。

（四）未达到绩效标准的后果。

项目公司未达到绩效标准的，通常会根据该未达标情形对项目的影响程度扣减相应的付款（关于扣款机制，请见第三章第一节第三部分）。如果长期或多次未达标，或者未达标的情形非常严重，则可能构成严重违约从而导致合同终止。